중국 대륙을 지배한
책사策士의 인간경영

한신 · 범증 · 장량 · 장이와 진여 · 소진과 장의 · 제갈공명 · 사마의 · 손자와 손빈의 병법 · 사마천의 『사기』와 열전 · 한비자의 성공학 등

정현우 박사 편저

明文堂

마음을 읽는 인간 관리술

'어리석은 리더는 자신의 능력을 사용하고, 평범한 리더는 타인의 힘을 사용하여, 현명한 리더는 가능한 한 타인의 지혜를 사용한다'. '상대방을 설득하는 포인트는, 상대방이 자랑스럽게 생각하고 있는 점을 추겨 세우고, 상대방이 부끄럽게 생각하고 있는 것을 감춰주어야 한다는 점을 아는 것이다.'

춘추전국시대 숱한 유세가들이 다양한 이론을 들고 나와 하루 아침에 재상이 되는 사례가 빈번했다. 그들은 '남의 마음을 미루어서 헤아린다'는 췌마지술을 깨우쳐 유세를 시작했다.

소진은 '합종책'을 설파했고 장의는 정반대로 '연횡책'을 주장했는데 ─합종설은 서쪽의 강대한 진秦나라에 대항하여 한漢·위魏·조趙·연燕·제齊·초楚의 여섯 나라가 동맹하여 대항해야 한다는 외교정책이다.

그에 반하여 연횡설은 '대국을 섬기지 않으면 적에게 공격받아 화를 면치 못한다' 하였다. 그러므로 강력한 진나라가 동쪽의 여섯 나라와 횡橫으로 화평조약을 맺은 정책이다.

춘추시대 사상가로서 법가 이론의 제1인자인 한비韓非는 공자의 합리주의, 노자의 작은 것이 좋다는 설, 묵자의 지구는 둥글고 움직이고 있다는 가설, 맹자의 성선설, 공손룡의 논리학, 순자의 성악설에 이르기까지 모든 사상을 흡수하여 자신의 사상과 이론을 소화시켜 『한비자』를 저술하였다.

그리고 자기 사상을 한나라에서는 받아들이지 않자 진왕秦王을 만나서, 중국 최초의 통일국가인 진나라를 탄생하게 했으나, 그는 그곳에서 죽임을 당한다. 그것도 같이 동문수학했던 자로부터 진의 승상. 이사.

한편 중국에서 가장 뛰어난 지혜로운 사람의 대명사로 일컬어진 제갈량은 유비가 죽은 후 북벌北伐을 위한 대비책으로 남방의 이민족을 복속시키기 위해 남방으로 출전하여 맹획을 일곱 번씩 사로잡아 마음으로부터 복종을 맹세 받았다.

그리고 촉의 2대황제 유선에게 출사표를 올려 대군을 이끌고 성도를 떠나 북벌을 위한 진군을 계속하였다. 그는 일찍부터 자신의 한쪽 팔을 삼고 있었던 참모인 마속에게 선봉을 맡기고 가정街亭에 진주시켰다.

마속은 병법가로 자인했으며 제갈량도 그 재능을 인정하고 있었으나, 가도를 차단하고 포진하라는 제갈량의 명령을 어기고 자기 판단으로 가도를 내려다 보이는 산위에 진을 쳤다가 밥지을 물도 없이 굶주림과 갈증에 허덕이며 위군에게 참패를 당했다.

　그 서전緖戰, 첫싸움의 패배로 제갈량은 한중으로 되돌아와 마속을 참수에 처하고는 그를 기용한 책임을 지고 스스로 자신의 벼슬을 강등했다읍참마속.

　공명은 촉나라의 승상이자 군사君師, 그리고 재상宰相이었는데 그는 솔선수범하는 태도가 있었고, 신상필벌信賞必罰에서 엄정한 자세로 공평무사했으며, 자신의 재산을 공개할 정도로 사생활이 검소했다는 특징을 살펴볼 수 있겠다.

　여기에 수록된 주요 내용으로는,

　한신과 범증, 그리고 장량/제갈공명의 세상경영/손자孫子와 손빈孫臏의 병법/사마천『사기史記』의 인간경영/사상가로서의 한비자 성공학 등 10편으로 나누었다.

　어쨌든 이 책은 춘추전국시대의 역사, 중원中原을 평정하기 위해 중국을 이끌은 책사들의 기록에 그칠 뿐만 아니라 오늘을 살아가는 우리를 포함하여 나라를 다스리는 위정자는 물론이고 최고위경영자(CEO)들이 필독해야 할 책이라 자부하여 일독을 권한다.

2018년 겨울

편저자 씀

목
차

중국 대륙을 지배한
책사策士의 인간경영

1

한신과 범증, 그리고 장량

유방은 항우를 격파하고 천하를 평정하는데 결정적인 공헌을
한 한신韓信과 팽월彭越을 죽였다.

곧 '새를 잡으면 활을 광 속에 넣어두고 토끼를 잡고나면 사냥
개를 삶아 먹는다鳥盡弓藏 兎死狗烹'였다.

한신과 팽월의 죽음도 개국 후에 흔히 나타나는 '토사구팽'의
전형적인 실례였다.

일찍이 한신은 제왕齊王이었을 당시, 그의 참모인 괴통蒯通의 진
언을 거부한 채 태연히 대처하다가 결국 모반죄에 걸려 비참한 최
후를 맞이한다.

한신이 제나라를 평정하여 왕이 되었을 때 괴통이 찾아와 천하
의 삼분지계三分之計를 논하며 독립할 것을 권유하였다.

"대왕께서 한나라를 택한다면 한이 승리할 것이고, 초의 편에
서면 초나라가 이깁니다. 결론적으로 말하면 대왕께서는 초楚든
한漢이든 어느 편을 들어서도 안 됩니다. 대왕은 영민하시며 대군
을 거느리고 계십니다. 이곳 제나라에서 연나라와 조나라를 장악

하고 더 멀리 주인 없는 땅으로 나아가 한과 초의 후방을 제압하시면, 자연히 초와 한의 전쟁도 끝이 나고 천하는 3분三分됩니다. 이러한 솥발(鼎足) 같은 형세는 어느 누구도 감히 움직이지 못하게 되는 모양새입니다. 이것은 대왕께 하늘이 준 기회입니다. 하늘이 주는 것을 받지 않으면 도리어 벌을 받고, 때가 주어졌는데도 실행치 않으면 화가 미친다고 들었습니다. 대왕께서는 이를 잘 판단해야 하옵니다."

한신은 괴통의 말이 옳을지도 모른다고 생각했다. 그러나 선뜻 받아들일 수는 없었다. 한신은 잠시 눈을 감고 생각한 후 입을 열었다.

"한왕漢王은 지금까지 나를 후하게 대접했네. 내가 들어 알기로는 남의 수레를 타는 자는 그의 근심을 제 몸에 싣고, 남의 옷을 입은 자는 옷 주인의 걱정을 자기의 가슴에 품으며, 남의 밥을 먹는 자는 밥의 주인과 죽음을 같이한다 했네. 한왕이 지금 곤경에 처해 있는데 어찌 나만의 유익을 생각하여 의리를 저버릴 수 있겠는가?"

"그것은 잘못된 생각입니다. 사람의 의리가 영원불변하리라고 생각하는 것은 착각입니다. 근자에 있었던 위나라 출신 장이와 진여의 경우만 보아도 그렇습니다. 그들의 문경지교刎頸之交는 세상에도 널리 알려져 있었습니다. 그들이 벼슬을 가지지 않았을 때는 서로를 위해 목숨을 바쳐도 후회하지 않을 정도로 막역한 사이였습니다. 그런데도 이해가 얽히게 되자 서로를 원망하며 죽이는 일을 서슴지 않았사옵니다."

"어찌 나와 한왕 사이를 그리 보는가?"

"부디 깊이 생각하여 판단하셔야 합니다. 옛적 대부 문종大夫文

鍾과 범려范蠡라는 자는 망해가는 월나라를 구해 월왕 구천을 패자霸者로 만드는 공을 세웠으나 결국 그들은 죽임을 당했습니다. 자고로 토끼를 잡고 나면 사냥개를 없앤다〔兎死狗烹〕했으며, 적국을 치고 나면 모신은 버림을 받는다〔敵國破謀臣亡〕했습니다. 그뿐입니까? 용기와 계략이 주인을 능가하면 신상이 위태로워진다〔勇略震主者身危〕는 옛글도 있습니다. 대왕과 한왕의 관계가 친밀하다 하나 우정으로 치자면 장이와 진여보다 못할 것이며, 충성과 신의를 말한다 해도 대부 문종과 범려가 월왕 구천에게 했던 것만은 못할 것이옵니다.

"그럴까?"

한신의 머릿속은 혼란스러웠다.

"지금까지 쌓아온 대왕의 용략과 세력은 한왕이나 초패왕에 못지않습니다. 그런 대왕께서 초에 귀속한다 할지라도 초패왕은 마음속으로 믿지 못할 것이며, 한에 귀속해도 한왕은 은근히 두려워할 것입니다. 그런 대왕께서 누구 밑에 있을 수 있겠습니까. 신하의 위치에 있으면서도 군주를 떨게 하는 위력을 지닌 데다 명성까지 천하에 드높으니 한과 초가 겨루다가 그 중 하나가 망하고 천하가 통일된다면 그 후 대왕의 운명은 아무도 점칠 수 없사옵니다."

한신은 자신의 앞날을 내다보는 것 같아 가슴이 철렁 내려앉는 것 같았다.

"그대의 말이 내 가슴속에 와 닿네. 그러나 좀 더 생각해 볼 시간을 주게."

그러나 괴통은 물러가지 않고 결단을 촉구했다.

"망설임과 의심은 대사를 이루는데 방해가 됩니다. 결단을 내려야 할 때임에도 이를 미루면 백사百事의 화근이 되옵니다. 그래서 맹호라 해도 어물대고만 있으면 벌이나 전갈만큼의 위력도 없으며, 준마라 해도 주춤거리고 있으면 느릿느릿 걷는 늙은 말보다 못하다 했나이다. 또한 요순과 같은 성군의 지혜가 있다 해도 입을 다물고 있으면 벙어리의 손짓이나 발짓만도 못하다 했나이다. 이 모든 것들이 생각보다 실행의 중요성을 말해주고 있사옵니다. 대왕의 망설임은 소신의 마음까지 답답하게 하여 드리는 말씀이옵니다."

"그만. 그대의 말이 틀리지 않네. 하지만……."

한신의 머릿속에 한왕 유방이 떠올랐다. 한때 자기에게서 대장군의 인부를 거두어들이기는 했으나 항상 믿어주었으며 대군까지도 서슴없이 맡긴 한왕이었다.

결국 한신은 망설이다가 기회를 잃고 천하가 통일된 후 모반죄에 걸려 유방이 아닌 여황후에 의해 죽음을 맞이하여 후회한들 소용이 없었다.

"역적 한신은 듣거라! 황제께서 하찮은 너에게 대원수의 큰 벼슬을 내려 따르게 하셨다. 그리하여 네가 공을 세우자 제왕齊王에 봉하신 후 다시 초왕楚王에 봉하시는 큰 은혜를 베푸셨다. 그런데도 너는 황제를 거스르려 했고, 황제께서는 운몽雲夢까지 납시어 너를 사로잡아 오셨다. 황제가 너의 죄를 다스려야 마땅함에도 지난날의 공을 참작해 죽이지 않고 회음후에 봉해 편히 쉬게 하며 근신토록 하지 않았는가. 그런데 너는 황제의 성은에 보답하기는커녕 진희와 내통하여 또다시 모반을 꾸몄으니 하늘도 너의 죄를 용서치 않으리라!"

추상같은 여황후의 호령이었다.

한신은 정신이 아득했다. 지난날의 일을 시시콜콜 모두 들추어 내자 변명할 여지도 없었다.

한신이 말없이 고개를 떨어뜨리자 여황후는 그가 정말로 모반을 꾀했음을 알고 불같이 노하여 소리쳤다.

"어서 저놈을 끌어내 목을 베고, 저 자의 삼족三族도 모두 잡아들여 목을 베도록 하라!"

한신은 하늘을 우러러 탄식했다.

'아! 내가 괴통의 계략을 쓰지 않아 마침내 목숨마저 잃게 되는구나. 이것이 천명인가.'

지난날 백만 대군을 거느리고 천하를 호령했으며 항우마저도 벌벌 떨게 했던 명장 한신이었다. 그러나 후회하기에는 이미 때가 너무 늦었다.

유방의 속마음이 시커멓고 뻔뻔함과 음흉함은 다른 사람과는 천양지차로 달랐다.

'태어날 때부터 자연스러워 마음내키는 대로 해도 결코 시커먼 속마음의 법도를 어긋난 적이 없다.'

그의 뻔뻔함을 말하려면 그의 내력을 살펴볼 필요가 있다.

유방이 패沛 땅에서 건달노릇을 할 때 현청에서 거부이자 세력가인 여공呂公의 환영연을 열었다.

그 환영연에는 지방의 인사들을 초대하였는데 유방은 초대장도 없이 빈털터리인 주제에 떡하니 일만 전을 선물로 내겠다며 목간에 적고 제일 상석에 앉아 환영연 주인공인 여공의 환대를 받았다.

여공은 유방을 본 후 자신의 딸과 혼인하게 하고 행정구역의 말직이나마 정장亭長자리에 앉혔다. 이로써 온 마을사람들과 집안 식구들로부터 백수건달이라고 눈총을 받던 유방이 관리가 되었다.

'용이 하늘로 올라가기 위한 발판이다.'

유방은 자신에게 주어진 직책을 놓고 도약을 위한 발판이라 여겼다. 그리고 후일 천하의 기재奇才 장량張良을 만나게 된다.

장량의 선조는 전국시대 한韓나라의 재상이었다.

장량은 젊은 시절 다리 위에서 노인을 만나 여러 차례 모욕적인 언사와 주문을 끝까지 참아내는 인내심을 보여 그 노인으로부터 병법서인 『삼략三略』을 받고 가르침을 받았다.

그 병법서는 주周나라 무왕을 도와 주나라를 개국하는데 결정적인 공헌을 한 태공망太公望 여상呂尙이 지은 책이었다.

장량은 빼어난 재주로 하나를 가르치면 곧바로 깨달았다. 그 노인은 장량이 앞으로 '제왕의 스승' 이 될 것임을 믿어 의심치 않았다.

사마천의 『사기』에도,

'장량은 모든 사람들이 자신의 말을 귀담아 듣지 않았는데 오직 유방만 그를 높이 평가하고 따르자, '패공은 하늘이 내린 인물이다' 라고 했다.'

고 기록되어 있다.

장량張良, 자字가 자방子房인 그는 진秦 시황제始皇帝에게 망한 한韓나라의 오랜 명문 집안에서 태어났다. 조부 장개지張開地는 재상이었고, 부친 장평張平 또한 재상을 지낸 집안이었다.

한 말기에 도혜왕悼惠王을 모셨던 장평은 진에 대해 화전和戰 양면책을 쓰다가 과로로 죽었다. 그가 죽은 뒤 한나라는 최후의 왕인 안安이 진에 사로잡힘으로써 멸망했으며 진 제국의 영천군潁川郡에 속하게 되었다.

'진나라 놈들이 우리나라와 우리 집안을 집어삼켰구나!'

한나라가 진나라에 망했을 때 장량은 아직 어려 관직에 나아갈 나이는 아니었다. 그러나 장량은 진군秦軍이 국토를 짓밟는 모습을 두 눈으로 똑똑히 보았다.

당시 그의 집안은 부리는 사람만도 3백여 명이 넘었으며 재산도 많았다.

어린 장량은 진에 대한 증오심이 불같이 타올랐다. 그래서 5대의 선조에 걸쳐 재상을 맡던 한왕가韓王家를 다시 일으키고 조상의 원수를 갚겠다고 결심했다.

'내가 꼭 진을 멸할 것이다!'

그는 복수심을 키워 나갔다.

장량의 외모는 대장부의 기질과는 거리가 멀었다. 병약病弱해 보이는데다 생김새도 고와 여장女裝을 한다면 아리따운 소녀로 보일 정도였다.

그러나 장량의 기개만은 누구도 따를 수 없었다.

그에게는 동생이 하나 있었는데 그가 죽자 발상發喪조차 하지 않고 많은 재산을 아낌없이 처분하여 자객刺客들을 모아들였다.

'진왕을 없애자!'

장량은 자객을 이용하여 진왕을 암살하자고 생각했다. 유사遊士들 중에는 명분만 뚜렷하다면 목숨을 걸고 뛰어드는 자들이 많아 장량의 시도가 황당무계한 것만은 아니었다. 그러나 진왕에게 접근한다는 것은 결코 쉬운 일이 아니었다.

결국 장량은 자신의 계획을 실현하기가 힘들다는 것을 깨닫고 일단 진왕 암살 계획을 포기한 후 회양淮陽으로 갔다. 그리고 그곳에서 고매한 스승을 만나 예禮를 배웠다.

이 예라는 것은 단순히 유교적인 예의가 아니라, 귀인을 대할 때의 몸가짐 같은 것이었다. 그가 예를 배운 것은 자기의 나약한 외모를 예를 배움으로써 지적知的인 모습으로 바꾸기 위해서였다.

'계략으로 시황제에게 접근하여 그를 제거하자!'

오로지 시황제를 암살하기 위해 예를 배울 만큼 장량의 복수심은 집요했다.

계략에는 반드시 속임수가 있어야 했다. 어떻게 하면 상대방을 속일 수 있는지가 장량이 혼신渾身을 다해 풀어야 할 과제였다.

장량은 어릴 때 노자老子 사상에 심취한 적이 있었다. 그래서 내면內面을 극복하는 훈련을 쌓을 수 있었다. 세속적世俗的인 야망이라든가 출세욕과 명예욕 따위는 그에게 그리 중요하지 않았다.

장량은 도인道引, 도가道家에서 행하는 일종의 수행법이라는 도가道家의 호흡법도 익혔다. 이 호흡법은 대기大氣를 몸속에 받아들여 그것에 의해 우주와 합일合—을 꾀함으로써 마음을 다스리는 것이었다.

장량은 도가를 행함으로써 지적인 남자로 돋보일 수 있는 품위도 갖추어 갔다.

노자는 '유아幼兒가 가장 우주에 가깝다'고 했다. 장량은 일상의 생활 태도에서 유아를 이상理想으로 하여, 유아와 같이 유약하게 도인을 거듭해 나아가면, 자신은 유아와 닮은 투명상태透明狀態로까지 갈 수가 있다고 믿었다.

그러는 동안에도 장량은 '진에 대한 복수심'을 한 순간도 버리지 않고 있었다. 오직 그 목적을 달성하기 위해 자기 수련을 쌓았다.

어느 날 누군가가 장량에게 살짝 귀띔을 했다.

"동이東夷에 가서 그곳 우두머리를 찾으시오. 그러면 당신의 일에 뜻을 같이하는 남자를 만날 것이오."

동이는 동방의 만지蠻地로서 멀리 떨어진 곳이었다.

장량은 창해군倉海君이라는 동이의 우두머리를 만나기 위해 먼 길을 떠났다. 창해군 밑에는 담력무쌍膽力無雙한 장사가 있었다.

"저 장사를 저에게 주십시오."

창해군은 장량의 청을 들어주었다.

장사와 장량은 언어가 틀려 말이 잘 통하지 않았다. 이것이 도리어 장사가 장량을 하늘같이 떠받드는 계기가 되었는지도 모른다.

장사는 만지蠻地 땅의 야만인이었지만 어지러운 천하에 대한 울분과 정의감을 지닌 자였다. 그래서 자신이 받들 만한 사람만 있다면 언제든지 목숨까지도 바칠 수 있는 의협심도 가지고 있었다.

장사는 장량의 단식 광경을 종종 지켜보았다. 도인의 호흡법도 보았다. 한낱 힘만 쓰는 씨름꾼에게는 상상할 수도 없는 신기한 것들이었다.

'며칠씩 먹지 않고 저렇게 살 수 있단 말인가?'

장사에게는 장량의 인품이 하늘처럼 우러러보였다. 그리고 높은 뜻과 그 고고한 인품에 반했다.

장량이 장사를 데리고 회양 땅에 돌아왔을 때 그가 뿌려놓은 첩자로부터 시황제가 산둥반도를 돌아보기 위해 순행길을 떠났다는 소식이 들려왔다.

'하늘이 준 기회다.'

장량은 시황제를 죽일 기회라고 생각했다. 그래서 그 뜻을 장사에게 말하자 장사는 자기가 나서서 시황제를 죽이겠다고 했다. 장량은 장사의 의견에 따라 쇠몽둥이를 준비했다. 1백20근이나 나가는 쇠몽둥이였지만 장사는 그것을 나무토막처럼 쥐고 휘둘렀다.

"시황제는 온량거라는 수레에 탔을 것이네. 단숨에 그것을 부수고 시황제 놈을 죽여야 하네."

"이 쇠몽둥이에 맞으면 철갑 수레라도 박살이 날 것입니다."

장량은 시황제의 순행 행렬이 박량사를 지난다는 것을 알고는 열흘 전쯤에 그곳으로 갔다. 그리고 순행 행렬이 지나갈 길가의 나무 밑에 장사가 숨어 있을 장소를 마련했다. 그러나 장량은 장사와 함께 그곳에 있을 수는 없었다. 계획이 성사되어 시황제가 죽게 된다할지라도 장사는 죽게 될 것이며 잘못하면 자기도 죽음을 당할 위험이 있었기 때문이었다.

그래서 장량은 시종 하나를 장사와 함께 보내고는 마을의 주막에서 소식을 기다리기로 했다. 시종이 숲속에서 지켜보다가 가부간 소식을 가지고 오기로 한 것이다.

그러나 거사는 수포로 돌아가고 시종도 잡혀 죽고 말았다.

그것을 모른 장량은 주막에서 시종을 초조하게 기다렸다. 그러던 중 마을에 시황제의 철기병이 나타나 수색을 벌이자 거사가 실패했음을 직감한 장량은 신속히 몸을 피해 그곳을 떠났다.

장량이 유방과 처음 인연을 맺은 것은 유방이 장초의 상주국 항량을 찾기 이전이었다. 그리고 그 뒤로 유방의 참모가 되어 많은 활약을 했다. 그러한 그가 한나라로 간 것은 유방이 허락해서였다.

그는 시황제의 시살秕殺이 실패하자 몸을 피해 여러 곳을 전전하다가 하비下邳 땅에 숨어들었다. 그곳은 옛날 하비국의 수도여서 꽤 번화했다. 강줄기가 도시 한가운데를 그물처럼 흘렀으며 그 위에 다리가 무지개처럼 걸쳐 있었다.

장량이 이 다리 주위를 할 일 없이 서성이고 있는데 의복이 남루한 노인 하나가 다리 저쪽에서 걸어오고 있었다. 그 노인은 장량 앞에서 신발을 벗어 다리 밑으로 떨어뜨리고는 장량을 불러 세웠다.

"젊은이, 내려가서 내 신발을 좀 주워 오게나."

노인의 행동이 의도적이라 장량은 화가 났지만 꾹 참았다.

'다투다가 사람들의 눈에라도 띄면 안 되지.'

더욱이 나이 많은 노인과 티격태격 한다는 것은 남이 보기에도 흉할 것 같았다.

노인을 유심히 본 장량의 얼굴이 더욱 일그러졌다. 남루한 의복은 제쳐 두고라도 용모마저 볼품이 없었기 때문이었다.

그러나 장량은 아무 말 없이 다리 밑으로 내려가 신발을 가지고 올라왔다.

"신발을 가져왔으면 신겨줘야지."

신발을 내밀자 노인은 아예 신겨달라는 것이었다.

'뻔뻔스럽기 그지없는 노인네군!'

장량은 화가 치밀었지만 문득 '버드나무 가지가 바람에 살랑거리는 것같이 무심한 태도를 취하라' 는 노자의 말이 떠올랐다. 그러자 치밀어오르던 화가 누그러졌다.

장량은 기왕에 참기로 한 이상 별수없다며 공손히 신을 신겨주었다.

노인은 신을 신겨주자. 알 듯 모를 듯한 미소를 짓더니 돌아섰다. 장량은 어처구니가 없어 노인의 뒷모습만 멀건이 바라보았다. 그런데 저만큼 걸어가던 노인이 장량에게 되돌아오더니 말했다.

"보아하니 장래성이 있어 보이는군. 내가 그대에게 줄 것이 있으니 닷새 후에 이곳에서 만나세."

장량은 문득 범상한 노인이 아니라는 생각이 들어 '네' 하고 대답했다.

노인은 훌쩍 그 자리를 떠났다.

장량이 닷새 후에 그 다리로 가보니 먼저 와 있던 노인이 고함을 질렀다.

"노인을 기다리게 하다니 무슨 버르장머리냐?"

장량이 당황하여 사과를 하려고 하는데 다시 내뱉는 노인의 말이 뒤통수에 떨어졌다.

"닷새 뒤에 다시 와."

노인은 장량이 뭐라고 대꾸할 사이도 없이 떠나버렸다.

닷새 후 장량은 첫닭 우는 소리가 들리자 다시 그곳을 찾았다. 그런데 그날도 노인이 먼저 와 있었다.

"또 늦었군. 닷새 후에 다시 오게."

이번에도 노인은 돌아가 버렸다.

장량은 오기가 났다. 그래서 그 뒤 닷새가 되는 날에는 차라리 한밤중에 일어나 그곳으로 갔다. 그러자 잠시 후에 노인이 나타났다.

"이제 됐군. 사람이란 마음씨가 중요하지."

노인은 싱긋이 웃더니 품속에서 책 한 권을 꺼냈다.

"이 책을 열심히 읽게. 그러면 후일에 반드시 왕자王者의 군사軍師가 될 수 있을 거네. 나는 제북齊北 땅 곡성산穀城山의 황색 바위네. 그게 바로 나야. 언젠가 다시 만날 수 있을 걸세."

노인은 장량이 머뭇거리며 다른 말을 물어보기도 전에 어둠속으로 사라졌다.

장량이 날이 밝아 책을 열어보니 『태공병법太公兵法』이라는 병서였다.

태공은 낚시질로 이름난 태공망 여상太公望呂尙으로 주周의 문왕文王에게 발탁되어 이름을 남긴 병법의 대가가 아닌가. 장량의 머릿속에서는 노인의 말이 떠나지 않았다.

장량은 문고리를 잠근 채 밤낮으로 노인이 준 병서를 읽기에 열중했다.

그 무렵, 장량은 항우와 인연을 맺을 뻔한 기회가 있었다. 우연히 한 도망자의 목숨을 구해주게 되었는데 그가 바로 항우의 숙부인 항백項伯이었던 것이다. 그러나 아직 병서를 통달치 못했던 때인지라 장량은 세상에 나가려 하지 않았다.

그 후 장량이 패땅과 가까운 유留라는 곳에 머물게 되었는데 유방은 몇천 명의 군사를 모아 패땅에 머물고 있었다.

이때 장량이 유방의 진지를 방문하여 말하길,

"저의 두 손바닥 안에는 수십만 대군이 있습니다."고 말하자,

"손바닥에 군사를 감추고 다니는 사람도 다 있군. 하하하."

하며 유방이 말을 받았다.

장량은 자신의 말을 아무런 사심없이 받아들이는 유방을 보자

마음이 움직였다.

　그 후로 유방은 장량을 가까이 하며 그가 하는 말에 귀를 기울였다. 그런데 장량은 유방과 이야기를 나누는 동안 큰 샘물 속에 두레박으로 물을 쏟아 넣고 있는 듯한 느낌이 들었다. 유방은 대체로 장량의 이야기를 듣다가 이따금 한마디씩 던졌다. 그런데 그 한마디가 자신의 여러 말을 덮어버리는 듯했다.

　'역시 패공은 큰 그릇이구나.'

　장량은 유방을 잘 찾아왔다고 생각했다.

　유방은 이때만 해도 아직 체계가 잡히지 않은 작은 무리의 우두머리에 불과했다. 때문에 장량이 이끌고 온 1백여 명의 군사도 그에게는 감지덕지感之德之였다.

　유방은 장량에게 은근히 끌렸다. 앞으로 자기를 도와 큰일을 할 인물이 될 것 같았다. 그즈음 유방도 사람을 보는 지혜를 터득해 가고 있었다.

　'눈동자가 맑고 깊다. 어쩌면 그 속에 온갖 지략이 내재되어 있을 것이다.'

　유방은 장량의 말보다도 용모가 맑고 깨끗한 것에 마음이 끌렸다. 그가 장량을 그렇게 보게 된 데는 소하의 조언이 한몫을 했다고 할 수 있었다.

　여기에서 한 가지 눈여겨볼 것은 '현명한 스승을 얻기도 힘들지만 좋은 제자 만나기도 역시 힘든 법이다'였다.

　제齊나라를 평정한 한신이 제나라 왕에 봉해 줄 것을 청하는 사신이 한신의 편지를 가지고 왔을 때, 유방은 항우와의 결전을 앞두고 있는 이즈음 제 욕심만 채우려 한다고 격노하여 편지를 집어던지고 큰소리로 호통치려했다. 그러자 그 옆에 있던 장량과 진평 등이 유방의 발을 밟으며 눈짓으로 자제를 당부하고 귓속말로 '허락하지 않으면 한신이 반역할 것이다' 라고 충고하자, 유방은 천연덕스럽게 그 충고를 받아들여서 한신의 요구를 들어주었다.

이 행실은 마치 어려운 문제를 풀고 있는 학생에게 선생님이 옆에서 직접 답을 가르쳐준 것과 같은 것이다. 제아무리 천부적인 자질을 지닌 유방일지라도 때로 실수가 있었지만 곧바로 스승의 충고를 받아들였으니, '후흑학(厚黑學, 염치없고 낯이 두꺼운 뻔뻔함과 마음속이 흉악스럽고 음흉함)'의 능통한 면모를 짐작할 수 있겠다.

이처럼 천부적인 자질과 훌륭한 스승을 두어 경륜이 깊은 유방은 한걸음 더 나아가 우리가 흔히 말하는 군신과 부자, 형제, 부부, 붕우의 오륜은 물론 예의염치까지 깨끗이 모른 척했기 때문에 능히 여러 영웅호걸들을 평정하고 천하를 통일할 수 있었다.

그러나 한신은 남의 가랑이 밑을 기어가는 모욕도 잘 참아냈지만 유방의 뻔뻔함과 음흉함을 이기지 못했을 뿐만 아니라 얄팍한 온정에 이끌려 괴통의 충고조차 듣지 못하고, '옷을 벗어 입혀주고 밥을 먹여준' 유방의 은혜가 마음에 걸려 망설이다 '토사구팽' 당한 것이다

"한왕이 나를 대우하기를 심히 후하게 하여 자기 수레에 나를 태웠고, 자기 옷을 나에게 입혀주었으며, 자기가 먹을 것을 나에게 먹여주었소. '남의 수레에 타는 사람은 함께 그 사람의 걱정을 태우고, 남의 옷을 입은 사람은 함께 그 사람의 근심을 안으며, 남

의 먹을 것을 먹은 사람은 함께 그 사람과 죽는다'는 말을 들었는데, 내가 어찌 이익을 좇아 의리를 저버릴 수 있겠소."

결국 한신은 지략이 뛰어난 백전백승의 전과를 올렸지만 우유부단한 모습으로 뻔뻔함과 음흉함을 제대로 터득하지 못하여 스스로 대세를 그르치고 실패한 것이다.
곧, '새를 잡으면 활을 광 속에 넣어두고 토끼를 잡고나면 사냥개를 삶아먹는다'였다.

그 당시 또 한 사람 음흉하기는 했으나 뻔뻔하지 못해 실패한 인물 범증范增이 있다. 그는 자신보다 한발 앞서 함양을 깨뜨리고 진나라의 항복을 받아낸 유방을 어떻게든 온갖 꾀로 사지로 몰아넣으려고, 항우를 설득하고 어리석음을 깨우쳐 '홍문의 회'를 열어 함정을 팠다.

범증은 유방이 홍문鴻門에 도착하기 전부터 항우를 만나 유방을 죽일 것을 간했다.
"몇 번이나 말씀드렸지만 유방을 살려두면 큰 화근이 될 것입니다."
항우도 범증의 끈질긴 채근에 꼬투리가 잡히면 이를 빌미로 유방을 죽이리라고 생각했다.
"알겠소. 죽일 것이오."
"죽일 기회를 잘 잡아야 합니다."
범증은 자기가 허리에 차고 있는 고리, 옥결玉玦을 치켜들면 그때 유방을 치라고 당부했다.

홍문은 황토 지대였다. 온통 황토로 뒤덮인 길이 언덕으로 이어져 있었다. 항우가 있는 본진은 그 언덕 위에 있었다.

수레가 군문軍門 앞에 이르렀다. 이미 항우군은 철통같이 군문까지 설치해 놓고 유방을 기다리고 있었다.

"너희들은 여기서 기다려라."

유방은 수레에서 내려 장량만을 데리고 범증이 파놓은 덫, 군문 안으로 들어갔다.

"모시라는 분부가 계셨습니다."

항우의 근위병이 나타나서 장막을 향해 성큼성큼 걸었고, 유방과 장량은 그 뒤를 따랐다.

장량이 말했다.

"결코 두려워하는 기색을 보여서는 안 됩니다. 의연히 앞으로 나아가시면 길이 열릴 것이고, 그렇지 않으면 이들에게 목숨을 잃게 됩니다."

항우의 장막 앞으로 다가간 유방은 안으로 발을 들여놓지 않고 그 자리에 넙죽 엎드려 예를 올렸다. 휘장이 걷히어 올려졌다. 항우가 침상 위에 칼을 집고 앉아 있다가 크게 소리쳤다.

"그대의 대죄를 알고 있는가?"

이에 유방은 얼른 관을 벗었다. 그리고 놀란 눈으로 사방을 둘러보며 어찌할 줄을 모르고 쩔쩔맸다.

항우는 그러한 유방을 지켜보다가 어이없다는 얼굴로 다시 크게 소리쳤다.

"그대의 죄를 알겠는가?"

"저는 패현의 한낱 무지렁이로 요행히 정장 노릇을 하다 난이 일어나 장군의 휘하에 들었을 뿐입니다."

"무슨 소릴 하는가? 너의 죄를 묻고 있는 것이다."

그 말에 유방은 몸을 움찔해 하며 입을 열었다.

"항장군과 저는 회왕의 지시로 다같이 진秦을 공격하는 일에 나서서 항장군께서는 황하의 북쪽을, 저는 남쪽을 공격해 왔습니다. 그러나 저는 제 자신도 예측하지 못한 채 제가 먼저 관중에 당도하여 이 자리에서 항장군을 뵙게 되니, 이 기쁨 비길 데 없습니다. 그런데 어쩌다 경망한 자들로 인하여 항장군과 저 사이에 불신이 생긴 것 같아 참으로 안타깝기가 그지없습니다."

유방은 목소리를 떠듬거리며 지난 밤 항백에게 통사정했던 말을 되뇌었다.

항우가 보니 유방의 인물됨이 하찮기 그지없었다.

범증이 왜 저런 볼품없는 인물을 화근이니 어쩌니 하고 말했는지 알 수 없었다.

항우는 짚고 있던 칼을 내려놓고 꾸짖듯이 말했다.

"당장 목을 칠까 했으나, 네 죄를 네가 아는 것 같아 일단 참노라."

그때 장막 밖에서는 범증과 범증이 숨겨 둔 자객들이 장막 안의 동정을 살피고 있었다.

장막 안으로 항백이 들어오기를 기다려 항우가 유방에게 다시 물었다. 일종의 대질 신문이었다. 전날 밤 유방은 장량이 이끌고 온 항백을 만나 형제의 의를 맺고 서로 입을 맞추었던 것이다.

"네 죄를 다시 한 번 고할 수 있는가?"

"함곡관으로 마중 나가지 못한 것은 흉노의 침입이라고 잘못 전달받았기 때문입니다. 그 말을 믿고 저는 성을 굳게 지키라 하였고……"

유방은 항백과 미리 입을 맞춘 대로 말했다. 또 함양의 재물과 미인들도 항우 장군께 드리기 위해 그대로 둔 채 패상에서 기다렸다고 했다.

항우가 듣기에 어느 것 하나 항백의 말과 다르지 않았다.

"관중왕이 되려고 원로들을 소집했다 하던데?"

"관중의 왕이 될 마음이 있으면 그때 되었을 것입니다. 관중왕이 되실 분은 따로 계시다고 하며, 그들의 추대를 물리쳤습니다."

"관중왕이 될 자가 누구인가?"

"바로 항장군님이십니다!"

이것도 항백의 말과 일치했다. 항우의 가슴속에서는 그때까지 도사리고 있던 모든 의혹이 봄눈 녹듯이 풀리고 있었다.

'항우의 어리석음이 저 정도였던가!'

범증은 화가 났다. 어젯밤만 하더라도 유방을 한방에 가루로 만들겠다며 총공격 어쩌고 하던 항우가 아닌가? 그런 그가 저들의 간교에 넘어가 껄껄 웃고 있는 꼬락서니를 보니 마치 철없는 어린애를 보는 것 같아 더욱 울화통이 치밀었다.

그래서 항우의 조카 항장으로 하여금 칼춤을 추면서 유방을 제거하려 했으나 그 또한 실패하고 유방은 속이 거북하다며 자기의 막사로 줄행랑을 쳤다.

그 일이 있은 후부터 범증은 항우가 하는 일마다 어리석게만 보여 짜증이 나고 화를 참지 못해 조급증이 났다.

한나라 유방편에서는 진평의 계책을 이용해 항우와 범증 사이를 갈라놓기 위해 유언비어를 퍼뜨리고 범증이 유방과 내통하는 것처럼 이간질시켜 놓았다.

곧 반간계反間計를 쓴 것이다. 그러자 자연 항우의 의심을 받게 된 범증은 벌컥 화를 내며 물러나겠다고 청하니, 항우 또한 사사건건 간섭하려 드는 범증이 귀찮게 여겨져 그렇게 하라고 가볍게 응수하였다.

여기에서 항우의 옹졸한 마음이 또다시 나타난다.

항우의 진영에서 쫓겨난 범증은 하늘을 우러러보며 크게 탄식했다.

"잘못을 저지르고도 고치지 않고, 남의 말에 귀를 기울이지도 않으며, 오히려 더한 잘못을 저지르니 이는 교만이요, 남의 생각이 자기와 다르다는 이유로 그르다 함은 오만이 아니던가. 또한 큰일을 이루기 위해 법을 폐하고 자신의 공명만을 내세운다면 이는 외람됨이라. 비록 꾀가 있으나 그 꾀로 남을 침범하고 제 이익만을 도모한다면 이는 탐함이라 했던가. 그러니 이제 무슨 미련이 있겠는가……!"

범증의 탄식은 초패왕 항우를 향한 것이라기보다 자기자신을 향한 것인지도 몰랐다.

그 길로 고향에 돌아온 범증은 등이 쑤시고 아프기 시작했다. 자기의 감정을 삭이지 못해 등창이 난 것이다.

"어리석은 기계奇計로 세상을 어지럽히고, 난폭한 군주를 받들되 수십만 군사를 땅구덩이에 학살한 그를 말리지 못했으니, 어찌 그 죄가 가볍겠는가!"

범증은 이러한 탄식과 함께 숨을 거두고 말았다.

무릇 큰일을 하고자 하는 사람은 자신의 화를 참을 줄도 알아야 한다.

"무릇 범증이 떠나지 않았다면 항우는 망하지 않았을 것이다(增
不去 項羽不亡)."

후세 사람들은 그렇게 말했다.

그 당시 유방은 항우보다 열세에 놓였기 때문에 범증이 조금만
참을 수 있었더라면 얼마든지 유방을 쉽게 공략할 수 있었다. 그
렇지만 그는 자존심 상하는 일이라 여겨 자신의 화를 다스리지 못
해 자신의 남은 목숨은 물론 항우의 명성과 영토까지 한꺼번에 날
려 대사를 그르치고 말았다.

2

문경지교刎頸之交의 장이와 진여

문경지교는 생사를 같이할 정도로의 친함 사귐이나 그런 벗을
일컫는 말이다.

장이는 조왕과 함께 거록에 숨어들었으나 얼마 가지 않아 첩자
로부터 진나라 상장군 왕리가 이끄는 군사가 거록을 공격해 올 것
이라는 첩보가 들어왔다.

조왕이 한탄했다.

"탈출하자마자 또 진나라의 장한군이 공격해 온다니⋯⋯."

"성문을 굳게 닫았으니 염려 마십시오. 거록에는 한단 못지않게
군사와 식량이 많습니다."

장이는 조왕을 일단 안심시켰다.

장이는 성을 굳게 지키는 한편, 사방 제후들에게 구원을 요청하
는 밀사를 파견했다. 책사인 장이의 수완이 발휘되기 시작한 것이
다.

조나라 주변에는 진나라 외에 이렇다 할 큰 세력은 없었다. 그
러나 과거 왕국의 복구를 노리는 제후들은 나름대로 세력을 모으

고 있었다. 장이는 진에 대항할 방도로 이들과 공수동맹攻守同盟을 맺을 계략을 짜낸 것이다. 주위의 제후들은 망설이면서도 장이의 제안을 거절할 수 없었다. 장이가 거록마저 진나라에 짓밟힌다면 주위 어느 제후도 진나라 군대로부터 살아남지 못할 것이라고 엄포까지 놓았기 때문이었다.

장이는 이 동맹을 들먹이며 조왕을 달랬다.

"여러 왕과 제후들이 우리 조나라와 동맹을 맺었으므로 원군을 보내줄 것입니다. 진나라는 모두의 적입니다."

장이는 그렇게 확신하고 있었다.

"두고 보십시오. 그들이 원군을 보내주기만 하면 기필코 진나라와 싸워 이길 수 있습니다. 그러면 우리 조나라는 강대한 나라로 자리를 굳힐 것입니다."

책사다운 장이의 논리였다.

장이는 동맹국들이 한가지로 분기충천憤氣衝天하여 하루속히 거록 평야에 원군이 집결해 주기를 바랐다. 비록 조나라는 약체이지만, 싸움이 길어지더라도 성이 튼튼하여 몇 개월은 버틸 수 있으리라고 생각했다.

"장한이 곧 쳐들어오지 않을까?"

하루하루를 불안에 떠는 조왕이 또 장이에게 물었다.

"진나라의 대군을 유인하는 미끼가 바로 이 성입니다. 장한은 대군으로 집중 공격하는 전술을 사용하기 때문에 이번에도 이곳에 전군을 투입할 것입니다."

이렇게 말하면서 장이는 불원간 거록 평야가 진나라 장한군과 자기가 이끄는 원군과의 격전지가 될 것이라고 생각했다.

'여기서 장한군을 이긴다면……'

장이는 머릿속에 한 가지 생각이 스쳐 지나갔다.

'장한군이 무너지면 우리가 승전의 여세를 몰아 관중함양 땅으로 진격해 갈 수 있지 않을까? 그렇게 된다면 진나라를 멸망시킬 수 있을 것이다.'

장이는 흥분으로 가슴까지 떨렸다. 그래서 조왕에게 이렇게 말했다.

"장한군만 궤멸시키면 함양까지 밀고 들어가지 않아도 진나라는 그대로 무너질 것입니다."

"그럴까?"

"진을 무너뜨리기 위해 조나라가 용감하게 나선 것입니다!"

조왕은 장이의 말에 한 가닥 희망을 갖는 것 같았다. 장이는 장차 거록은 후세에 그 이름을 떨칠 것이라며 자못 뽐내기까지 했다.

장이의 이러한 논리는 각처에서 원군이 충분히 와주어야 성립되는 것이었다. 그렇지 않으면 거록은 한낱 고립된 성에 지나지 않을 것이다.

장한은 장이가 각지의 지원군을 모으고 있다는 것을 미리 간파했다.

'잘 되었다. 거록에 모든 반란군이 집결만 해준다면 일거에 쳐부술 수 있다.'

장한은 오히려 좋은 기회라고 생각했다.

그렇게 한다면 진나라의 화근禍根이 일소되어, 2세황제 호해는 시황제가 이룩한 천하통일의 황제가 될 것이었다. 백 번 질질 끄는 것보다 한 번의 싸움으로 끝내는 게 백 번 유리했다. 이 불 저 불 끄러 넓은 땅을 정신없이 헤맬 필요가 없어지는 것이다.

거록성을 왕리가 포위하자 장한은 주력군을 이끌고 거록 남쪽의 극원성에 진을 쳤다.

장한은 느긋했다.

"한단을 가루로 만들어 놓았으니 뒷문은 염려할 것 없이 당분간 푹 쉬어도 된다."

"쉬다니요?"

왕리가 물었다.

장한은 거록성을 공격해 싸우기에 앞서 기아 작전을 펴기로 한 것이다.

"그저 우리는 쉬는 거야. 그러면 거록성은 굶주리게 된다."

"아무 일도 하지 않고 쉬기만 하면 군사들은 좀이 쑤실 텐데요."

"심심풀이 삼아 할 일은 있다. 성 주위에 곁성을 쌓아라!"

왕리는 서둘러 장한의 명을 따랐다. 그러자 얼마 되지 않아 거록성 주위에는 많은 성이 생겨났다. 또 장한은 병사들에게 도로 양측에 높은 축지築地를 기다랗게 쌓는 용도甬道를 만들게 했다. 혹시라도 있을지 모를 적의 습격을 막는 방패로 삼기 위해서였다.

예전에 시황제는 이와 같은 용도를 여기저기에 만들어 황제 전용도로로 이용했다. 용도 안으로 움직이는 것이 안전했기 때문이었다. 용도를 통하면 누가 가고 오는지를 밖에서는 모른다. 일반 사람들의 눈에 띄지 않아 병력 수송은 물론 보급의 안전도 도모할 수 있었다.

장한은 곁성의 축조와 용도공사 현장에 종종 나타나 땀 흘리는 병사들을 독려했다.

"일하면서 쉬어라. 작업을 하면서 부상당하지 않도록 조심하라!"

군사들이 부상당하는 것을 막기 위해 장한은 입버릇처럼 '쉬면서 일하고, 일하면서 쉬라'고 했다. 신병新兵의 충원이 적은 것이 장한군의 약점이었다.

장한은 외성과 외성을 잇는 기나긴 용도로 성 밖을 온통 요새화시켜 놓았다.

조왕은 성 위에 올라가 장한의 군사들이 용도를 만들고 있는 것을 보며 장이에게 물었다.

"저 진나라 군사들이 무슨 일을 하고 있는 것인가?"

"용도라는 숨겨진 도로공사를 하고 있습니다. 군사들의 이동을 숨기고 군량미 보급의 안전을 위해서겠지요. 그리고 외부에서 거록성에 식량이 들어오는 것을 막자는 어리석은 수작입니다."

장이의 대답이었다.

"왜 그것을 어리석다고 하는가?"

"우리가 굶어 죽을 때까지 기다리자는 것이니까요. 그러나 우리는 가지고 있는 식량만으로도 몇 달은 버틸 수 있으며 그 안에 구원군이 몰려올 것입니다. 장한이 쓸데없는 짓을 잘 하고 있지 않습니까?"

"심심해서 쓸데없는 짓을 한다?"

"그렇습니다! 시황제란 자도 심심해서 순행을 하다가 죽었습니다."

조왕은 고개를 갸웃거렸다. 장이의 말이 어쩐지 믿어지지 않았지만 그렇다고 믿지 않을 수도 없었다. 장이 또한 큰소리는 쳤지만 장한군의 움직임에 더욱 불안해지는 것은 사실이었다.

거록 평야에 겨울은 빠르게 찾아왔다. 곡식을 심지 않은 들판에 우거진 잡초는 바람이 불어올 때마다 슬픈 울음처럼 서걱거렸다.

장한의 작전은 특이했고, 적이 볼 때에는 해괴했다. 그러나 장한은 보급선 확보와 거록성 기아 작전에 만전을 기하고 있었다.

한편 조나라 우승상 장이는 밀사를 대代나라에도 급파하여 구원군을 청했다. 대는 북방에 있는 아주 작은 나라로 장이의 입김이 잘 먹혀들었다.

전국시대 조나라에 인접해 있었던 대나라는 조나라에게 병탄併吞되어 무너졌다가 장이의 책략으로 다시 소생한 나라였다. 즉 장이가 아들 장오張敖에게 군사를 주어 대나라에 주둔시키면서 그곳 사람들을 군사로 끌어 모아 재건한 것이다.

그 대나라에서 장오가 군사를 이끌고 거록성으로 왔다.

"장오가 일만 군사를 이끌고 왔다!"

거록성은 가뭄에 단비를 만난 듯했다.

장이는 '작은 대나라도 거록성의 조나라를 구원하러 왔다' 는 격문을 만들어 사방 제후들에게 보냈다. 이것은 상당한 효과를 거두었다.

대나라 군사들은 거록성 가까이 왔지만 성에 들어오지는 못했다. 성 주위에 진나라 군사들이 깔려 있기 때문이었다. 다만 먼 곳에서 진나라 진영을 지켜보며 누壘를 짓고 소라가 뚜껑 속에 숨듯 숨었다. 그렇지만 대나라가 구원군을 보냄으로써 다른 주변 제후들의 마음을 움직이는 구실을 한 것은 사실이었다.

"대나라가 원군을 보냈는데 우리도 가만히 있을 수는 없지."

이곳저곳에서 원군을 보내왔다. 북쪽의 연나라가 군사들을 보내왔으며 제나라도 군사를 보냈다.

그러나 이들 또한 진군이 거록성을 포위하고 있었기 때문에 접근하지 못하고 전황이 바뀌기만을 기다렸다. 그러한 구원군은 대규모로 축성도 할 수 없었다. 다만 대나라 군사들처럼 여러 곳에 간이簡易 성루를 쌓고 때를 기다릴 뿐이었다.

　이들의 출병은 장이와의 의리 때문이었기 때문에 누구도 앞서서 진나라와 싸우기 위해 나서려 하지 않았다. 또한 이들은 조나라가 진나라 장한군을 쫓아낼 수 있으리라고는 생각지 않았다.

　"거록성이 진에 함락되는 것은 자명한 일이다."

　그들 중에는 조나라가 장한군에 패하리라는 것을 공공연히 말하는 자도 있었다.

　"여기까지 왔으니 싸움 구경이나 하고 가자."

　그러다보니 원군들은 싸우려 하기보다 그 싸움터에서 빠져나갈 궁리만 하는 꼴이 되어 조나라에 실질적인 도움이 될 것 같지 않았다.

　장이도 그 낌새를 알아차렸다.

　'싸움을 도와주러 온 게 아니라, 구경만 하다가 도망치려고 온 게 아닌가?'

　장이는 울화통이 터졌지만 어쩔 도리가 없었다.

　장이가 이처럼 위기에 빠져들 즈음에도 죽마고우 친구인 진여조차 거록성으로 오려 하지 않았다. 그는 진나라 장한군이 한단을 공격할 때 자기 예하의 군사들과 함께 북쪽의 상산常山이라는 곳으로 탈출하여 그곳에서 꿈쩍도 하지 않았다.

　하지만 거록성의 장이는 진여가 자기에게로 곧 오리라고 믿었다. 그러면서도 마음 한구석에 회의가 일기 시작했다.

　거록성에 양식이 떨어지면서 군사와 백성들이 굶주릴 정도로 다급해지고 있었다.

장이는 장염과 진택, 두 사람을 은밀히 밤을 틈타 상산의 진여에게로 보냈다. 그들은 가까스로 진군의 포위망을 뚫고 진여에게로 가 거록성의 위급한 상황을 알렸다.

"우승상께서 말씀하시기를 진여 장군과는 형제보다 우의가 더 두터운 생사를 함께하는 매우 친한 벗, 문경지교刎頸之交의 사이라고 하셨습니다. 그런데 우승상의 목숨이 경각에 달린 때에 장군께서는 북쪽에 군사를 멈추어 놓고 바라보고만 계시니, 이는 곧 우의를 저버리는 것이 아닌가 여쭈라고 하셨습니다."

장염과 진책은 장이의 말을 전했다. 그러나 진여의 대답은 냉랭했다.

"지금 우리 군사는 2만이고 적군은 30만이오. 그 중 20만이 거록성을 포위하고 들판에 있소. 이런 상황에서 군사를 그쪽으로 움직인다는 것은 마치 화약을 지고 불더미에 뛰어드는 것과 같을 것이오. 무모하게 밀고 들어가 몰살을 당하느니 우승상 장이와 구원군이 싸울 때 뒤에서 치는 것이 효과 있는 작전일 것이오. 그러나 당장 장이가 위급하다 하니 그대들에게 먼저 5천의 군사를 떼어주겠소."

그들은 하는 수 없이 5천의 군사만을 받아 거록성으로 향했다. 그러나 거록성에 들어가기가 쉬울 리 없었다.

"어떡하지?"

장염이 말했다.

"밤에 허술한 쪽을 뚫고 갑시다."

진택도 그럴 수밖에 없다며 고개를 끄덕였다.

밤이 되어 그들은 장한군을 공격하며 한쪽을 뚫으려 했다. 그러나 장한군은 그들을 기다렸다는 듯이 삼면에서 치고 나왔다. 장염과 진택은 몇 발자국 나가지 못하고 죽고 말았다. 그와 함께 5천의 군사들도 몰살당했다.

가까스로 도망친 군사 하나가 진여에게로 돌아가 그 상황을 알렸다. 그러나 진여는 손바닥으로 얼굴을 쓸어내렸을 뿐 아무런 말도 하지 않았다.

진여는 내심 조왕과 장이가 차라리 장한군의 공격을 받아 하루빨리 죽기를 바랐다. 거록성이 함락되리라는 것을 기정사실로 여기고 있었기 때문이다. 그러고 보면 진여와 장이의 문경지교도 빛 좋은 개살구일 뿐이었다.

대나라와 연나라, 제나라의 원군 장수들도 날이 갈수록 불평이 잦아졌다.

"조나라의 군사들은 왜 싸우려 나서지 않지?"

"대장군이라는 진여조차 나타나지 않는데 왜 우리가 여기에 있어야 한담."

진여는 구원병들의 고조되는 불만이 자기를 향하고 있음을 알았다. 잘못하다가는 천하에 의리 없는 놈으로 알려질 것이 두려웠다.

진여는 거록성이 함락되기를 끝내 기다리지 못하고 군사를 슬슬 움직이기 시작했다. 그러나 거록의 북쪽인 요해要害까지 남하한 후 다시 그곳에 주저앉았다.

"장이와 진여는 문경지교의 사이가 아닌가?"

"그런데 왜 도중에서 진여는 움직이지 않지?"

원군들은 여전히 진여의 행동을 못마땅하게 여겼다.

지난날 장이와 진여를 일컬어 생사를 같이 하기로 한 벗, 의리의 대명사로 사람들의 입에 오르내리고도 남음이 있었다. 일찍이 조나라에서는 우정의 표본으로 두 사람 이름이 나란히 언급될 정도로 사이가 좋았기 때문이었다.

그들은 의형제라고는 했지만, 나이 차 때문에 진여는 장이를 아버지로 받들었다. 장이 또한 진여를 아들처럼 여겨 그들 개인적으로는 부자의 의를 맺었으나 세상 사람들의 눈에는 그들이 더없이 가까운 친구로 보였다.

사실 그들에게는 부자父子 같은 정보다는 의기투합하는 동지의식이 더 강렬했다. 멸진滅秦이라는 대명제 앞에서 그들의 만남이 이루어졌기 때문이었다.

하지만 껍질을 벗겨 보면 그 속에는 각자의 이해관계가 도사리고 있었다. 그 이해관계란 장이가 조나라의 우승상이 되고, 진여가 대장군의 자리를 차지한 때부터라고 할 수 있었다. 중요한 관직에 앉고 보니 이해타산이 앞설 수밖에 없었는지도 모른다.

사람들은 그것을 알아채지 못했을지 몰라도 당사자들은 은연중 느끼고 있었다. 그러다가 위기에 처하자 이해타산이 드러난 것이다.

진여는 요해처의 앉은 자리에서 움직이지 않았다.

'내가 조왕이 될 날도 멀지 않았다!'

진여는 다른 나라와 합병하여 진과 싸우는 것보다 왕이 될 욕망에 사로잡혔다. 지금의 조왕은 자기와 장이가 길에서 데려다가 왕관을 씌운 자였다.

언젠가는 지금의 조왕을 쫓아내거나 죽여야 했다. 스스로 죽어주지 않으면 그렇게라도 해야 했다.

그 다음에 등장할 왕은 당연히 장이와 진여 두 사람 중의 하나였다. 그러나 왕의 자리는 하나이기 때문에 두 사람은 경쟁자라고 할 수 있었다.

'장이가 제 차례라고 주장하겠지?'

장이는 연장자인 동시에 진여 자신이 양아버지로 받드는 인물이 아닌가. 그러니 왕의 자리는 장이가 먼저 따놓은 것이나 다름없었다. 때문에 진여는 조왕이나 장이가 차라리 거록에서 죽어주기를 바란 것이다.

진여는 탐욕이라는 마술에 단단히 사로잡혀 있었다. 거록의 급박한 사태가 진여에게는 자신의 야욕을 채우기 위한 더없는 기회로 여겨졌다.

3

소진蘇秦, 6국 합종合縱의 맹약

소진蘇秦은 동주東周의 낙양雒陽, 洛陽 사람으로 제나라에 가서 귀곡鬼谷 선생을 스승으로 모시고 장의張儀와 함께 학문을 배웠다.

귀곡 선생은 귀곡자鬼谷子라고도 일컬으며 전국시대 활동한 종횡가縱橫家 중 한 사람으로 알려졌다. 그는 지금의 산서성 택지부 내의 귀곡鬼谷에 살았으므로 귀곡 선생 혹은 귀곡자라고 불렀다.

종횡설縱橫說의 법을 논한 『귀곡자鬼谷子』 3권이 전한다.

소진이 외국에서 유학하던 수년 동안 많은 곤궁을 겪고 집으로 돌아갈 수밖에 없었다.

파리한 모습에 다 떨어진 신발, 남루한 옷차림으로 책보따리를 둘러맨 채, 몸은 마를 대로 마르고 얼굴은 까맣게 타서 볼썽사나운 기색이었다.

집에 다다르니 아내는 베틀에서 내려오지도 않고, 형수는 밥도 지어 주지 않았으며, 부모조차 말을 하려 들지 않았다.

소진은 탄식하였다.

"처는 나를 지아비로 여기지 않고, 형수는 나를 시동생으로 여기지 아니하며, 부모님은 나를 자식으로 여기지 않으니 이 모든 게 나의 죄이다."

이에 밤을 새워 책을 펴보기 시작하였다.

책 궤짝 수십 개를 펼쳐놓고 태공망太公望 여상呂尙의 병법에서, 『음부경陰符經』을 찾아내어 엎드려 읽고 외고 가려 뽑아 열심히 연구하였다.

책을 읽다가 잠이 오면 송곳으로 허벅지를 찔러 피가 다리까지 흘러내렸다. 그러다보니 한 해가 획 지나갔다.

그때 그는 깨달았다.

"도대체 선비라는 자가 머리 숙여가며 남에게서 글을 배워 놓고도 영화로울 수가 없다면 무슨 소용인가? 됐다, 가자! 나는 이제 상대의 마음을 헤아려 알 수 있는 췌마揣摩의 비법을 깨달았다. 이것이야말로 당세의 군왕을 설득시킬 만하다."

소진은 우선 가까운 주나라 현왕顯王을 알현코자 하였다.

"만나보실 필요도 없습니다. 그 자는 미친 자입니다."

소진을 잘 알고 있는 왕의 측근들로 인해 그는 배알조차 하지 못하고 물러나와 서쪽 진秦나라로 발걸음을 옮겼다.

진나라는 이미 상앙商鞅의 부국강병책으로 성장한 시기였다.

상앙은 위衛나라의 공족公族 출신으로 법학을 공부하고, 효공孝公 밑에서 법제法制·전제田制·세제稅制 등을 크게 개혁, 진나라를 융성하게 하여 효공 22년 상商에 봉함을 받았다.

마침 효공이 죽고 그 아들 혜왕이 등극하여 어수선한 때였다. 소진은 혜왕을 설득했다.

"진은 사방이 험준하고 견고한 산하로 둘러싸인 요새입니다. 위수渭水가 띠를 두르듯 흐르고 있고, 동쪽에는 함곡관과 황하가 있으며, 서쪽에는 한중漢中이 있고 남쪽에는 파巴·촉蜀이 있고 북쪽에는 대군代郡과 산서성 북쪽 마읍馬邑이 있어 천연적인 곳집[부고府庫]이라 할 수 있습니다. 진나라의 많은 선비들과 백성들에게 병법을 가르친다면 천하를 병합해 황제라 일컬을 수 있을 것입니다."

진왕은 소진의 변설을 듣다가 중간을 끊으면서 짜증스럽게 대꾸했다.

"나는 새라도 날개가 다 자라기 전에는 하늘 높이 나를 수가 없는 법이요. 우리 진나라는 아직 정사가 정돈되지 못한 처지라 남의 나라를 병탄한다는 것은 무리입니다. 다른 데나 가보시오."

진왕은 당시에 상앙을 죽인 지 얼마 안 된 후라 유세객을 달가워할 처지가 아니었다.

소진은 동쪽으로 가 조趙나라를 찾아갔다.

조의 숙후肅侯는 아우인 성成을 재상으로 삼아 봉양군奉陽君이라 불렀는데, 봉양군은 소진을 탐탁지 않게 여겼다.

"시간 뺏기지 말고 다른 나라로 가 보시오."

소진은 조나라에서도 버림받는 신세가 되어 이번에는 연燕나라로 터벅터벅 걸어 들어갔다. 그리고 그곳에서 1년여 동안을 탐색한 후였다.

"연나라는 동쪽으로 조선과 요동이 있으며, 북에는 임호林胡·누번樓煩이라는 두 호국胡國이 있고, 서쪽으로는 운중雲中·구원九原의 땅이 있고, 남으로는 호타수와 역수의 두 강물이 있습니다."

"옳게 보았소."

"국토는 사방 2천여 리, 무장한 갑사甲士 수십 만, 전차 6백 대, 군마 6천 필, 곡식은 수년을 견딜 수 있습니다."

"연나라의 내용을 그토록 소상히 아시니 놀랍소."

"어디 그뿐입니까? 남쪽의 풍성한 물산과 북쪽의 대추와 밤, 그 모두가 백성이 밭을 갈지 않고도 넉넉한 식량이 됩니다. 열국列國을 훑어보더라도 이처럼 생활이 안락하고 전쟁 한 번 치러보지 않은 나라는 연나라밖에 없습니다. 대왕께서는 그 이유를 알고 계십니까?"

"모르오. 그 모두가 하늘의 축복이 아니겠소?"

"아니오. 왜구의 침범도 없고 병사가 피해를 보지 않은 것은 조나라가 남쪽을 막아주고 있기 때문입니다."

"조나라가요?"

"진나라와 조나라가 다섯 차례나 싸워 진이 두 번 이겼고 조가 세 번 이겼지요. 두 나라가 모두 피폐해지기는 마찬가지입니다. 그런데도 연나라는 침략당하지 않았습니다. 만일 조나라가 연을 공격해 온다면 어떻게 되겠습니까?"

"실상은 그것이 걱정이오."

"아마도 조나라 군사는 열흘이 못되어 수십만 군이 호타수를 곧바로 건너 역수까지 뛰어넘어 불과 4, 5일이면 연나라의 국토에 다다르게 됩니다."

"그것이 두려운 일이요. 묘책이 없겠소?"

"조나라와 합종(合縱, 趙·韓·魏·燕·楚·齊, 6국이 세로縱로 벌려져 있어 서로가 힘을 합쳐 강한 진秦에 대항하자는 계책)하십시오. 천하가 종縱으로 하나가 되기만 하면 연나라는 아무 우환이 없어집니다."

"아직은 우리 연나라에 우환이 없으나 서쪽의 조나라와 남쪽의 제나라가 앞으로 어떻게 나올지가 걱정이오. 더구나 우리는 작은 나라이고, 제나라와 조나라는 강국들이 아니겠소. 만일 그대가 합종을 성립시켜 연나라를 편안케만 해줄 수 있다면 나라를 들어 그대를 좇겠소."

"제가 조나라에 다녀오지요."

연왕 문후는 소진에게 거마와 황금, 그리고 비단을 후히 주어 조나라로 가게 했다.

때마침 조나라에서는 지난날 자신을 꺼리던 재상 봉양군이 죽고 없었다. 그래서 소진은 곧바로 조나라의 숙후를 설득할 수 있었다.

"대왕의 의행義行이 고결, 현명하시다는 소문을 듣고 그 가르침을 받자와 진작 어전에 들르고 싶었습니다만 봉양군께서 저를 질투하시어 충성스런 의견을 아뢸 길이 없었습니다. 대왕께서는 사민士民들과도 가깝게 지내려 하시니, 감히 우견을 말씀드리겠습니다."

"어서 말씀해 보시오."

"대왕께서는 백성들을 안정시키고 편안케 하시는 것이 최우선으로 삼고 계십니다. 그런데 제나라와 진나라, 양국과 적대관계에 있게 되면 조나라의 백성들은 안정될 수 없습니다. 그렇다고 해서 진나라의 편을 들어 제나라를 쳐도 안정될 수 없고, 제나라의 편을 들어 진나라를 공격해도 백성들은 안정될 수 없습니다. 그러나 지난날 진나라와의 전쟁에서도 그렇고 진나라가 천하에서 적대시할 나라는 조나라밖에 없습니다. 그렇지만 진나라가 감히 기병해서 조나라를 치지 않는 이유는 한韓과 위魏, 두 나라가 합심해서 진나라의 배후를 찔러 오지 않을까 두려워서겠지요?"

"옳은 말입니다."

"제가 가만히 천하의 형세를 살펴보니, 제후들의 땅은 진나라의 다섯 배가 되며, 제후들의 병사는 진나라의 열 배가 됩니다. 제후 6국이 하나가 되어 힘을 합해 서쪽을 치면 진나라는 반드시 깨어지도록 되어 있습니다. 만일 그렇지가 못하고 강한 진나라를 겁내어 진나라를 섬긴다면 진나라의 신하가 되는 것이지요. 남을 신하로 삼는 것과 남의 신하가 되는 것은 엄청난 차이입니다."

"한 가지 물어봅시다. 저들 연횡론자連衡論者들의 의도는 무엇이오?"

"좋은 질문입니다. 한마디로 그들은 여섯 제후들을 공갈쳐서 진나라에 땅을 떼어주라는 것이지요."

"그럴 경우 연횡을 유세하는 자들은 어떤 은혜를 입소?"

"뻔하지요. 누대를 높이 올려 궁실을 아름답게 꾸미고 가무를 즐기겠지요. 자기 조국이야 진나라에 먹혀 망하든 말든 전연 근심하지 않으며 사욕을 계속 채우기 위해 제후국들을 더욱 위협해서 땅을 떼어 진나라에 바치도록 윽박지르겠지요."

"됐소. 잘 들었소. 그러니 그대는 여섯 나라가 합종하여 진나라를 배척하는 계책을 계속 사용하라는 뜻이구려."

"그러합니다."

"그렇게 하려면 내가 어떻게 해야 하오?"

"우선 한·위·제·초·연·조, 6국의 장군과 재상들을 하남성 안양시 동북의 강, 원수洹水 가에 불러 모아 볼모를 교환하고 백마를 죽여 그 피를 입에 발라 맹세하고 굳게 약속해야 합니다."

"어떻게?"

"진나라가 초나라를 치면 제·위의 정예군사가 곧 출동해 초나라를 돕고, 한나라는 진나라의 양도糧道를 끊으며, 조나라는 황하와 장수를 건너고, 연나라는 상산의 북쪽을 지키기로 하십시오.”

“만일 진나라가 한·위를 치면 어떻게 되오?”

“초는 그 후방을 끊고 제는 즉각 정예병을 출동시키며, 조나라는 황하와 장수를 건너고, 연은 운중을 지키면 됩니다.”

“진나라가 제나라를 칠 수도 있겠는데?”

“그땐 초가 그 배후를 끊고, 한이 성고成皐를 지키고, 위는 그 길을 막고, 조는 황하와 장수를 건너 박관博關으로 가고, 연은 정예병을 내어 제를 돕는다고 하십시오.”

“진이 연을 치면 어떻게 되오?”

“조가 상산을 지키고, 초는 무관武關에 출병하고, 제는 발해를 건너고, 한·위는 정병을 내어 도우면 됩니다.”

“이제 진나라가 조나라를 공격해 올 경우만 남았구려.”

“한나라는 의양에서 포진하고, 초나라는 무관으로 출병하고, 위나라는 황하 서쪽에 포진하고, 제나라는 청하를 건너고, 연나라는 정병을 내어 조나라를 도우면 됩니다.”

“맹약을 어기는 나라가 있을 텐데.”

“간단합니다. 다른 5국의 병력으로 이를 응징하십시오.”

“그렇구려. 만약 합종이 성공한다면 진나라도 함곡관을 나와 산동을 침범하지 못하겠구려.”

“어디 그뿐이겠습니까? 대왕께서는 마침내 패업覇業의 위업도 이루게 되겠지요?”

조왕은 그제야 흥분한 목소리로 말했다.

“과인은 나이도 젊고 왕위에 오른 지도 얼마 안 되어 아직 국가의 백년대계를 들어볼 만한 시간이 없었소. 그런데 지금 그대가 사직을 보존케 하고 제후를 안정시키며, 천하가 보존되는 계책을 주었으니 기쁘기 그지없소. 그대가 말한 대로 하리다."

이에 조왕은 마차 1백 대, 황금 1천 일鎰, 280kg, 백벽白璧 1백 쌍, 비단 천 필을 갖추어 소진에게 주어 제후들과 합종의 맹약을 맺고 오도록 보냈다.

소진은 서둘러 한韓나라의 선혜왕宣惠王을 만나 '닭의 부리가 될 지언정 쇠꼬리는 되지 말라'는 식으로 달래고, 위魏나라 양왕襄王을 만났다.

"진을 섬기자는 연횡론이 우세하오. 대부분의 신하들은 그걸 원하고 있소."

"지금 대왕께선 신하들의 말만 듣고 진나라를 섬기려 하시지만 무릇 진을 섬기려면 반드시 땅을 쪼개 바쳐야 할 것입니다. 땅은 한정되어 있는데, 싸움도 하기 전에 영토의 결손을 보자고 간언하는 신하는 충신이 아니고 간신입니다. 어찌 신하된 자로서 인군의 땅을 떼어 바치는 외교를 하자는 자를 충신이라 부르겠습니까. 그자들은 나중에 닥쳐올 환란에 대해서는 조금도 책임지지 않는 자들입니다. 곧 바깥의 강한 진나라 권세에 빌붙어 안으로 자기 군주를 위협하고 땅을 팔아먹는 행위일 뿐입니다."

"옳은 말이오. 그대는 6국이 합종하라는 뜻이군요?"

"그렇습니다. 뜻을 하나로 뭉치면 강한 진나라의 우환을 해소시킬 수 있습니다. 조나라 왕께옵서도 저를 시켜 맹약을 받아오라 하시었습니다."

잠시 후 위나라 왕은 분연히 말했다.

"좋소. 과인의 불민한 탓으로 밝은 가르침을 이제야 깨달았소. 이제 그대를 통해 조왕의 권고까지 들은 이상 그대의 말을 따르겠소."

위나라 왕을 설득시킨 소진은 동쪽으로 더 나아가 제나라로 갔다.

제나라에는 선왕宣王이 있었다.

"어떤 좋은 방법이라도 없겠소."

마침 제왕은 전전긍긍하고 있었다.

"진이 제를 치려면 한·위의 땅을 등지고 위의 양진의 길을 지나 산동성 제령현 항보亢父의 험준한 산을 넘어야 합니다. 더구나 진이 제에 깊이 침투하고 싶어도 한·위가 연합하여 진의 뒤쪽을 위협하지 않을까 두려워하고 있습니다."

"그렇다면 진의 행동은 허세란 말이오?"

"바로 그렇습니다. 속으로는 심히 두렵고 의심스러우니까 드러내놓고 공갈치고 거만스럽게 굴면서 감히 전진해 오지 못하는 것입니다."

"잘 들었소. 제나라는 멀고 바다에 치우친 땅이며, 더 나아갈 데도 없는 동쪽 변경의 나라라, 지금까지 그대와 같은 고견은 아직 한마디도 들을 기회가 없었소. 지금에사 그대가 조왕의 가르침을 전하니 삼가 나라를 들어 거기에 따르겠소."

소진은 제왕으로부터도 합종의 계략을 쓰기로 약속 받아낸 후 다시 서둘러서 초楚나라로 향했다.

남서쪽의 초나라에는 위왕威王이 있었다. 그는 합종이냐 연횡이냐를 놓고 고민 중이었다.

"국토는 사방 5천 리, 양곡은 10년을 지탱할 수 있고 갑병은 1백만, 이토록 강한 초나라가 더구나 현명함을 지니신 대왕께서 서면西面하여 진나라를 섬겨 보십시오. 천하의 제후들 모두가 진나라의 장대將臺 밑으로 줄줄이 따라서 입조할 것입니다. 진나라에서 볼 때는 초나라만큼 방해되는 나라가 없습니다. 초나라가 강하기 때문이지요. 그러니까 결국 초나라가 강해지면 진나라가 약해지고, 진이 강해지면 초가 약해진다는 결론이 나옵니다. 두 양웅兩雄이 한 하늘 아래에 설 수 없기 때문이지요."

"그렇다면 그 대책을 어서 말해 보시오."

"쉽게 말씀드려 여섯 나라가 합종하여 진나라를 고립시키는 계략을 채택하도록 권하고 싶습니다."

"나에게 돌아오는 이익은 뭐가 있겠소?"

"제가 산동의 여러 나라를 시켜 공물을 바치도록 하고, 대왕의 명령에 복종토록 하며, 사직과 종묘를 초에 의존케 만들며, 각국의 병사들을 대왕의 뜻대로 사용할 수 있도록 해드리겠습니다. 그뿐만 아니라 초楚나라를 위시하여 한韓 · 위魏 · 제齊 · 연燕 · 조趙, 6국 합종의 친교가 이뤄지면 초는 천하의 왕국이 될 것이고, 연횡이 이루어지면 진나라가 천하의 제왕국이 될 것입니다."

잠깐 생각에 잠기던 초왕이 흔연히 고개를 들어 소리쳤다.

"좋소. 그대의 말대로 하겠소. 그대가 천하 제후를 하나로 집결시켜 위기에 처한 나라들을 안전하게 존속시키려는 대의명분이 마음에 들었소. 과인은 나라를 받들어 그 계책을 따르겠소."

결국은 소진 혼자서 6국 합종의 맹약을 시켜 힘을 합치도록 만들어 놓았다. 그로 인해 소진은 합종 맹약의 장長이 되었고 6국의 재상을 겸임했다.

북쪽으로 조왕에게 경과를 보고하기 위하여 가는 중에 낙양을 지나게 되었다. 소진을 따르는 마차와 화물을 비롯해 제후들이 사신을 보내 내린 선물들이 많아서 그 행렬은 임금의 그것보다 훨씬 화려하고 엄청났다.

주나라 현왕顯王은 소문을 듣고 두려운 나머지 도로를 청소하게 하고 사자를 직접 교외에까지 보내어 소진을 환영하게 했다.

그가 고향집에 들렀을 때 소진의 형제, 처, 형수 등은 먼발치에서 곁눈으로 볼 뿐 감히 똑바로 쳐다보지를 못하고, 고개를 숙인 채 소진의 식사 시중만 들고 있었다.

소진이 빈정대는 투로 형수에게 물었다.

"전날 그토록 나를 박대하더니 갑자기 이게 웬일이오?"

말이 떨어지기가 무섭게 형수는 넙죽 땅에 엎드리며 말했다.

"용서해 주십시오. 서방님의 지위가 높고 재산이 많은 것을 보았기 때문입니다."

소진은 탄식하면서 중얼거렸다.

"나는 그냥 한 몸인데 빈천하면 업신여기고 부귀하면 일가친척까지도 두려워하고 공경하니, 하물며 남들이야 따져 무얼 하리. 내게 낙양성 부근에 두 마지기의 밭뙈기만 있었더라도 내 어찌 여섯 나라 재상의 관인을 찰 수 있었겠나?"

하고 탄식하면서 소진은 1천 금을 내어 가족과 벗들에게 뿌렸다. 처음에 소진이 연나라로 갈 때 백 전을 꾸어 노자를 삼았었는데 부귀해진 후에 백금百金으로 그것을 갚았다.

그리고 6국이 합종한 맹약서를 진나라에 통고했다. 그로부터 진나라의 병사가 감히 함곡관 동쪽을 엿보지 못한 것이 15년이었다.

그 후 소진은 제나라에서 새 왕의 총애를 받으려다 대부들과 갈등을 겪을 때 어느 이름없는 자객에 의해 중상을 입고 그 상처가

도져 죽었다.

사마천의 『사기史記』에는 이렇게 결론을 지었다.

소진은 제후들에게 유세하여 그 이름을 세상에 드러냈다. 그의 변론술은 권모술수와 임기응변에 능한 것이었는데 소진은 반간反間, 첩자의 오명을 뒤집어쓰고 죽게 되자, 천하가 그를 조소하여 그의 술법을 배우기조차 꺼려했다.

민간에서 몸을 일으켜 6국을 연결시키는 합종의 맹약을 맺게 한 그의 활약을 보면 소진은 지모가 대단히 뛰어난 인물로 추측된다.

4

장의張儀, 열국列國을 흩뜨린 연횡책連衡策

장의張儀는 위魏나라 사람이다.

일찍이 합종책을 펼친 소진과 함께 귀곡鬼谷 선생에게 사사하며 학술을 배웠다. 소진도 장의의 재능을 따르지 못한다고 생각하고 있었다.

장의 또한 소진과 마찬가지로 제후들을 찾아다니며 유세遊說했으나 아무도 그에게 귀기울여 주지는 않았다.

인정받기는커녕 오히려 굴욕만 치렀다.

한 번은 초나라 재상 소양昭陽의 잔치에 가서 술을 마셨는데 소양의 집에 있던 도리옥〔화씨지벽和氏之璧〕을 잃어버렸다고 소란이 일어났다.

"장의가 수상합니다. 평소 행동도 좋지 않거니와 집안이 워낙 가난합니다."

연회에 참석했던 손님들이 모두 불청객 장의를 도둑으로 몰았다. 장의는 속절없이 수백 대의 매를 맞았다.

"나는 훔치지 않았소!"

아무리 아니라고 해도 막무가내로 매를 맞았다.

온몸이 걸레가 되어 가까스로 집에 들어와 아내에게 자기 혀를 내밀었다.

"여기 좀 보게. 아직도 혀가 붙어 있는가?"

"공연히 책 같은 걸 읽어 유세만 하지 않았어도 이런 꼴은 당하지 안했을 것 아니요. 그래도 혀는 붙어 있군요."

하도 어이가 없어 아내도 웃으면서 대꾸했다.

"그럼 됐소. 혀만 붙어 있으면 충분하오."

이즈음에 그의 친구 소진은 벌써 조나라 왕을 설득해 합종의 맹약을 맺는데 성공하였으나 진나라가 제후들을 쳐서 맹약을 깨며 합종국들이 서로 배반하지 않을까 두려워하고 있었다. 그런 불상사가 일어나지 않기 위해서는 진나라에 적당한 인물이 등용되어야 한다고 소진은 생각했다.

"역시 장의밖에 없는데……."

소진은 비밀리에 수하를 장의한테 보냈다.

"내 이야기는 하지 말고 일단 장의를 나한테 데리고만 와주게."

그래서 수하는 장의한테로 가서 속살거렸다.

"왜 이렇게 고생하고 계십니까? 장 선생님께서는 소진과 죽마고우竹馬故友라면서요. 헛고생 그만 하시고 한번 찾아가 보시지요. 그가 친구이니 박대하지는 않으실 것입니다."

"그렇소!"

장의는 의기양양하여 조나라의 소진한테로 갔다. 그리고 당당하게 자신의 이름을 올려 면담을 신청했다. 그러나 이레가 지나도록 소진한테서는 소식이 없었다.

"어떻게 된 거요? 장의가 왔다는 한마디만 하면 버선발로 나올

만도 한데……."

"주인님은 바쁘십니다."

"그럼 난 가겠소."

"잠깐만 기다려 보십시오. 제가 다시 한 번 간청해 올리겠습니다."

그렇게 어렵사리 면회가 허락되었는데 소진은 장의를 당하堂下에 앉혀놓고 물끄러미 바라만 볼 뿐이었다.

그뿐만 아니라 자신의 밥상에는 산해진미를 가득 차려놓고 자신에게는 보잘것없는 음식상을 내려주었다. 그리고 소진은 장의를 굽어보며 빈정거렸다.

"자네는 지난날 나보다 훨씬 더 재주가 뛰어났었는데 지금 보니 별 볼일 없구먼. 내가 인군께 말씀드려 말직이라도 벼슬을 내리고 싶지만 자네가 미덥지 못해 그마저도 못하겠네."

생각지도 못한 소진의 모욕에 장의는 그 자리를 박차고 나오며 고래고래 욕설을 퍼부었다.

"좋다. 요놈 어디 두고 보자! 옛 친구라 믿고 찾아왔더니 나를 그토록 깔아뭉개다니, 무어 네놈이 합종책이라? 나는 진나라로 들어가 연횡책으로 네놈의 합종을 하나씩 박살낼 것이다. 요놈!"

장의는 씩씩거리며 진나라로 향했다.

소진은 자기의 심복을 급히 불렀다.

"장의는 천하의 어진 선비다. 나는 그의 소맷자락에도 못 미친다. 단지 운이 좋아 내가 먼저 등용되었을 뿐이다. 그가 가는 곳마다 따라가거라. 설사 그가 진나라에 가더라도 돈이 없어 등용되기 어려울 것이다. 돈과 거마를 줄 테니 그에게 뒷돈을 대주어 진나라에서 성공하도록 도와주라."

"그분이 작은 이익에 만족하여 대성하지 못할 것을 염려하셨습니까?"

"그렇다. 그래서 무참히 모욕을 준 것이다. 그가 성공할 때까지는 나의 도움을 눈치채지 못하도록 하라!"

"명심하겠습니다. 한 가지 의문은 그분이 진나라의 이익을 위하게 되면 조나라에 피해가 없는지요?"

"진나라에 이익을 주어야 조나라에 큰 이익이 있다. 그런 줄만 알아라!"

소진의 심복 수하는 모른 척 장의를 뒤쫓았다. 그리고 우연인 것처럼 같은 숙식을 하면서 장의가 하고 싶은 것은 무엇이든 다 들어주었다.

"이 은혜는 잊지 않겠소!"

그렇게 되어 장의는 진의 혜왕惠王을 알현할 수 있었다. 그의 유세는 성공하여 진나라의 객경客卿이 되었다. 바야흐로 천하의 제후들을 차례로 정벌하는 계략이 먹혀들었던 것이다.

"저는 이제 헤어질까 합니다."

소진의 수하가 이별할 뜻을 내비치자 장의는 깜짝 놀랐다.

"왜 그러시오. 이제 방금 출세하여 당신한테 은혜를 갚으려 하는데 무슨 말씀이오?"

"그 은혜는 소진 어른한테나 갚으시오."

"뭐라고요?"

"저는 선생의 인물됨을 하나도 모릅니다. 오로지 선생님을 아시는 분은 소진 어른뿐입니다. 선생을 격분시켜 진나라에서 성공하도록 도와주신 분은 제가 아니라 그분이십니다. 저는 심부름꾼에 불과합니다."

"아! 그게 진정이오?"

"그렇습니다. 선생께선 이미 등용되셨으니 저는 그분의 명령대로 지금 돌아가야 합니다."

"어찌 이런 일이, 내 참! 소진의 술수에 놀아나면서도 그것을 깨닫지 못하다니. 역시 나는 소진에게 못 미치나 봅니다. 돌아가거든 소군蘇君한테 분명히 전해 주시오. '내가 진의 재상으로 있는 한 조趙나라는 치지 않겠다'고. 그뿐만 아니라 소진이 살아 있는데 내가 감히 무슨 일을 벌이겠소. 나는 소진의 속마음을 짐작합니다. 진나라가 조나라를 쳐서 합종의 맹약이 그로 인해 깨어지지 않을까 걱정했을 것입니다."

그 후 장의는 진나라의 재상이 되었다. 그리고 초나라 재상 소양昭陽에게 글월을 보냈다.

〈내가 처음 너의 잔치에서 술을 마셨을 때 너는 나를 구슬을 훔친 범인으로 몰았다. 그리고 나를 수없이 때렸다. 지금도 맹세하거니와 나는 너의 구슬 따위는 훔치지 않았다. 이제 그 빚을 갚고자 한다. 너는 네 나라를 잘 지켜라. 그러나 나는 네 나라를 박살내어 훔치고 말 것이다.〉

장의가 재상이 된 지 4년이 되었다.

"대왕, 이제는 왕위에 오르시어 천하에 위엄을 드높이시지요. [진나라는 효공孝公에 이르기까지 공公으로 불렀다. 혜문군惠文君도 그제야 왕王이라 호칭됐다]."

"그래도 괜찮겠소."

"지당하신 호칭입니다."

1년이 지나서 장의는 진나라의 장군이 되어 하남성 위魏나라 땅 섬陝을 탈취하고 상군에다 요새를 구축했다.

그로부터 2년 뒤에는 진의 사신이 되어 제나라와 초나라의 재상들과 강소성 설상齧桑에서 회합했다.

다시 동쪽으로 돌아온 장의는 진나라의 재상자리를 내놓고 위나라 재상이 되어 위왕에게 진나라를 섬기라고 건의했다.

그뿐만 아니라 다른 제후에게도 그런 관계를 본받게 하려고 애를 썼다. 그러나 위왕은 장의의 권고를 받아들이지 않았다.

이때 진왕은 위의 하남성 곡옥曲沃과 산서성 평주平周를 탈취해 버렸다. 장의가 다시 위왕에게 권고하여 말하였다.

"누차 말씀드렸지만 진나라를 섬기는 게 제일입니다. 그러면 초·한은 감히 위에 손대지 못하고 초나라와 한나라의 근심이 없으니 대왕께서는 베개를 높이 하여 안면할 수 있고 국가에도 근심이 없어집니다."

"좋소. 나라를 들어 그대의 계략을 따르기로 하겠소. 진나라로 그대를 보낼 터이니 진왕께 화목할 것을 요청해 주겠소?"

위나라가 합종의 맹약을 배반케 하는 공로를 세운 장의는 진나라로 돌아와 다시 재상이 되었다.

3년이 지나서 위가 진을 배반하고 합종에 다시 가담했는데 진이 위나라의 곡옥을 새로 쳐서 빼앗자 놀란 위가 또다시 진을 섬기게 되고 말았다.

장의가 진의 사신으로 초나라에 가 있을 때 소진이 죽었다는 소식이 들려왔다.

"이제야말로 스스로를 위하여 뜻을 펼 때이다."

장의는 초왕에게로 달려갔다.

"진의 국토는 천하의 절반이며 그 병력은 4개국의 그것과 맞먹습니다. 험준한 산으로 둘러싸이고 황하가 띠처럼 둘러쳐져 있어 사방이 가히 천연의 요새입니다. 군사 1백만 명, 전차 1천 대, 군마 1만 필, 양곡의 축적 또한 산봉우리만 합니다. 법령은 분명하여 사졸은 안심하고 전쟁터에 나가 죽으며, 인군은 현명하고 준엄하며 장군은 지략 있고 무용武勇이 뛰어납니다. 이런 형세이니 그 어떤 열국도 빨리 항복하지 않으면 멸망합니다. 더구나 합종을 맹약하는 자는 맹호를 공격하는 양의 무리나 다름이 없습니다. 양이 호랑이에 대적할 수 없다는 건 대왕께서도 잘 아시지 않습니까?"

"알고는 있소."

"대왕께서는 지금 맹호 대신 양들과 손을 잡고 계십니다."

"또다시 합종의 얘기군요."

"생각해 보십시오. 천하 두 강국이라면 어느 나라이겠습니까?"

"그야 진나라와 초나라이지요."

"그렇습니다. 그러하니 양국이 서로 다투면 둘 다 살아남을 수가 없지요. 차라리 맹호인 진나라와 손을 잡으십시오."

"과인이 진나라와 화친하고자 하면 그대는 중간에서 어떤 역할을 해주겠소?"

"진의 태자를 오게 해서 볼모로 삼도록 하겠습니다. 동시에 초에서도 태자를 진에 볼모로 보내십시오. 뿐만 아니라 진의 왕녀를 대왕의 시첩이 되게 할 것이며, 1만 호가 넘는 도읍을 받게 해드리겠습니다. 이렇게 되면 진과 초가 장구하게 형제의 나라가 되어 끝내 서로 공격하는 일이 없어질 것입니다."

초나라 왕은 장의의 의견을 받아들이기로 했다.

장의는 그 길로 한나라로 향했다. 한나라의 왕을 만나자 마자 장의는 또 설득하기 시작했다.

"한나라 땅은 험악하여 백성들 대부분이 산지에 살면서 생산하는 오곡은 콩 아니면 보리입니다. 더구나 한 해라도 수확이 없으면 백성들은 금세 지게미와 쌀겨조차 배불리 먹지 못하게 됩니다. 국토는 사방 9백 리에 불과하며 2년을 지탱할 식량도 없습니다."

"사실 한나라는 그만도 못하오."

"현명한 군주로서 위험을 택하지 말고 먼저 진을 섬겨 평안하십시오. 대체로 화근을 만들어 놓고 복이 들어오기를 바란다면 그 계략의 얄팍함 때문에 진나라의 깊은 원한만 사게 됩니다. 진을 거역하고 초를 따르면 멸망하지 않으려야 않을 수가 없게 됩니다."

"진나라가 우리 한나라에 대해서 바라는 바는 뭐요?"

"진나라가 원하는 것은 우선 초나라를 약화시키는 것이니, 그 역할을 한나라가 해달라는 것이지요."

"무슨 얘기요?"

"한나라가 초보다 강해서가 아니라 지세가 그렇다는 뜻입니다. 대왕께서는 서면하여 진을 섬기고 초를 치십시오. 진왕이 기뻐할 것입니다. 초를 쳐 그 국토를 얻고 화는 진으로 돌려 버린다면 그보다 좋은 계략이 어디에 있겠습니까?"

"옳은 계책인 것 같소."

한왕이 장의의 계략을 받아들이자 장의는 곧 진으로 돌아왔다. 진왕이 몹시 기뻐하며 다섯 개의 읍을 봉해 장의를 무신군武信君이라 불렀다.

장의는 진왕과 계략을 상의한 뒤 이번에는 동쪽의 제나라로 갔다. 장의는 제의 민왕을 만나 이렇게 말했다.

"지금 강국인 진과 초는 공주를 시집보내고 부인을 얻어오는 등 절친한 형제의 나라가 되었으며, 한나라는 의양을 바치고, 위나라는 황하 서쪽을 내놓고 조나라는 하남성 면지澠池에 입조入朝하고 황하와 장수 사이의 땅, 하간河間을 떼어 주어 진을 섬기고 있습니다."

"과인이 진을 섬기기 않으면 어찌될 것 같소."

"한 · 위를 시켜 제의 남부를 공략할 것이며, 조나라의 병사를 총동원해 청하淸河를 건너 박관博關을 향해 쳐들어올 것입니다. 제 齊나라가 일단 공격을 받으면 뒤늦게 진을 섬기려 해도 늦습니다. 숙고하시기 바랍니다."

제왕은 장고한 후에 머리를 들었다.

"동해 먼 바닷가에 치우쳐 있는 나라라 국가의 장구한 이익을 들어본 적도 없으며 그와 같은 위태로움도 깨닫지 못했소. 이제 선생의 계략을 따르리다."

장의는 제나라를 떠나서 이번에는 서쪽에 있는 조나라로 서둘러 떠났다.

조왕을 만난 장의는 다시 설득하기 시작했다.

"지금 초나라는 진나라와 형제의 나라가 되고 한과 위는 진의 동쪽 울타리 역할을 하는 신하의 나라가 되었으며, 제나라는 물고기와 소금이 나는 땅을 바쳤습니다. 바로 이 점은 조나라의 오른팔을 자른 것과 같은 형국이지요. 과연 오른쪽 팔을 잘린 채로 남과 싸우며 자기 원군도 없이 고군분투하는 일이 위태롭지 않다고 말할 수 있겠습니까?"

"그건……, 과인이 비록 어리나 진나라로 서둘러 달려가겠습니다."

조왕을 설득시킨 장의는 끝으로 연나라로 갔다.

"지난날 조나라가 침범해 왔을 때 대왕께서는 10개의 성읍을 바치며 사과까지 한 적이 있지요?"

"두려워서 그랬소."

"그런 조왕이 이제는 면지에서 입조하여 하간의 땅을 바쳐 진을 섬기고 있는데, 대왕께서는 서둘러 진을 섬겨야 되지 않겠습니까?"

"조나라가 단독으로 쳐내려올 수는 없겠소?"

"그것은 연나라 하기 나름입니다. 연이 재빨리 진을 섬기면 조나라는 진의 눈치를 보느라 병사를 일으키지 못하지요. 대왕, 생각해 보십시오. 서쪽으로 진의 강한 원조가 있고, 남으로 제·조의 우환이 없어지는데 연으로서 이보다 더 좋은 계략이 어디에 있겠습니까?"

연왕은 숙고한 뒤에 단호히 말했다.

"과인은 미개한 벽지에 살고 있어 몸집은 어른이지만 생각은 어린애와 다름없소이다. 이토록 훌륭한 계책을 주시는데 어찌 듣지 않겠소이까? 서면하여 진을 섬기지요."

연은 항산恒山 기슭의 다섯 성시成市를 바쳤다. 장의는 스스로 기뻐하며 진왕에게 공적을 보고하기 위하여 서둘러 귀국을 하고 있었다.

그런데 장의가 아직 함양咸陽에 도착하기도 전에 진의 혜왕이 죽고 무왕武王이 뒤따라 섰다.

무왕은 태자 적부터 장의를 좋아하지 않았다. 그리고 새 왕의 신하들이 장의를 헐뜯었다.

"그 자는 언행에 신의가 없는 자입니다. 좌우로 나라를 팔아가며 자신만 받아들여지기를 원하는 사람입니다. 진나라가 그를 다시 등용한다면 천하의 웃음거리가 될 것입니다."

그래서 진의 무왕은 장의를 쓰지 않았다.

제후들도 장의가 무왕과 사이가 좋지 않다는 것을 듣고는 연횡連衡의 약속을 포기하고 다시 합종을 했다.

장의는 자신의 신변에 위험이 닥쳐오고 있다는 사실을 깨닫고 위魏나라로 가 1년 만에 죽었다.

사마천의 『사기史記』에는 이렇게 결론지었다.

삼진〔三晉, 韓·魏·趙〕에는 임기응변, 권모술수의 유세객들이 많았다. 합종책이나 연횡책을 말해 진나라를 강하게 만든 사람들은 대부분 삼진 사람들이다.

생각해 보면 장의의 행적이 소진보다는 더욱 악랄한 데가 많다. 그러나 세상에서 소진을 더욱 미워하는 것은 소진이 먼저 죽고, 장의가 소진의 단점을 과장되게 폭로했기 때문이다.

더구나 자기주장을 도와 연횡론을 성공시켰기 때문일 것이다.

5

삼고초려三顧草廬와 제갈공명

중국에서는 제갈량이라고 하면 지혜로운 사람의 대명사로 되어 있다. 속담에 '세 사람이 모이면 문수보살의 지혜가 가지각색의 연꽃을 가지고 나온다' 는 말이 있는데, 중국인은 이 '문수'를 '제갈량' 이라고 바꾸어 말한다.

제갈량을 이토록 유명하게 만든 것은 송宋·원元 이래의 연극이나 야담 등이며, 또 그것들에 의해서 쓰여진 장편 역사소설 『삼국지의 연의演義』이다. 이 『삼국지연의』는 14세기 중엽에 나관중羅貫中이라는 문학자에 의해 완성된 것이지만, 이 소설의 바탕이 되어 있는 것이 진픕의 진수[陳壽, 233~294]에 의해 완성된 『삼국지』이며, 다시 그 100년 후 남조南朝의 송나라 사람 배송지裵松之가 수집한 그 「주註」이다.

나관중은 그 자료들 외에 과거의 저명한 무장들의 전적戰績을 모조리 제갈량의 전적에 집어넣어 불세출의 군사상軍師像을 조작한 것이지만, 정사正史인 『삼국지』의 「제갈량전」 촉서獨書에는 싸움터에 있어서의 제갈량의 모습은 전혀 적혀 있지 않다.

그러나 작은 전국 시대라고도 할 수 있는 후한後漢말의 난세에 유씨劉氏에 의한 한조漢朝의 재흥再興이라는 원대한 목표를 내걸고 그 수단으로서 우선 대륙을 삼분하는 방책을 세워, 그것을 현실적인 것으로 만든 제갈량은 역시 당시의 대전략가라고 해도 지나친 말은 아닐 것이다.

제갈량, 자는 공명孔明, 후한 영제靈帝의 광화光和 4년(181) 서주, 낭야국의 양도현에서 태어났다. 현재의 산동성 기남현 부근이다.

후에 오吳나라의 첫 번째 황제가 된 손권孫權도 같은 해에 태어났고, 이때 위魏의 조조曹操는 27세로 이미 낙양 북도위北都尉, 돈구현령頓丘縣令 등을 역임하고, 의랑議郎으로서 조정에 출사出仕하고 있었다. 또 훗날 촉의 선주先主 유비劉備는 이때 21세로서, 하북 땅 탁현의 벽촌에서 돗자리와 짚신을 팔아 생활하고 있었다.

'황건의 난'이 일어나기 3년 전의 일이다.

선조는 전한前漢말의 원제[元帝, 재위 전 48~30] 때 사례교위(경찰국장를 지낸 일이 있는 제갈풍諸葛豊이라고 전해지고 있는데 제갈이라는 성의 유래에 대해서는 다음과 같은 두 가지 설이 있다.

하나는 진秦나라 말의 무장 갈영葛嬰을 시조로 하는 설이다. 갈영은 진승 등 농민 반란군의 선수대장으로서 반란 초기에 강서江西 방면의 평정에 큰 공을 세웠으나 월권행위의 죄목으로 처형당했다.

훗날 전한前漢 문제[文帝, 재위 전 179~157] 때 그 공적을 다시 평가받아 자손이 제현諸縣의 후작侯爵에 봉해졌다.

그래서 제현의 갈씨, 제갈씨라고 부르게 되었다고 한다.

또 하나는, 갈씨는 본디 낭야국郎耶國의 여러 곳에 살고 있었으나 나중에 그 나라의 양도현으로 이주했다. 그런데 그곳에 이미 살고 있던 갈씨라고 일컫는 사람이 있었기 때문에 선주先主 갈씨와 구별하기 위해 제현에서 온 갈씨, 제갈씨라고 일컬어져, 그것이 성이 되었다는 설이다.

전한의 제갈풍은 앞에서 말한 것처럼 중앙의 요직에까지 올랐으며 지나친 강직함 때문에 경원당하고 파면되어 평민으로 떨어졌다.

제갈씨의 이름은 그 이래로 후한 말 제갈량 등이 나타날 때까지 얼마동안 역사에서 사라진다. 다만 그 자손은 그 후에도 낭야국에 살고 있었다고 한다. 제갈량의 부친은 제갈규라고 하며 낭야로부터 서쪽으로 백2, 30킬로미터 떨어진 태산군泰山郡의 승[丞=조역助役] 노릇을 했다고 한다.

아내 장章씨와의 사이에 근瑾·양亮·균均의 3남과 1녀를 두었다. 장남 제갈근은 양보다 나이가 7세 위로서 유자儒者로 알려져 있었는데 부친 제갈규가 죽자, 양 등 제매弟妹를 숙부인 제갈현玄에게 맡기고 자신은 계모를 데리고 강동江東으로 갔다.

'황건의 난' 후의 산동 지방은 조조에 의해 일단 평정되어 있기는 했지만 중앙의 정정 불안의 여파를 받아 혼란이 끊이지 않았기 때문에 천하의 곡창 지대였던 강동으로 신천지를 찾아 이주했던 것이다.

그는 후에 손권의 막료로서 이름을 떨치고 그의 장자 각恪은 오吳의 독재자가 되었다가 살해당한다.

한편 제갈량 등을 맡은 제갈현은 흥평興平 2년(195) 겨울에 양주 예장군의 태수로 부임했다. 예장은 오늘의 강서성의 성도省都 남창南昌이며, 그를 태수로 임명한 것은 후한의 천자가 아니라 오늘의 안휘·강서 양성을 세력 권내에 장악하고 그 해에 자립하여 황제가 된 원술遠術이었다.

후한 왕조의 입장에서 보면 가짜 왕조의 관리가 되었던 셈이다. 이에 대하여 후한 왕조에서는 주호라는 사람을 신임 태수로 파견했다. 그래서 제갈현은 예장에서 물러나 이전부터 아는 형주의 목牧, 장관 유표에게 몸을 의지했다.

제갈현의 예장태수 임관에 관해서는 또 하나의 설이 있다. 그것에 따르면 그의 태수 임관은 유표가 임명하고 조정에는 천거의 형식으로 사후 승인을 요청한 것이었다.

조정에서는 이 사실을 알고 새삼스럽게 주호를 임명했다. 그러나 제갈현은 그 지위를 넘겨주려 하지 않았다.

주호는 양주의 자리刺吏, 장관 유요에게서 군세를 빌어 힘을 다해 예장을 점령했다. 제갈현은 일단 예장 서쪽의 서성이라는 고을로 옮겨가서 예장 수복의 기회를 엿보고 있던 중 건안建安 2년(197) 정월, 주민의 반란으로 살해당했다고 한다.

앞의 설은 「제갈량전」에 따른 것이고, 후자의 것은 그 주註에 기록된 설이다.

전자에 따르면 제갈량은 15세 때 숙부를 따라 형주로 이주한 것이 되며, 후자에 따르면 그는 그 2년 후에 숙부가 살해되자 제매와 함께 형주로 옮아간 것이 된다.

「제갈량전」에는 이 동안의 경위에 대해서는 상세하게 설명하고 있지는 않다.

현이 죽자 양은 자기 손으로 논밭을 갈고 즐겨, '양부梁父의 음吟을 읊조리다' 라고 기록되어 있다.

형주는 호북湖北 · 호남의 양성에 걸쳐 있고 하남성의 남부까지를 그 세력판도에 포함하는 큰 나라로서, 장강長江 · 한수漢水 · 상수湘水 등 큰 강이 흘러내려와 기름진 들이 천리여서 천하의 호걸들이 모두다 눈독을 들이고 있었던 곳이다.

당시에 이 형주를 지배하고 있었던 유표는 한황실의 일문一門으로서 초평初平 원년(190)에 이땅의 목장관에 임명되었다.

'황건의 난' 후 조정의 권위가 땅에 떨어지고 각 지방에 내리는 위령威令도 미치지 않았던 당시의 일이라 사병私兵도 갖지 못한 유표는 우선 형주의 호족 중의 유력자 괴량 · 괴월 형제와 채모 세 사람을 상담역으로 맞아들이고, 이 세 사람의 힘을 빌려 50여 명이나 있었던 각지의 크고 작은 호족을 평정하여 그들의 사병 10여 만을 모두 휘하에 넣었다.

내시 전횡시대에 유자로서 탄압을 받은 적도 있었던 유표는 형주에서 권력을 쥐자, 영내 각지로부터 품행이 단정한 선비를 등용하는 한편 이제까지 백성들을 괴롭혀 온 지방 호족에게 지방의 치안 유지의 책임을 지움으로써 그들을 바른 길로 되돌아오게 했기 때문에 영민領民은 위아래가 모두 그에게 심복하기에 이르렀다.

더구나 유표가 형주에서 크게 치정治政의 실적을 올리고 있는 사정이 천하에 전해지자 매년 계속해서 전란에 시달리고 있었던 각지의 유자들이 속속 형주로 모여들어 그 수가 천명을 넘기에 이르렀다.

유표는 이 사람들의 생활을 돌보아주는 한편, 그들에게 명하여 유교 경전에 새로운 주석을 달게 하는 등, 유자의 후원자로서 크게 활약했다.

전란으로 세월이 흘렀던 후한 말, 이 형주가 일시적으로나마 평안을 유지할 수 있었던 것은, 하나는 이 유표의 유가적인 생활 방식에 있었다고 말할 수 있다. 그는 자기 치세治世 동안 오로지 내정의 충실화에 힘썼을 뿐 천하 제패의 야망을 품은 적이 없었다.

강대한 병력을 가진 형주의 존재는 달리 말하면 하남의 허許를 본거지로 삼은 조조에게 있어서 목구멍에 들이댄 비수와 같은 것이었으나 유표에 대해서 잘 아는 조조는 조금도 신경을 쓰지 않고 하북의 원소遠紹와의 싸움에 전념했던 것이다.

그리고 하북을 평정하여 뒷날의 화근을 없앴을 때, 대군을 이끌고 일거에 남하하여 유표가 죽은 뒤의 형주를 단 한 명의 병사도 해치지 않고 손에 넣었는데 이는 뒷날의 이야기이다.

제갈량이 건안建安 원년(196)부터 2년에 걸쳐서 옮겨가서 산 형주는 다음과 같은 곳이었다.

당시에 유표가 거성居城으로 삼았던 양양은 지금의 호북성의 양번시에 속했었다. 이 양양에서 13km쯤 서쪽으로 가면 융중이라는 곳이 있다. 제갈량이 17세 때부터 10년간 산 곳이다. 그는 이곳에서 농업에 종사하면서 '양부의 음'을 읊었다. 당시 그가 태어난 고향인 산동에서 불리고 있었던 만가輓歌.

죽은 이를 추모하여 부르는 노래로 전해진다.

춘추시대의 제齊의 명재상 안영晏嬰의 고사를 노래한 것이라고도 한다.

제갈량은 키가 8척(184cm)으로 키는 컸으나 야위고 여린 몸집의 사나이였다. 진작부터 자기의 재주를 관중管仲·악의樂毅에 비교하였으나 세상 사람들은 그를 큰소리만 치는 허풍선이로 취급하고 상대해 주지 않았다고 한다.

관중은 제의 환공을 보좌하여 그를 패자의 자리에 올려놓았던 춘추시대 제일의 명재상이요, 악의는 소국 연燕의 장군이면서 5개국 연합군을 이끌고 일거에 대국 제의 70여 개 성을 공략한 전국시대 제일의 명장이다.

스무 살 안팎의 젊은이가, "나의 문무文武를 가늠하는 재능의 수준이 관중이나 악의보다 나을지언정 결코 뒤지지 않는다"는 따위로 호언하고 다녔다고 하니, "풋내기가 무슨 소리냐?"하고 선배들의 빈축을 샀음도 무리가 아니었다. 그러나 그의 그 탁월한 재능을 인정한 사람들도 있었다.

당시에 제갈량의 학우 중엔 박릉博陵의 최주평崔州平, 영천潁川의 서서徐庶와 석광원石廣元, 여남汝南의 맹공위孟公威 등이 있었다.

제갈량의 호언장담을 듣고 아주 곧이곧대로 인정한 사람들은 그들 정도였다. 그러나 그들과 제갈량은 학문에 대한 대처 방법에서는 견해를 달리해 왔었다고 한다.

최주평 등은 정독주의로서 1자 1구에도 구애를 받았으나 제갈량은 통독하여 대요를 알아챌 뿐이었다고 한다. 그에게는 사사하거나 친교를 맺고 있었던 사람이 몇 명 있었다.

그 무렵 양양에서 가장 인망을 얻고 있었던 것은 방덕공龐德公이라고 불리던 처사處士, 재야의 명사였다. 이 사람은 양양성 밖의 연산 기슭에 거처를 정하고. 유표로부터 몇 차례나 출사出仕를 권유받았는데도 동의하지 않았을 뿐더러, 연회에 초대를 받았어도 나가려 하지 않았다.

제갈량은 이 사람을 마음으로부터 존경하고 사사했을 뿐만 아니라 누님을 이 사람의 아들인 방산민에게 출가시켰다. 또한 이 사람의 조카인 방통龐統은 그의 좋은 경쟁자였다. 방덕공을 자주 찾아다녔던 명사 중에는 그 밖에도 면남한수의 남쪽 황승언黃承

彦, 남장의 사마휘司馬徽 등이 있었다.

방덕공은, "제갈량은 '와룡臥龍', 방통은 '봉추鳳雛', 그리고 사마휘는 '수경水鏡' 이다" 하고 평한 적이 있다.

용은 구름을 얻어 승천한다. 그 승천의 기회가 올 때를 기다리고 있는 용이 와룡이요, 봉추란 불사조 봉이 될 날을 기다리고 있는 새끼 새, 그리고 이 두 사람의 기재奇才를 수경에 비추듯이 간파하고 따뜻하게 지켜보고 있는 선배가 바로 사마휘였다.

제갈량은 이 방덕공과 인척관계가 되었을 뿐만 아니라 황승언과도 친척이었다. 제갈량의 재능을 믿은 황승언은 스스로 "듣자하니 자네는 색시를 구하고 있는 모양인데, 내 딸이 머리는 붉고 살결은 검으며 아무리 호의적인 눈으로 보더라도 미인이라고는 할 수 없지만 머리는 좋네. 자네의 아내로 삼아도 부끄럽지 않다고 생각하네" 하면서 딸과의 결혼을 권했다.

이 딸의 어머니, 즉 황승언의 아내는 형주의 명문 채모蔡瑁의 누님이며, 채모의 또 하나의 누님은 유표의 후처였다. 제갈량은 이런 형태로 형주 지배자 집단의 인척 속에 끼어들어 갔던 것이다.

변전무상變轉無常한 효웅梟雄으로 모두가 무서워하고 있었던 유비가 조조에게 쫓기어 유표를 믿고 형주로 도망쳐 온 것도 이 무렵 건안 6년(201) 가을의 일이었다.

유비는 중평中平 원년(184)의 '황건의 난' 에 즈음하여 하북의 벽촌 탁군에서 군사를 일으킨 이래 10여 년 동안 쉴 틈도 없이 싸움터를 뛰어 돌아다녔다.

전한 경제景帝의 아들 중산정왕中山靖王 유승劉勝의 말손末孫이라고 일컫고 있었으나 자기의 근거지를 갖지 못했던 그는, '만인의

적'으로 두려움을 샀던 용장 관우·장비와 함께 그 무력을 자랑거리로 삼아 용병傭兵군단으로서 호족들 밑을 전전해 왔다.

'황건의 난' 후의 혼란기에 각지의 호족들이 잇달아 죽어 가는 가운데 숫자상으로는 가장 약체였는지도 모르는 그들이 살아남을 수 있었던 것은 적은 병력의 홀가분함 때문이었는지도 모른다. 조조·원소의 진영에 참여한 적도 있었으나 모두 오래 머물지는 않았다.

이때 그는 여남에서 황건적의 잔당이라고 불렸던 유벽들과 함께 하북으로 출진하고 있는 조조군의 후방 교란을 맡고 있었으나, 원소를 무찌르고 일단 허도로 되돌아온 조조에게 쫓기어 동족의 정의를 믿고 유표에게 몸을 의지했던 것이다.

여기에서 그는 유표에게 빈객으로 맞아들여지고 군세를 증강받은 데다가 주둔지로서 신야현 하남성을 부여받았다. 바로 조조의 세력권과 접경한 형주의 출성出城이다.

그로부터 6년 동안 조조가 하북의 원소 세력의 일소와 흉노의 정벌에 부심하고 있는 동안 그는 잠시의 안정을 누리며 다음의 비약에 대비하여 인재를 모으고 있었다. 양양에 그 사람 있노라고 일컬어진 사마휘를 찾아간 것도 그 때문이었다.

"이땅에 천하의 일을 함께 이야기할 수 있는 사람이 있을까?"

하는 그의 물음에 사마휘는 대답했다.

"세상 물정에 어두운 선비인 나 같은 사람은 천하의 대세 따위는 모른다오. 함께 이야기를 나누고자 한다면 상당한 걸물을 택해야만 하겠는데 이 지방의 복룡·봉추 등이 우선 그런 걸물이라고 말할 수 있으리다."

"그 복룡, 봉추란 누구를 말함입니까?"

"복룡이란 제갈량, 봉추란 방통을 말하는 것이오."

그가 이 두 사람의 빼어난 재목의 존재를 안 것은 이때이다. 그리고 머지않아 제갈량의 친구 서서徐庶가 자진해서 막료로서 출사해 왔다. 그리고 제갈량을 천거했다.

"제갈량은 예를 다하여 이쪽에서 만나러 가지 않으면 안 되는 인물입니다."

하는 서서의 말을 들은 유비는 스스로 융중으로 제갈량을 찾아가 세 번째에 이르러서야〔삼고초려三顧草廬〕겨우 만날 수 있었다. 그는 제갈량에게, 멸망의 위기에 처한 한 왕실을 보위하고 각지에 할거하는 호족을 왕실 밑에 통일해서 한 제국의 권위를 재흥하고 싶다는 숙원을 말하고 그러니 꼭 힘을 빌려주었으면 좋겠다고 진심으로 호소했다.

제갈량은 이 성의에 감탄하고 '삼고의 예'에 응하여 출사를 승낙했다. 그때에 제갈량은 27세, 유비는 47세였다.

이 제갈량의 출사에 관해서는 다른 이야기도 전한다.

제갈량은 하북 평정을 끝낸 조조의 다음 목표가 형주라는 것을 일찍부터 간파하고 있었다. 그는 유표가 결단력이 결여되고 군사에 어둡다는 것을 안 다음 도저히 조조의 적이 아니라고 단념하고 자진해서 유비를 찾아가 그 막료가 되었다는 것이다.

또 다른 이야기에 따른다면 물론 '삼고의 예'는 없었던 것이 되지만 그 자신이 후에 '신臣을 초려草廬 안에 삼고하고'라는 말을 하고 있으니, 역시 '삼고의 예'는 있었다고 보아야 할 것이다. 그리고 이때 제갈량이 전개한 천하통일의 방법이 이른바 '융중대隆中對'이다.

제갈량이 융중의 초려에서 유비〔촉의 소열제昭列帝〕의 '자문'에 대답한 것이 '융중대'라고 불리는 문장이며, 전문全文은 「제갈량전」에 보인다. 그 내용을 풀이하면 다음과 같다.

"동탁董卓이 조정을 어지럽힌 이래, 전국 각지에 호족이 할거했으나 이 속에서 조조가 적은 인원으로 강대한 원소를 잘도 능가하고 뻗어 올라온 것은 단지 하늘이 내린 때를 포착했을 뿐만 아니라 그의 지모智謀에 따른 것이다. 바야흐로 그는 백만의 대군을 거느리고 천자를 꼭두각시로 삼아 천하를 호령하고 있다. 지금 정면으로 상대할 일이 아니다."

"손권孫權은 아버지 손견孫堅, 형 손책孫策과 3대에 걸쳐서 오吳를 영유하고 있다. 장강의 요해에 수호되어 민생은 안정되고 유능한 신하가 그를 보좌하고 있다. 그를 우군으로 삼아야지 적으로 삼아서는 안 된다."

"형주는, 북쪽은 한수·면수한수 상류를 경계로 하고 남쪽은 남해로 이어지는 넓고 기름진 들판의 축복을 받고 있으며 동쪽은 오, 서쪽은 익주益州와 경계를 접하여, 천하 제패의 거점으로 삼을 만한 곳이다. 그런데도 영주인 유표는 무능하여 도저히 지켜낼 것 같지 않다. 다시 말하면 하늘이 장군에게 내려준 것과 같은 곳이다. 고맙게 받아들일 생각은 없으신가."

"그리고 또 익주는 천연의 요해에 둘러싸인 옥야 천리의 천혜의 곡창지대이며 한의 고조도 이곳을 본거지로 하여 천하통일의 위업을 성취했다. 그런데도 현재 그곳의 장관으로 있는 유장劉璋은 능력이 없어서 한중漢中에 근거지를 확보하고 세력을 떨치고 있는 오두미도五斗米道의 교조教祖 장노張魯에게 북방의 경계를 위협당하고 있다. 애석하게도 많은 인구와 풍부한 물산의 은혜를 입으면서도 백성에게 그 혜택을 줄 줄도 모르는 사나이이다. 그러므로 뜻있는 신하들은 명군明君이 오기를 대망하고 있다."

"때마침 장군은 황실의 일문인데다가 신의 있는 사람으로서 천하가 다 알고 있는 분이며, 더군다나 많은 호걸을 휘하에 거느리고 목마른 자가 물을 찾듯이 유능한 선비를 구하고 계시다. 만약 장군께서 형주와 익주의 두 땅을 영유하여 요충에 장군들을 배치한 뒤 서방과 남방의 이민족을 회유하면서 밖으로는 손권과 우호 관계를 맺어 내정을 충실히 해 두고, 조정의 권력 관계에 변동이 생기면 지체없이 형주의 군세로 중원을 공격하게 하는 동시에 장군은 몸소 익주의 군세를 이끌고 농서감숙성 방면으로 출진하시면 어떻게 되겠는가. 온 백성은 군량을 준비하고 장군이 오기를 기다릴 것임에 틀림없다. 그리고 그때에는 장군의 천하통일의 꿈은 실현되고, 한왕조의 재흥도 성취될 것이다."

제갈량의 천하통일에의 구체적인 전략은 이상과 같은 것이었으나 그가 예정한 제 1단계, 다시 말해 형주와 익주의 영유를 실현할 때까지는 그로부터 다시 수년의 세월이 흘러야만 했다.

6

제갈공명의 세상경영

　건안 26년, 즉 위의 황초 2년(221) 4월, 유비는 제갈량 등에게 추대되어 위에 의해 멸망한 한漢劉氏의 황통을 잇기 위해 성도에서 제위에 즉위하고 연호를 장무章武로 정했다. 국호는 물론 '한'이지만 후세에 그 서울이 자리한 장소와 관련지어 '촉' 또는 '촉한蜀漢'이라고 불렸다.

　제갈량은 유비가 즉위함에 따라 승상에 임명되었다.

　또한 이 해 7월에 사례교위도지사 장비가 부하에게 암살당했기 때문에 그 직도 겸하게 되었다. 제갈량은 법치주의 정치가로서 잘 알려져 있다.

　그는 유비가 제위에 오르기 전에 법정·이엄李嚴 등과 '촉과蜀科'라고 일컬어지는 법률을 만들었다고 한다.

　그것이 대단히 엄한 것이었기 때문에 법정이 어느 날 제갈량에게 말하였다.

　"옛날 한의 고조가 관중에 들어갔을 때에는 번잡 가혹한 진나라의 법률을 철폐하고 불과 3개 항목만으로 하여 진의 백성을 심복시켰던 것입니다. 그런데도 승상께서는 무력을 이 나라에 들어왔으면서 백성에게 아무런 은혜도 베풀지 못했습니다. 우선 형을 조금 느슨하게 하여 그들을 안심하게 해 주심이 어떻겠습니까?"

하고 충고한 적이 있다.

이때 제갈량은 의연하게 다음과 같이 대답했다고 한다.

"자네의 의견은 하나는 알고 둘을 모르는 것이다. 진은 무도한 데다가 함부로 가혹한 정치를 행하여 백성들의 원한을 샀기 때문에 이름도 없는 농민의 한마디 말로 무너져 버리고 말았다. 그렇기 때문에 고조는 역수를 써서 성공한 것이다. 한편 이 촉의 유언·유장 부자는 오로지 신하를 우대하는 정책을 취했지만 벌을 줄 줄을 알지 못했다. 그래가지고는 아무리 좋은 벼슬을 주어도 신하는 명예라고 생각하지 않게 된다. 느슨하게 길든 신하들은 조금 떨떠름한 표정을 지어 보이면 일을 하지 않게 된다. 이렇게 해서 결국은 영지를 잃기에 이르렀던 것이다. 나는 지금 법률로써 그들을 죄어 들이려 하고 있다. 그리고 신상필벌이 엄정하게 시행되면 군은君恩의 고마움도 알고 명예도 다시 알게 되며 명예에 뒤따르는 부의 고마움도 안다. 임금과 신하와의 관계도 이것으로 명확해진다. 정치란 이런 것이다."

또 『삼국지』의 저자 진수는 「제갈량전」의 말미에 다음과 같은 평을 달고 있다.

'제갈량은 승상이 되자 백성 본위로 생각하고 스스로 모범을 보였으며 관청의 기구를 합리화하여 현실적인 정책을 명확히 내세워 공평한 정치를 행했다. 나라를 위해 일한 자는 비록 원수일지라도 반드시 은상恩賞을 내리고, 법률을 위배하고 또 직무에 태만

한 자는 비록 친척일지라도 반드시 처벌했다. 복죄服罪하고 반성의 빛이 있는 자는 중죄일지라도 풀어주었으나 발뺌을 하려는 자는 가벼운 죄일지라도 처형했다.

그리고 선행은 사소한 것이라도 널리 표창하는 한편 악행은 아무리 작은 것이라도 놓치지 않았다. 모든 일에 정통하고 만사를 그 근원까지 깊이 파고들며 명실이 일치하기를 추구하고 말뿐인 자를 상대하지 않았다. 이렇게 해서 국민은 모두 그를 받들기에 이르렀다. 형벌이 엄했음에도 불구하고 아무도 원망하는 자가 없었던 것은 그가 공평하고 상벌이 명확했기 때문이다. 실로 정치가 무엇인지를 알고 있는 대정치가이며 관중 · 소하에 필적한다고 말할 수 있다.'

이와 같이 진수는 정치가로서의 제갈량에게 최고의 찬사를 보내고 있지만 그 제갈량이 다스리고 있었던 촉은 건국 이래 다사다난했다.

유비는 군사를 일으킨 이래 고생을 함께해 온 관우가 살해당한 일과 장비를 살해한 하수인을 감춘 일로 오나라에 보복하기 위해 즉위 이듬해에 제갈량의 반대를 물리치고 출병, 대군을 이끌고 형주로 진군했으나 6월에 이릉夷陵에서 오의 장군 육손에게 대패하고 간신히 국경에 있는 백제성百帝城까지 도망쳐 왔다. 그는 그곳을 영안永安이라고 개칭하고 행궁行宮을 두었는데 그 해 연말께부터 병상에 눕게 되어 이듬해인 223년 4월에 그곳에서 죽었다.

제갈량은 이 해 2월에 영안으로 갔고 4월에 유비로부터, '내가 죽은 뒤에는 남은 아들 유선을 보살펴 주오. 그러나 유선이 천자의 그릇이 되지 못할 때에는 당신이 황위에 올라 주오.' 라는 유조

遺詔를 받았다.

일종의 선양禪讓의 선언이라고도 할 수 있는 것이었으나 제갈량은 물론 신하의 절개를 지켜 17세의 유선을 황위에 앉혔다. 이때 제갈량은 43세였다.

성도에 승상부丞相府를 열고 장완蔣琬 비위費緯 등 새로운 관료를 모은 제갈량이 우선 첫 번째로 한 일은 논객 등지鄧芝를 오나라에 보내 국교를 회복한 일이었다.

오나라와 손을 잡고 위나라를 대적한다는 것이 그의 확고한 방침이었던 것이다.

이어 유선의 건흥建興 3년(225) 3월, 남방 원정의 군사를 일으켜 스스로 군사를 이끌고 가서 오에 붙어 촉에 반기를 들려고 한 이민족의 수령들을 평정하고 12월에 돌아왔다. 이것도 위와의 대결에 대비하여 후일의 염려를 없애기 위한 조치 중의 하나였다. 이 원정에는 참모인 마속馬謖이 따라갔다.

마속은 형주에서 유비의 막료로 참가한 장군으로 제갈량은 진작부터 그의 재능을 아끼고 있었다. 그는 자신의 재능만 믿고 실천을 경시하고 있었다. 일찍이 이점을 간파하고 있었던 유비는 제갈량이 그를 중용하여 큰일을 초래할까 두려워서 임종의 자리에서 그를 중용하지 않도록 일부러 주의를 시켰을 정도였으나, 그를 믿고 또 사람을 보는 자신의 정확함에 자신을 가지고 있었던 제갈량은 유비의 말에 귀를 기울이지 않았다.

그리고 이번의 남방 원정에서도 그의 의견을 물었다.

'남방의 이민족이 제갈량이 북벌에 대비하여 먼 훗날의 염려를 없애기 위해 남방 원정을 했다는 것을 알면, 이번에는 무력으로 압복壓服당할지라도 곧 반기를 들 것입니다. 병사는 마음을 공격

하는 것이 상책이라고 말하듯이, 그들을 힘으로 평정시키기보다 심복시키는 것이 중요합니다.'

제갈량은 자기 뜻과 같다고 생각하고 남방으로 출진하여 적장 맹획孟獲을 여섯 차례나 사로잡았으나 그때마다 풀어줬다.

맹획은 일곱 번째 사로잡혔을 때 아무래도 제갈량에게 이길 수가 없다는 것을 깨닫고 마음으로부터 복종을 맹세했다.

이 남만南蠻 정벌의 성과로 북벌 때의 근심을 덜 수 있었다. 한편 화살의 좋은 재료인 귀주 특산의 세죽細竹을 비롯하여 많은 군수 물자를 노획할 수가 있었다.

이듬해인 건흥 4년(226) 한 해 동안 제갈량은 군비의 충실을 기하여 충분한 전력을 축적하자 건흥 5년 3월, 출진에 앞서서 상주문, 이른바 「출사표出師表」를 촉의 제2대황제 유선에게 올렸다.

"신 량이 아룁니다. 선제先帝께서 창업이 아직 절반도 이룩되지 못한 중도에 승하하셨나이다. 이제 천하가 삼분되고, 익주는 피폐했나이다. 이는 실로 위급 존망의 때이옵니다."

격조 높은 명문으로 시작된 이 상주문은, 우선 '이제 천하가 삼분되고 익주는 황폐했나이다' 하고 '위급 존망의 때'를 지적했다.

일찍이 유장이 지배하고 있었던 시대와 달리 유비가 형주의 목이 된 이래 촉은 해마다 주변으로 출병했으며 더군다나 222년에는 오나라에 원정하여 대패를 당했다. 바로 '익주는 피폐했나이다'이다.

출사표는 자기의 출진 중 황제가 취해야 할 태도를 거듭거듭 말하고, 황제를 돌봐야 할 군신들을 열기列記 천거한 다음, 선제 유비의 은의를 회고하면서 이번의 출진의 결심을 밝혔다.

제갈량은 출사표를 올린 뒤 대군을 이끌고 성도를 떠나 그 후 7

년에 걸쳐서 그의 북벌을 위한 전진 기지가 된 한중에 군사를 진주시켰다. 승상의 이동에 따라 촉의 관리의 절반도 이 땅으로 옮겨왔다.

제갈량은 일찍이 형주와 익주를 거점으로 하여 익주로부터 유비가 1군을 이끌고 북벌을 개시하는 동시에 형주로부터 관우가 군을 이끌고 북상하여 위를 동서로부터 협격, 일거에 궤멸시키려는 전략을 세웠으나 그 후 정세는 크게 바뀌어 형주도 위와 오에 분할되고 말았다.

그리고 드디어 북벌을 개시하려 했을 때, 그는 또다시 협격 전술을 생각했다.

전에 형주 북서부, 촉과 경계를 접하는 위의 신성군信城君의 태수 맹달孟達을 우군으로 만드는데 성공했던 것이다.

맹달은 본디 촉의 부장이며 관우가 패했을 때 위에 항복했는데, 위의 문제 조비의 마음에 들어 군태수로까지 올라갔으나 문제가 죽은 뒤에는 막강한 배경을 잃자 불안을 느끼게 되어, 자기가 다스리던 신성군을 선물로 촉에 복귀하려고 생각했다.

제갈량으로서는 바라지도 않았던 일이므로, 즉시 그와 연락을 취해 촉의 주력군이 북방으로 출진하고 위의 군사가 서쪽 방비에 집중했을 때 그에게 동쪽으로부터 허를 찌르게 하려고 생각했다.

그러나 이때 완宛, 하남성 남양에 주둔하고 있던 사마의司馬懿는 이 사실을 알고 신속하고 과감한 행동으로 신성을 덮쳐, 맹달이 방비를 굳힐 틈도 없이 죽이고 말았다.

서전부터 제갈량의 방해자로서 그의 앞을 가로막았던 사마의는 그 후 제갈량의 평생의 호적수가 된다.

① 북벌北伐과 읍참마속泣斬馬謖

촉과 관중 사이에는 진령秦嶺산맥이 가로놓여 있다. 그리고 이 산맥에는 동쪽으로부터 자오곡子午谷·낙곡駱谷·사곡斜谷·기곡箕谷 등의 계곡을 따라 남북을 세로로 관통하는 길이 나 있다. 가파르고 험한 벼랑에 달라붙듯이 나 있는 나뭇길이 이어지는, 이른바 '촉의 잔도'이다.

제갈량의 중원평정작전, 북벌은 이 길들을 통해 위의 명제明帝 조예曹叡의 태화太和 2년(228)부터 청룡靑龍 2년(234)까지 7년 간에 여섯 차례에 걸쳐서 감행되었다.

제1차 북벌은 228년 봄에 개시되었다. 이때 제갈량은 사곡도를 따라 먼저 미郿를 차지한다고 말하고 조운·등지 두 장군을 기곡에 주둔시켰다. 실은 이것은 위의 눈을 속이기 위한 양동작전으로, 자기는 대군을 이끌고 훨씬 서쪽인 위수渭水 상류의 기산祁山에 진주했다. 군령이 엄한 당당한 대오였다.

최근 수년 동안 촉과 전쟁 상태에 놓였던 일이 없었던 위 쪽은 돌연한 촉군의 침입에 온 나라가 혼란에 빠졌다. 남안南安·천수天水·안정安定, 모두 감숙자 동부의 세 군은 싸우지 않고 촉에 투항했다.

위의 명제 조예는 도읍인 낙양으로부터 장안으로 나와 명장 장합에게 보병과 기병 5만의 대군을 주어 촉나라 군을 맞아 치게 했다.

한편 제갈량은 일찍부터 자신의 한쪽 팔로 삼고 있었던 참군參

軍, 참모인 마속에게 선봉을 맡기고, 가정街亭, 감숙성 태안현 동북에 진주시켰다.

마속은 병법가로 자인했고 제갈량도 그 재능을 인정하고 있었으나 유감스럽게도 실전 경험이 적었기 때문에 가정에 진출하자 가도를 차단하고 포진하라는 제갈량의 명령을 어기고 자신의 판단으로 가도를 내려다보는 산 위에 진을 쳤다.

적이 쳐들어오면 높은 데로부터 단숨에 쳐 내려가 분쇄해 버리겠다는 작전이었으나 역전의 명장 장합은 한 수 위어서 마속이 포진한 산을 바싹 좁혀 들어갔다. 산상의 마속군은 밥을 지을 물도 없어 굶주림과 갈증에 허덕이다가 속속 위군쪽에 투항했고 그런 틈에 총공격을 받자 참패하고 말았다.

이 서전의 패배로 제갈량은 철수를 결심하고 모처럼 촉의 판도에 들어온 남안 등 3군을 포기한 채 한중으로 되돌아왔다. 그리고 마속을 참수죄에 처하고는 그를 기용한 책임을 지고 스스로 자신의 벼슬을 강등했다〔읍참마속泣斬馬謖〕.

이 1차 북벌에서는, 관우·장비가 죽은 뒤 촉나라 제일의 명장이라고 알려졌던 위연魏延이 자오곡을 따라 북상하여 직접 장안을 찌르는 기습 작전을 제안했으나 신중파인 제갈량에게 거절당했다.

또 유비는 마속이 아주 경박한 재주꾼임을 일찍이 알고 있어서, 임종 때에 제갈량에게 그를 중용하지 말도록 유언까지 하기도 했다. 그렇다고 하면, 마속에게 대임을 맡겨 패배한 제갈량의 책임은 크다고 할 수 있다.

이 해 겨울, 제갈량은 위의 조휴曹休가 석정石亭, 안휘성에서 오에 크게 패하는 바람에 위의 군사가 원군으로 달려가게 되어 관중이 허술해졌다는 것을 알자 즉각 다시 출병, 산관散關에서 나와 진창陳倉, 섬서성 보계 동북을 포위했으나 험한 지세 때문에 20여 일이 지나도 함락시키지 못했다. 거기다가 위의 원군도 도착하고 군량도 떨어지기 시작했기 때문에 철수했다.

이듬해인 229년 봄, 제갈량은 또다시 대군을 이끌고 출진, 무도武都·음평陰平 두 군을 빼앗았으나 병력이 부족하여 부득이 철수했다. 이듬해, 이번에는 반대로 위의 대장 조진曹眞이 남벌南伐을 감행, 사곡으로 나와 촉으로의 진공을 시도했다. 제갈량은 이에 대해 성고成固의 적판赤坂, 섬서성 양현 동방에 출진, 조진군과 대치했다. 그러나 때마침 한 달 동안이나 비가 계속되어 잔도의 여러 곳이 파손되자 조진이 철수하는 바람에 제갈량도 뒤따라 철수했다. 이것이 네 번째의 북벌이다.

다섯 번째의 북벌은 이듬해인 231년에 실시되었다. 이때는 기산에 진출하여 서방의 이민족인 선비족의 수령 가비능軻比能의 도움도 받았다. 위에서는 조진이 죽고 사마의가 서안에 주둔하고 있을 때였다.

사마의는 부장 비요·대능에게 정병 4천을 주어 상규감숙성 천수 서남을 지키게 하고 자기는 주력 부대를 이끌고 기산으로 가서 제갈량과 대치했다. 그는 촉군의 허점이 길게 뻗은 양도에 있고 장기전이 무엇보다도 승산이 있다는 사실을 알고 있었기 때문에 오로지 지키기만 하고 나오려 하지 않았다.

제갈량도 이 점을 잘 알고 있어서 목우牧牛·유마流馬라고 일컬어지는 군량 운반용 수레를 만들어 사곡도를 왕래시키곤 했으나 결국 사마의의 지구전술에 져서 철수하지 않으면 안 되게 됐다.

이 북벌에서는 철수 때 추격해 오는 장합을 기다렸다가 사살하는 전과도 올렸다.

이로부터 3년이 지난 234년 봄, 제갈량은 또다시 모든 준비를 갖춘 다음 촉의 전병력을 동원하여 출진, 사곡도를 거쳐 무공武功의 오장원五丈原에 본진을 두고 사마의가 이끄는 위의 군세와 대치했다. 위수 남안의 고원 지대였다.

이때 제갈량은 군량 문제 해결을 목표로 하여 농사를 지으며 국방을 지키는 둔전屯田을 실시, 병사를 농민과 잡거雜居시켜 지구전의 태세를 갖췄다. 그러나 사마의도 지지 않고 철저한 지구전 전략을 세웠다.

제갈량은 어떻게든 사마의를 끌어내려고 여자의 두건을 보내 사나이답게 싸울 용기가 없으면 이것이라도 쓰면 어떻겠느냐고 약을 올렸으나, 그래도 사마의는 나오지를 않았다.

이렇게 해서 대치하기를 백여 일, 한 번도 격전을 하지 못한 채 제갈량은 격무에 쓰러진 끝에 8월에 오장원의 진중에서 죽었다.

아직 한창 일할 나이인 54세였다. 우두머리를 잃은 촉의 군사들은 제갈량이 생전에 준비해 둔 계획에 따라 정연하게 한중으로 철수했다.

사마의는 진중에서 이 사실을 알았으나 촉나라 군사의 복병의 세력을 경계하여 추격하지 않았다.

전후 여섯 차례에 걸친 제갈량의 북벌은 이렇게 해서 아무런 성과도 거두지 못하고 헛되게 촉의 국력만 소모한 채 끝나고 말았다.

제갈량의 유해는 유언에 따라 한중 서남의 정군산定軍山 기슭에 묻혔다. 그 이후 촉에서 제갈량의 유지를 이은 것은 강유였다.

② 제갈공명의 리더십

제갈공명諸葛孔明은 촉나라의 지도자指導者로서 10년에 걸쳐 몇 배의 국력을 가진 나라들과 대전쟁을 치르면서도, 국내외國內外 정치에서는 털끝만큼의 약점弱點도 보이지 않고 있었다. 이같이 그는 지도자로서 발군拔群의 실력을 가진 인물이라 할 수 있다.

공명은 촉蜀나라의 승상, 즉 군사軍師이자, 재상宰相이었는데, 재상으로서의 공명에게는 몇 가지의 뛰어난 특징이 있었다.

첫째, 솔선수범率先垂範하는 태도이다. 옛날부터 중국인이 이상적인 재상상으로 생각해 온 것은, '재상은 세사細事를 가까이 하지 않는다', 즉 재상의 지위에 있는 자는 자질구레한 업무는 제각기 담당자에게 맡기고 자신은 높은 곳에서 감시만 하고 있으면 된다는 생각이다.

그런데 공명의 태도는 그것과는 대조적으로, 하찮은 장부 따위까지 결재하며 아침 일찍부터 밤늦게까지 직무에 온 열의를 쏟았다고 한다.

이런 일화가 있다.

오장원五丈原에서 사마중달司馬仲達과 대치중일 때의 일이다. 촉나라 공명 측의 사자가 위나라 사마중달의 진영陣營을 찾아갔다. 중달이 공명의 생활태도에 대해서 묻자 사자使者가 이렇게 대답했다.

"제갈공은 아침 일찍 일어나고 밤늦게까지 일을 하며, 매 20대 이상의 형벌 사건까지 모두 손수 처결하십니다. 식사는 조금밖에 하지 않습니다."

중달은 사자가 돌아간 뒤, '저러다가는 공명의 목숨도 얼마 가지 않겠구나' 하고 중얼거렸다고 한다.

매 20대 이상의 사건이란 겨우 대대장급의 일이었다. 총사령관인 공명이 그 정도의 일에까지 손을 댄다는 것은 분명히 비정상적인 일이었던 것이다.

물론 공명도 '재상은 세사細事를 가까이 하지 않는다' 는 것을 모르는 바는 아니다. 그러나 공명은 그것이 허용되는 입장에 놓여 있지 않았다. 왜냐하면 촉이라는 작은 나라에서 인재의 층도 엷고 느긋이 기다릴 여유가 없었으며, 무슨 일이건 재상 혼자 처리하지 않으면 안 되었기 때문이다. 한술 더 떠서 선주先主, 유비로부터 전적인 책임을 위탁받았다는 무거운 중압감이 공명 한 사람의 어깨를 짓누르고 있었다.

이러한 입장에 놓인 공명은 문자文字 그대로 침식을 잊고 직무에 전념했던 것이다. 지도자의 그러한 열의가 부하나 국민의 마음을 움직이지 않을 수가 없었다. 공명이 발군의 지도력을 발휘할 수 있었던 첫째 요인이 바로 여기에 있다.

둘째는 공평무사한 태도를 들 수 있다.

공명은 신상필벌身上必罰의 엄한 자세로 국내 정치에 임했다고 한다. 소국이 대국과 싸움을 하는 것이니까 당연히 세금의 부담도 컸을 것이다.

그러한 상황에서 엄한 정치를 행하자면 부하나 국민들 사이에서 불평불만의 소리가 나오는 것이 보통이다.

그런데 공명의 경우, '백성들에게 원성怨聲이 없었다' 고 평가될 정도로 위정자를 원망하는 소리가 하나도 없었다. 그 이유는 공명이 지극히 공평무사한 태도를 취해서 상벌賞罰의 적용에 전혀 사사로운 정을 두지 않았기 때문이다.

그 때문에 처벌을 받은 자는 자기가 잘못했기 때문이라고 납득하지 않을 수 없었다고 한다.

셋째는 사생활이 검소했다는 것이다. 공명은 원정에 출발할 때 황제인 유선에 대해서 자신의 재산을 보고하곤 했다.

밭은 얼마, 논은 얼마 하고 재산공개를 했던 것이다. 공개된 재산의 액수는 극히 미미한 것으로, 그가 죽은 뒤 남은 유족이 겨우 생활을 꾸려 나갈 정도였다.

공명은 일상생활도 몹시 검소했다. 그렇게 일편의 사심 없이 국무國務에 열의를 쏟았던 것이다. 그러니까 부하나 국민들에 대해서 강력한 설득력을 가질 수 있었던 것도 당연하다고 할 수 있을 것이다.

7

사마의司馬懿와 제갈공명

 사마의는 제갈량과 오장원五丈原에서 지구전으로 버티면서 싸움에 일절 응하지 않았다.

 그러자 제갈량은 사마의의 화를 돋우기 위해 부인들의 화장품과 머리에 쓰는 두건 등을 선물했는데 이를 받고도 사마의는 조금도 화낸 일이 없이 제갈량의 사자를 정중히 예를 갖춰 환대했으니 그 뻔뻔함이 유비보다 더했다.

 공명은 오장원으로 진을 옮긴 후 여러 차례 장수를 내보내 싸움을 돋우어 보았으나 위나라 병사들은 끝내 나오지 않았다. 그런 어느 날 공명은 부녀자들이 상중에 쓰는 건巾이나 관, 그리고 흰 상복 등과 글 한 통을 나무 상자에 넣어 가마를 타고 위병의 영채로 가게 하여 사마의에게 전했다.

 당시 가마를 타고 가는 자는 공격하지 않는 것이 싸움터의 법도였다.

 위의 장졸들은 촉의 영채로부터 온 가마를 보고 의아해 했으나 진문으로 들여보낸 후 사자가 청하는 대로 사마의에게 안내했다.

사마의가 사자한테서 받은 상자를 열어 보니 거기에는 부녀자들이 상중에 쓰는 관冠과 옷이 곁들여져 있고 글 한 통이 들어 있었다.

'중달仲達, 그대는 대장의 몸으로 중원의 대군을 거느리고 싸움터에 나왔다. 그러면서도 어찌하여 갑옷 입고 무기를 들고 나와 싸워 결판을 내려 하지 않는가? 두더지처럼 굴 속에 들어앉아 칼과 화살을 피하려고만 하고 있으니 아녀자와 다를 것이 무엇인가? 내 여기 아녀자들이 머리에 쓰는 관과 옷 한 벌을 보내니 나와 싸우지 않으려거든 감사히 두 번 절을 올리고 받도록 하라. 만약 그대가 부끄러운 마음이 아직도 남아 있고, 사나이로서 기개를 지녔다면 날을 정하여 나와 싸우도록 하라.'

영채만을 굳게 지키고 나와 싸우지 않는 사마의를, 상喪을 당해 집만 지키는 아녀자에 비유해 놀린 글이었다. 공명이 사마의를 격동시키기 위해 그런 꾀를 낸 것이었으나 사마의가 그걸 모를 리 없었다. 사마의도 그 글을 읽고 벌컥 화가 치밀었으나 화를 내면 낼수록 그게 바로 공명이 노리는 것이라는 걸 알고, 겉으로는 화를 드러내지 않은 채 껄껄 웃으며 사자에게 말했다.

"공명이 나를 아녀자로 아는 모양이구나."

사마의는 담담히 그 물건을 받아들인 뒤 사자를 후히 대접하며 넌지시 물었다.

"공명은 요즈음 먹는 것과 자는 것이 어떠한가? 그리고 하는 일은 바쁘시지 않은가?"

사자는 자기 주인의 안부를 묻자 술잔을 내려놓고 목소리를 가

다듬어 대답했다.

"승상께서는 아침에 일찍 일어나시고 밤에는 늦게 주무십니다. 또 스무 대 이상의 매를 때리는 벌을 몸소 행하시고 잡수시는 양은 매우 적습니다."

그 말을 듣고 난 사마의가 장수들을 둘러보며 말했다.

"공명이 일은 많이 하면서도 먹는 것은 조금밖에 못 먹으니 어찌 오래 살 수가 있겠는가?"

사마의는 그렇게 말한 후 사자를 돌려보냈다. 사자는 촉의 영채로 돌아오자 곧 공명을 찾아가 있었던 일을 모두 말했다.

"사마의는 아녀자의 관과 옷을 받은 후 글을 읽어 보고도 별로 화를 내는 기색이 없었습니다. 다만 승상께서 식사를 어떻게 하시며 일은 얼마나 하시는지에 대해 물을 뿐이었습니다. 제가 잘 주무시지도 않고 많이 잡수시지도 않는다고 하자, '그렇게 많은 일을 하면서도 먹는 것이 적으니 오래 살지 못하겠다'고 하시더군요."

그 말을 듣고 나더니 공명이 문득 길게 탄식했다.

"중달이 나를 잘 알고 있구나!"

공명은 사마의를 끌어내리려다 자신의 약점만을 드러낸 결과가 되고 만 셈이었다.

그 무렵 위의 장수들은 사마의가 공명으로부터 여자들의 옷과 관을 받고도 싸우려 하지 않자 모두 울분을 감추지 못했다. 여러 장수들이 모두 사마의가 있는 장막 안으로 들어가 항의했다.

"우리들은 모두가 위나라의 이름난 장수들입니다. 어찌 촉나라 놈들에게 그 같은 모욕을 받고도 참고 있을 수 있겠습니까? 바라건대 나아가 싸워 결판을 내도록 해 주십시오."

그러나 사마의는 위주조예의 조서 — 동오東吳가 세 길로 군사를 나누어 쳐들어오니 조정에서는 장수들로 하여금 그들을 막게 하라. 이때에 만약 촉의 계략에 말려들어 싸움을 벌이게 되면 위에 이로움이 없을 터인즉 싸우지는 말고 굳게 지키도록 하라 — 를 핑계대며 고개를 가로저었다.

"내가 싸움이 겁이 나서 그런 모욕을 참고 있는 줄 아는가? 천자께서 굳게 지키고 움직이지 말라는 조서를 내리셨으니 어찌 함부로 군사를 낼 수 있겠는가? 만약 내가 마음대로 군사를 움직인다면 이는 천자의 명을 거스르는 일이 된다."

사마의가 천자의 조서를 핑계로 달래보려 했으나 장수들은 여전히 분한 마음을 억누르지 못해 불퉁거렸다. 사마의가 하는 수 없이 그들에게 타이르듯 말했다.

"그대들이 그처럼 싸우기를 원한다면 내가 천자께 아뢰어 허락을 받겠다. 그런 뒤에 나와 함께 싸우러 나가는 게 어떻겠는가?"

장수들은 그 말을 듣고서야 분함을 달래며 사마의의 말에 따랐다. 사마의는 즉시 표문을 써서 합비合肥의 군중에 있는 조예에게 바치게 했다. 조예가 표문을 받고 읽어 보았다.

'신이 재주는 적은데 책임만 무거우니, 폐하께서는 우선 굳게 지키며 나가 싸우지 말라는 조서를 내리신 바 있습니다. 이에 조서를 받들어 촉병이 스스로 물러나기만을 기다리고 있었습니다. 그러나 제갈량이 신에게 아녀자 머리에 쓰는 관과 치마저고리를 보내 신을 아녀자로 조롱하니 그 욕됨이 너무 큽니다. 신은 삼가 폐하께 먼저 아뢴 후 죽기로 싸워 폐하의 은혜에 보답하고 아울러 우리 삼군三軍의 욕됨을 씻을까 합니다. 신은 실로 치솟는 분을 억누르지 못해 감히 이 글을 올려 군사 낼 것을 청하는 바입니다.'

조예는 그 글을 읽은 후 문무백관들에게 보여 주며 물었다.

"사마의가 지금까지 굳게 지킬 뿐 나가 싸우지 않더니 어찌하여 갑자기 이런 표문을 올려서까지 싸움을 청하는 것인가?"

그러자 위위衛尉, 궁문 경비대장 신비辛毗가 그 까닭을 말하여 주었다.

"사마의의 본심은 싸우고 싶지 않은 듯합니다. 그러나 제갈량의 조롱을 받자 장수들이 분한 마음을 달래지 못하는 것을 보고 마지못해 표문을 올린 것입니다. 폐하의 조서를 내세워 화가 나서 날뛰는 장수들을 가라앉히기 위해 표문을 올린 것입니다."

신비의 말을 듣자 조예가 머리를 끄덕였다. 곧 신비를 칙사로 삼아 절[節, 황제나 임금의 명령서]을 주고 위북의 영채로 가게 했다.

사마의는 신비가 위주의 칙사로 오자 그를 마중나와 맞아들였다. 이에 신비는 여러 장수들 앞에서 천자의 조서를 큰 소리로 읽었다.

"만약 나가 싸우자는 말을 감히 하는 사람이 있으면, 이는 천자의 뜻을 거스르는 자이니 엄히 처벌하리라."

천자마저 그렇게 조서를 내리니 여러 장수들은 더 이상 싸우자고 우겨댈 수가 없었다. 하는 수 없이 분한 마음을 달래며 입을 다물 수밖에 없었다. 사마의가 신비에게 귓속말로 고마움을 표했다.

"공이 참으로 내 마음을 잘 알아주셨구려."

사마의는 이어 널리 군중에 사람을 보내 천자가 조서를 내려 함부로 나가 싸우지 못하게 했음을 전하게 했다. 위병의 영채에서 있었던 이런 일은 오래지 않아 촉장들의 귀에도 전해졌다. 장수들이 그 말을 공명에게 알렸다. 공명이 빙그레 웃으며 그 까닭을 밝혀주었다.

"그것은 사마의가 삼군三軍을 달래려는 짓거리일 뿐이다."

"승상께서는 어찌하여 그걸 아십니까?"

강유가 의아스런 얼굴로 물었다. 공명은 여전히 빙그레 웃는 얼굴로 일깨워주었다.

"사마의가 싸울 뜻이 전혀 없음에도 조예에게 싸우겠다고 표문을 올린 것은 장수들에게 짐짓 자기도 싸울 뜻이 있는 것처럼 보여 주기 위해서였다. 예로부터 이르기를 '장수가 밖에 있을 때는 임금의 명도 받들지 않을 수가 있다'고 했다. 그런데 그가 천리 밖에 떨어져 있으면서 굳이 위주에게 표문을 올려 싸움을 허락받고자 한 것은 곧 그 표문을 핑계삼아 장수들을 달래기 위함이었다. 뿐만 아니라 이제 그 말을 우리 군중에까지 퍼뜨려 우리 군사들의 마음을 흩뜨려 놓으려는 속셈이다."

강유는 사마의의 속셈을 꿰뚫고 있는 공명의 말을 듣고 감탄해 마지않았다.

제갈량은 주周 문왕文王 때 태공망太公望과 유방을 도와 창업한 장자방張子房, 장량에 비유하여 불세출의 기재로 알려진 인물이지만 사마의를 만나 중원의 땅을 한 뼘도 차지하지 못하고 피를 토하고 죽었다.

그는 다만 왕을 보좌할 만한 재목이었지만 '후흑[厚黑, 염치없고 낯이 두꺼운 뻔뻔함과 마음속이 음침하고 흉악스러운 음흉함]'의 대가인 사마의한테는 어쩔 수 없었다. 그러나 공명은 마지막 사마의를 대적할 계책을 내었다.

"내가 죽더라도 결코 발상發喪을 하지 말라. 다만 큼직한 농롱籠을 하나 만들고 나의 시체를 그 안에 앉혀 두라. 쌀 일곱 알을 내 입에 넣은 후에 그 앞에 등잔불을 환히 밝히도록 하라. 군중을 여느 때와 다름없이 안정시키고 절대로 슬퍼하며 우는 일이 없도록 하라. 그렇게 하면 하늘에서 장성이 떨어지는 것을 막을 수 있을 것이니, 죽은 내 영혼이 일어나 그 별을 붙들고 있기 때문이다. 사마의는 장성이 떨어지지 않으니 함부로 군사를 내몰지 못할 것이다. 그 틈을 타 후군後軍부터 물러나게 한 뒤, 한 영채씩 천천히 물리도록 하라. 그때 만약 사마의가 뒤쫓거든 군사들에게 깃발을 돌려 세우고 진세를 벌이며 싸울 태세를 갖추도록 하라. 그런 후 사마의가 말을 달려오면 전에 내 모습대로 만들어 두었던 목상木像을 수레 위에 얹어 두라. 이때 여러 장수들은 모두 수레 좌우에 늘어서 호위해 수레를 진 앞으로 끌어내도록 하라. 그걸 보면 사마의는 아마 깜짝 놀란 나머지 급히 달아나리라."

공명은 하늘을 우러러보다가 북두성 옆의 장성將星을 가리켜 자신의 운명임을 알린 후 조용히 숨을 거두었다.

이때 사마의는 천문을 살피다가 공명이 죽은 것을 확신하고 촉군을 공략했으나 공명이 수레 위에 앉아 있는 것을 보고는 소스라치게 놀라 말머리를 돌려 달아났다.

이 일이 있은 후부터 촉나라 사람들 사이에는 '죽은 제갈량이 살아 있는 사마의를 쫓아버렸다'는 말이 퍼졌다.

제갈공명의 죽음으로 사마의는 장수들에게, '공명이 죽었으니 이제부터는 베개를 높이 베고 편안히 잠을 잘 수 있겠다. 그만 군사들을 돌리도록 하자!'며 군사를 거두어 낙양으로 향했다.

위·오·촉의 싸움이 끝나자 위주 조예는 향락에 빠져들고, 조예가 죽고 나자 태자 조방이 보위를 이어 받았다.

병권은 조상이 차지한 채 권력을 이용해 향락만 즐기니 사마의는 병을 칭탁하여 집안에서만 머무르다 조상이 사냥에 나선 틈을 타 권력을 빼앗는다.

◐ 그 내용은 다음과 같다

조상은 그동안 사마의를 공경하며 모든 일을 그와 의논해왔다. 그런 조상에게는 5백 명이나 되는 식객이 있었는데 그 중에서 하안·등양·이승·정밀·환범 등 다섯 사람은 특히 조상의 신임을 받고 있었다.

그 중에서 대사농大司農 환범은 지혜와 계략이 뛰어나 사람들은 그를 꾀주머니라 불렀다.

이들은 조예가 죽고 얼마간 지나자 조상에게 사마의로부터 병권을 빼앗으라고 부추겼다.

"대장군께서는 큰 권세를 잡고 계십니다. 그런데도 다른 사람과 일을 의논하시는 것은 이롭지 않습니다. 뒷날 변고가 생길까 두렵습니다."

"사마공과 나는 선제로부터 탁고(託孤, 어버이 없는 어린아이의 뒷일을 믿을 만한 사람에게 부탁함)하신 명을 받았소. 그가 어찌 나를 거스를 수가 있겠소?"

"지난날 대장군의 부친 조진께서는 사마의와 함께 적군을 치러 갔을 때 사마의로부터 여러 번 어려움을 겪으시다가 세상을 떠나셨습니다. 공께서는 어찌 이 일을 살피지 못하십니까?"

하안이 거듭 간하자 조상도 마침내 마음이 흔들렸다.

그의 말을 좇아 사마의를 태부太傅, 천자의 스승으로 삼고 병권을 빼앗아버렸다.

조상은 병권을 세 아우에게 나누어 주고 각기 3천의 어림군을 거느리게 했다. 조상은 또 그가 신임하는 하안 등 다섯 사람에게 무거운 벼슬을 내리고 모든 나랏일을 그들과 더불어 의논했다.

일이 그 지경이 되자 사마의는 병이 났다는 핑계를 대고 집안에 들어앉아 바깥에 나오지 않았다. 사마사·사마소 두 아들도 벼슬을 내놓고 초야에 묻혀 지냈다.

위주 조방曹芳은 아직 나이 여덟에 지나지 않은 어린애였다.

그렇게 되니 조상은 거리낄 것이 없었다. 조상은 날마다 하안의 무리들과 함께 사치와 향락에 빠져들었다. 나라에 바치는 공물이 있을 때도 언제나 진귀한 물건들은 조상이 먼저 차지한 뒤에야 천자에게 보냈다.

그뿐만 아니라 아름다운 여자들을 부중에 들끓게 하고 심지어는 선제의 시첩侍妾까지 조상의 시중을 들게 했다.

8

손자孫子와 손빈孫臏의 병법

1 손자의 곡선사고曲線思考

인생을 살아가는 지혜라고 하면, '우회迂廻하는 것을 직선直線으로 생각하라'고 하는 계략이 있다.

우회하는 것은 거리, 시간적으로 멀리 돌아가는 것을 의미한다. 즉 공격할 때 성미 급하게 몰아붙이는 것이 아니라, 멀리 돌아가면서 결과적으로 빠르게, 그러면서도 확실하게 목적을 달성하는 방법이기도 하다.

예를 들면 헝클어진 실뭉치가 있을 때, 그 실을 풀려고 하면 누구나 무작정 잡아당기거나 하지는 않는다. 그렇게 하다가는 실이 점점 더 엉키게 된다는 것을 경험적으로 잘 알고 있기 때문이다. 그 실을 풀려고 하면 역시 충분한 시간을 갖고서 하나하나 매듭을 가려 나가는 외에 다른 방법이 없다.

인간관계에 대해서도 전적으로 같은 얘기를 할 수 있다. 뒤엉킨 인간관계를 제자리에 돌려놓으려면 역시 충분히 시간을 들여가면서 대처하지 않으면 안 된다. 어떤 일을 추진하거나 교섭을 할 때도 마찬가지로, 무작정 몰아붙이거나 급하게 성사시키려고 하면 오히려 만사를 망쳐 버리게 된다. 그런 때는 냉각기간을 두고 차분하게 접근하는 것이 오히려 효과가 있는 것이다. 바로 이러한 행동을 손자孫子는 '우회하는 것을 직선直線으로 생각하라'고 말하고 있다.

소위 '곡선사고曲線思考'라고 해도 좋다.

'곡선사고'라고 하면, 『손자병법』에는 또한 '궁한 적에게는 대들지 말라'는 말이 있다. 궁한 적이란 궁지窮地에 몰린 것을 말하는 것으로, 그러한 적은 공격해서는 안 된다는 말이다. 왜냐하면 그런 식으로 나가다가는 적도 필사적으로 반격해 오므로 뜻하지 않은 손해를 입기 때문이다.

'싸우지 않고 이긴다'와 일맥상통하는 점이 있는 발상이다. 그렇다면 적을 궁지에 몰아넣었을 때는, 어떻게 하면 좋을까? 손자孫子는 그 해답으로써 다음과 같이 말하고 있다. '포위된 적에게는 반드시 도망갈 길을 열어 놓아라.'

즉 도망갈 길이 있다, 잘하면 살 수도 있겠다는 생각이 들면 죽을 각오로 기를 쓰고 반격해 오지는 않을 것이라는 예측이다. 이 것은 인간관계에도 그대로 들어맞는다. 아무리 상대방에게 잘못이 있다고 하더라도 고압적으로 꼼짝하지 못할 상태에 몰아넣으면 언제 어디서 그 원한을 되돌려 받게 될지 모른다.

몇 년 전에 자기 운전사에게 '운전이나 해먹은 놈이!' 하고 욕을 했다가 원한을 사서 칼에 맞아 죽은 사장이 있었다.

극단적인 예인지는 몰라도, 상대방을 도망갈 구멍도 없이 몰아세웠다가는 비슷한 일이 언제나 일어날 수가 있는 것이다. 꾸지람을 하더라도 도망갈 길만은 남겨 두라는 것이 『손자병법』의 '포위된 적에게는 반드시 도망갈 길을 열어 놓아라' 는 말이 갖는 교훈이다. 사람들과 토론을 할 때도 마찬가지이다. 치밀한 논리를 펴서 완벽하게 상대방을 해치우고 기분 좋은 얼굴을 하고 있는 사람들을 종종 볼 수가 있다.

자기는 기분氣分이 좋을지는 모르나 패배를 당한 상대방 입장이 되어 보라. 아무리 생각해도 좋은 결과를 기대할 수는 없을 것이다. 상대방의 지지를 얻지 못할 뿐더러 언제 어디서 복수를 당할지 알 수가 없다. 타인과 마찰을 일으켰을 때는 우선 상대방의 의견에 귀를 기울인다. 그리고 상대방의 체면을 깎지 않을 정도로 도망갈 길을 열어 주면서 주장할 것은 주장한다. 그러는 편이 오히려 잘 되어 나갈 수가 있다.

2 인간 본성의 통찰력通察力

주周나라 건국공신 여상呂尚 태공망太公望의 비전의 병법서라고 알려진 『육도삼략』을 살펴보면 다음과 같다.

장수를 선발하는 데 있어, 뭇 사람 속에서 뛰어난 자를 선발하고 훈련을 더해서 임명하는 것이 원칙이겠으나 그 인물의 고하高下를 구별하려면 겉모양과 내실內實이 일치하지 않는 것을 구분해야 한다.

■ 얼른 보기에는 현자賢者 같으나 실제에 있어서는 생각이 없고 착하지 못한 자.

- 겉으론 온화하고 선량해 보이나 실제에 있어서는 도둑질하는 자.
- 겉모양은 공경하는 척하지만 실제에 있어서는 교만한 자.
- 매우 겸손하고 삼가는 것처럼 보이지만 마음속으로 공경하는 뜻이 없는 자.
- 물처럼 맑아 보이지만 실제에 있어서는 성의가 없는 자.
- 계획 세우기를 좋아하면서도 결단성이 없는 자.
- 겉으로는 과감해 보이지만 실제에 있어서는 무능하고 실천력이 없는 자.
- 성실하게 보이면서 실제에 있어서는 신의가 없는 자.
- 겉보기에는 어리석은 것 같으나 실제에 있어서는 충실한 자.
- 괴이한 것을 좋아하고 과격한 언동을 하면서도 실제에 있어서는 효과를 올리는 자.
- 겉으로는 용감한 척하지만 실제에 있어서는 겁을 내는 자.
- 겉으로는 엄숙하고 성실한 것 같지만 마음속으로 사람을 업신여기는 자.
- 엄격하고 냉혹한 것처럼 보이지만 도리어 고요하고 성실한 자.
- 겉으로 보기에는 위신이 없어 보이고, 풍채도 보잘것없으나 밖에 있어 일을 할 때는 주도면밀周到綿密하지 않은 것이 없으며, 무슨 일이든 다 완수할 수 있는 자.

이상이 겉에 나타나는 것과 실제가 서로 맞지 않는 열네 가지 경우이다. 세상 사람들이 아무리 천하게 여기는 인물이라도 성인은 이를 존중해서 쓰는 경우가 있다. 이런 일들은 범인으로서는 판단이 미치지 못하고 오직 뛰어난 밝은 지혜를 가진 사람만이 알 아볼 수 있는 것이다.

『육도삼략六韜三略』 용도편龍韜篇을 살펴보면, 인물의 본성을 간 파하는 데 있어서 그 징후를 파악하는 여덟 가지 방법이 제시되고 있다.

첫째, 질문을 해 보아서 이해의 정도를 관찰하라.

둘째, 추궁해 보아서 그의 순간적인 반응도를 관찰하라.

셋째, 첩자를 보내서 내통을 하도록 유인하여 성실한 자인가를 관찰하라.

넷째, 비밀을 털어 놓아 그의 인덕을 관찰하라.

다섯째, 재정을 취급케 하여 정직한가 어떤가를 관찰하라.

여섯째, 여자를 접근시켜서 그 인물의 성실을 알아보라.

일곱째, 곤란한 임무를 부여해 보아서 용기가 있는가 어떤가를 관찰하라.

여덟째, 술에 취하게 만들어 보아 그의 태도를 관찰하라.

3 지도자의 조건

이상의 시험을 통하여 현명하고 현명치 않음을 확실히 구별할 수 있다.

현대인의 지도자, 또는 조직의 리더가 읽어야 하는 『손자병법』 에는 지도자의 조건으로 다음과 같은 다섯 가지 조건을 들고 있 다.

첫째는 지智, 둘째는 용勇, 셋째는 신信, 넷째는 엄嚴, 다섯째는 인仁이다.

우선 '지'는 상황판단을 잘하는 것으로 그 상황을 읽는 힘을 말한다. 바꾸어 말하면 분별력, 선견력先見力이라고 해도 좋다.

'적을 알고 나를 알면 백 번 싸워도 질 수가 없다'고 한 바와 같이 적을 알고 나를 알기 위해 필요한 것은 바로 '지智'인 것이다.

'승산이 없이는 싸우지 않는다'는 것이 손자병법의 대전제인데, 승산이 있느냐 없느냐를 판단하는 것이 곧 '지'인 것이다.

다음은 '용勇'인데 이것은 용기, 혹은 결단력이라 해도 좋다.

손자는 전진, 또 전진하는 식의 저돌적인 용기는 평가하지 않는다. 건곤일척乾坤一擲, 부딪쳐 깨지라는 식의 용기는 '필부匹夫의 만용蠻勇'에 불과하다. 즉 기껏해야 우직한 사나이의 만용에 지나지 않는 것이다.

그러면 손자가 말하는 진정한 용기란 어떤 용기를 말하는 것일까? 그것은 승산이 서지 않거나 승리할 전망이 없다고 판단했을 때에는 단호히 물러설 줄 아는 용기, 서슴지 않고 뒤로 물러날 줄 아는 용기인 것이다.

옛날부터 천하를 잡은 사람들은 나아감과 물러남의 결단이 빨랐다. 그것이 그들의 공통적인 특성이다.

결코 무리한 짓을 하지 않는다. 그 이상 밀어 보았자 승산이 없다고 판단을 내렸을 때에는 주저하지 않고 재빨리 후퇴하고 있다.

또한 손자가 지적하고 있는 지도자의 셋째 조건은 '신信'이다. 이 말의 본래 의미는 거짓말을 않는 것, 약속을 지키는 것이다.

'신'은 옛날부터 인간으로서 최소한의 조건으로 간주되어 왔다. 태연하게 거짓말을 하거나 약속을 지키지 않는 그런 종류의 인간은 도저히 인간이라고 할 수 없는 존재였다.

그렇다면 왜 손자는 그토록 자명한 '신'을 일부러 지도자의 조건에 넣었을까? 그것은 아마도 '신'이 부하를 통솔하는 데에 중요하게 작용하는 것이기 때문이 아닐까? 왜냐하면 태연스럽게 거짓말을 하는 지도자에게는 부하가 따라오지 않는다. 그래서는 부하의 마음을 사로잡을 수가 없기 때문이다.

손자가 말하는 지도자의 조건 가운데서 남은 것이 엄嚴과 인仁이다.

'엄'이라고 하는 것은 엄격한 태도, 즉 신상필벌信賞必罰로 부하에게 임하는 것이다.

『손자병법』의 저자인 손무孫武가 왕의 부탁으로 후궁 180명을 모아서 부대를 편성하여 훈련하게 되었다. 180명을 두 개의 부대로 나누어 왕의 총애를 받는 미녀 두 사람을 각 부대의 대장으로 임명하고 구령口令에 대한 설명을 시작했다.

'우향우!'라고 하면 오른쪽을 향한다. '엎드려!'하면 땅에 납작 엎드린다고 되풀이해서 설명하고 나서 드디어 훈련에 들어갔다.

그런데 북을 두드리며 구령을 걸어도 후궁들은 킬킬거리며 웃을 뿐 전혀 구령에 따를 생각을 하지 않았다. 손무는,

"아, 내 잘못이다. 구령을 이해하지 못하기 때문이다."

하고 다시 한 번 자세히 설명해 주고 나서 북을 울리고 구령을 걸었다.

"우향우!"

그러나 여인들은 또다시 킬킬거리고 웃을 뿐 꼼짝도 하지 않았다. 그러자 손무는,

"전에는 내 설명이 잘못됐지만 이번에는 다르다. 전원이 구령을

이해했을 것이다. 구령대로 움직이지 않는 것은 대장의 책임이다."

하고 두 사람의 대장을 그 자리에서 즉각 참해 버렸다. 그리고는 새로운 대장을 임명하고 또다시 훈련에 들어갔다. 그 결과는 어땠을까? 후궁들은 이번에야말로 대장의 구령이 떨어지자마자 정연하게 행동하고 어느 한 사람 말하는 사람조차 없었다고 한다.

이것이 『손자병법』이 말하는 '엄' 의 진수인 것이다. 부하를 통솔하는 데는 먼저 그러한 엄격함이 필요하다고 『손자병법』은 힘주어 강조한다.

그러나 '엄' 만으로는 명령에 따르게는 할 수 있어도 심복하게 할 수는 없다 '면종복배(面從腹背, 겉으로는 복종하는 체하면서 속으로는 배반함)' 와 같은 사태가 종종 일어나게 된다. 그래서 필요하게 되는 것이 '인仁' 이라고 손자는 생각한다. '인' 이라는 말은 대단히 설명하기가 까다로운 말인데, 간단히 말하자면 배려해 준다는 의미이다. 상대에게 이해를 나타내 보이는 것, 상대의 입장이 되어 생각해 주는 것이라고 해도 좋을 것이다.

어떤 부대에 매우 잘 통제된, 그리고 단결이 잘된 중대가 있었다고 한다. 그래서 그 중대장을 불러 부하의 통솔에 대해서 각별한 배려를 하고 있느냐고 물으니까, 중대장은 잠시 생각한 뒤에 다음과 같이 대답했다.

"별로 특별한 일을 하고 있지는 않지만, 저는 평소에도 애써 부하들과 대화를 많이 하고, 때에 따라서는 그들 가족들과도 연락을 취할 수 있도록 하고 있습니다. 혹시 그것이 대원들의 사기에 좋은 영향을 주고 있는지도 모릅니다."

그 중대장은 대화를 자주함으로써 대원의 사기를 높이는 데 성공한 셈인데, 이러한 배려도 손자가 말하는 '인' 이다.

그런데 다만 '인'만 있고 '엄'이 없으면 조직에 해이한 구조를 가져오게 된다. 기강이 해이해지고 조직에 긴장감이 없어진다. 그렇게 되지 않기 위해서는 '인'으로 부하를 접하면서, 한편으로는 '엄'을 유지해 나갈 필요가 있다. 요컨대 '인'만으로도, '엄'만으로도 안 되는 것이다.

그러므로 '인'과 '엄'의 밸런스를 어떻게 유지해 나가느냐 하는 것이 부하에게 임하는 지도자의 자세이다.

4 손빈孫臏의 병법兵法

『사기史記』 열전에 의하면, 손빈은 손무의 손자라고만 했을 뿐 몇 대째 자손인지는 언급되어 있지 않다. 그에 따르면 손무는 치馳와 명明, 그리고 적敵 세 아들을 두었는데, 손빈은 둘째아들 명이 낳은 것으로 되어 있으나 시대상으로는 150년이라는 차이가 난다. 또한 손빈의 본명은 전해지지 않는다.

어쨌든 손씨 집안의 맏아들 빈은 열일곱 살 소년으로, 마을에서 가장 부자 집안이며 눈부신 무공武功을 세운 손무를 낸 명문 집안으로 존경받는 집안의 자손이었지만 손빈은 집에 붙어 있지 않았다.

우선 학문과는 거리가 멀어 사냥과 낚시, 씨름과 무술, 도박판으로 나돌아 마을에서는 손씨 집안의 건달로 통했다.

오늘도 손빈은 새벽에 사냥을 나가 물새 십여 마리를 잡아가지고 아침 밥상 앞에 앉았는데, 아버지가 불편한 다리를 끌고 와 흰 명주에 적힌 글월을 건네주었다.

《저는 송나라 상구商邱 사람 방연龐涓이라고 합니다. 병법을 공부하기 위해 여러 스승을 찾아뵙고자 고향을 떠났습니다. 귀댁이 병법의 원조라고 할 손무 장군의 후손 댁임을 알게 되어 방문코자 하오니 허락해 주시면 고맙겠습니다.》

대강 이런 내용이었다.

"방금 가져왔더구나. 이웃마을에 와 있다니까 곧 올 거다. 네가 그 손님을 맞이하도록 하거라."

손빈은 난감했다. 아버지에게는 거절치 못하고 그렇게 하겠다고 대답은 했지만, 아침밥 먹는 대로 사냥을 하러 떠날 참이었는데 계획이 어그러진 것이다. 그렇다고 병석에 있는 아버지한테 손님을 맞으라 할 수도 없어 편지를 다시 펼쳐 보았다. 그때 하인이 들어왔다.

"손님께서 오셨습니다."

빈은 대문께로 가면서 나이든 학자풍의 노인을 연상했다. 그런데 막상 만나고 보니 자기와 비슷한 또래쯤으로 보여 놀랐다.

"방연이라는 분이십니까? 저는 이 집 맏아들 손빈입니다."

살빛이 희고 여위었으며 허리에 찬 검이 무거워 보일 정도로 가냘픈 몸매였지만 눈빛만은 민첩하고 날카로웠다.

"제가 방연입니다. 선친께서는 몸이 불편하시다고요?"

"여러 해 전부터 중풍을 앓아 다리가 자유롭지 못하십니다. 안으로 들어가시죠."

이 사나이는 오늘 하루만 머무르는 것이 아니라 얼마 동안 있을 요량으로 짐을 꾸려 온 모양이었다. 그가 떠날 때까지 대접해야 한다고 생각하니 손빈은 귀찮게 여겨졌다.

"저는 병법을 연구하기 위해 온 사람입니다. 우선 손무 장군님의 후손들께 경의를 표합니다. 댁에 전해지는 병서나 무구武具, 병기 등이 있으시면 살펴보고자 하여 찾아왔습니다."

"저는 아직 집안일에 대해서 잘 모르겠습니다만, 할아버지께선 벼슬을 내놓으신 후 병기 같은 것은 모두 오나라 태호太湖 속에 던져 버렸다고 들었습니다. 그러나 책은 꽤 많습니다. 병서兵書가 있는지 어떤지 잘 모르겠지만 아버님께 여쭈어보고 오겠습니다."

안방에 들어간 빈이 손님이 한 말과 자신이 한 말을 전하자 아버지로부터 호된 꾸지람이 내렸다.

"너란 녀석은 집안의 내력도 모르고 망나니처럼 놀기만 하니 어디에 써먹겠느냐? 우리 집안은 손무 장군께서 손수 쓰신 「병법 13편」과 전국 각 격전장을 현장답사까지 하시어 정리해 놓으신 「전사戰史」와 그 「도면류」가 있느니라. 그것은 우리 손씨孫氏 가문의 가보일 뿐만 아니라 천하에 다시없는 보물인 것을 어찌 모른단 말이냐? 한심하다. 쯧쯧쯧."

그러나 빈은 아무렇지도 않았다. 학문과 병법이 무슨 소용인가, 그저 마음 내키는 대로 한세상 즐기며 살면 그만이었다.

"죄송합니다. 앞으로는 말조심하겠습니다."

아버지는 힘겹게 일어나 지팡이에 의지하여 발걸음을 옮기며 하인들을 불러오라 일렀다. 그러고는 서고書庫에 들어가 동쪽 선반에 놓여 있는 큰 궤와 도면류가 들어 있는 긴 궤를 꺼내도록 지시했다. 그리고 객실에 들어 조심스레 펼쳐놓도록 하고 장중한 설명과 곁들여 내력을 들려주었다.

빈은 '손님이 불편하지 않도록 대접하라'는 아버지의 명에 대답은 했으나, 이렇게 사냥하기 좋은 날 집 안에 틀어박혀 있어야 할 것을 생각하니 한숨이 절로 나왔다.

방연은 두루마리를 펴서 조금 읽더니 거기에 빨려 들어가 선 채로 읽고 있었다. 비쩍 마른 여윈 얼굴이 마치 정신없이 음식을 탐하여 먹을 때의 개처럼 보였다. 소리도 내지 않고 우물우물 입을 움직이며 읽고 있으므로 한층 더 그렇게 보였다. 가까이 가기라도 하면 정말로 개처럼 왕왕 짖어대며 달려들어 사납게 물지도 모른다고 생각하니 빈은 그만 우스워서 빙글빙글 웃었다.

조금 뒤 방연은 품에서 흰 비단 감은 것과 지니고 다니는 먹墨을 꺼내 뽑아 쓰기도 하며 가끔 빈에게 읽어 주기도 했다.

"아, 놀랍습니다. 어두웠던 눈이 씻어지는 기분입니다."

하지만 방연이 읽어 주는 내용은 빈에게는 신기하다고까지 느껴지지 않고 그저 그런 상식적인 것이었다.

'서생들은 고작 이런 일에 감탄한단 말인가? 이런 게 병법이라면 아무것도 아니군.'

그렇기는 하지만 방연이 읽고 설명하고 찬미할 때마다 맞장구를 치며 감탄하는 체하는 동안 슬그머니 한 번 읽어 볼까 하는 마음이 우러났다.

"재미있어 보이는군요. 저도 읽어 보겠습니다."

의자를 탁자 옆으로 가져가며 말했다.

"선조께서 지으신 책인데 자손된 도리로써 한 자도 빠짐없이 읽고 연구하셔야 합니다."

방연도 열심히 권했다.

두 젊은이는 탁자를 사이에 두고 마주앉아 곰팡내 나는 책과 도면에 몰두했다. 밤낮이 없었다. 때가 되면 밥 먹고 토론하며 병법 연구에 몰두했다. 토론할 때는 다소 의견이 엇갈렸다.

"글자야 어찌 되었건 문맥으로 볼 때는 이렇게 풀이해야 합니다. 글 속에 담겨 있는 전체를 파악해야지, 글자에만 얽매여 풀이하면 안 됩니다. 응용의 폭을 넓혀서 봐야 된다고 생각합니다."

손빈의 말을 듣고 방연은 뒤통수를 긁적이는 일이 자주 있었다.

"당신은 매우 날카로운 분석력을 타고나셨습니다. 그런데 어째서 학문을 멀리하셨습니까?"

방연이 탄식하며 말한 적이 한두 번이 아니었다.

"당신은 뛰어난 재주가 있는 분입니다. 잘 갈고 닦아 선조의 이름을 높이 받들어야 할 것입니다. 지금처럼 사냥 생각이나 하면서 지낸다면 그 귀한 보물을 썩히게 됩니다. 그것은 하늘이 주신 귀중한 것을 헛되이 하는 일이며, 하늘을 배반하는 일입니다."

"하하하! 저는 이 땅의 지주로서 생애를 마음 편하게 보내면 그것으로 만족합니다. 당신은 당신의 길을 가십시오. 저는 저의 길을 가겠습니다. 낚시하러 가면 오늘은 큰 잉어를 낚았으면 좋겠다 생각하고, 사냥하러 가면 오늘은 토끼를 잡았으면 하고 생각합니다. 하하하."

방연은 어처구니없어 입을 다물 뿐이었다. 방연은 따뜻한 봄날에 찾아와 그 해가 끝나갈 무렵 떠났다.

"장래가 촉망되는 젊은이다. 젊은 날 확고한 뜻을 세우고 정진하다니, 뒷날 반드시 성공할 것이다. 저런 자식을 가진 아버지는 얼마나 기쁠까? 참으로 부럽다."

손빈의 아버지는 방연이 떠난 뒤로 거의 버릇처럼 되뇌며 지냈다. 그때마다 손빈을 보면서 한숨을 쉬었다. 손빈은 속이 상했지만 간만에 맛보는 해방감으로 쾌감을 느꼈다.

그러면서도 이상했다. 사냥과 낚시를 할 때마다 자신도 모르게 병법서를 응용하는 버릇이 생겼다. 그야말로 실전에 경험하는 결과가 되었다.

손빈은 틈틈이 병서뿐만 아니라 그 밖의 서적도 빠뜨리지 않고 모두 탐독하기에 이르렀다.

방연과도 간혹 편지를 주고받았다.

손빈이 보기에 방연의 설說은 이론에 치우쳐 있었다. 방연의 병사에 관한 지식은 매우 정밀하고 해박했다. 특히 전사戰史와 열국의 군제軍制 따위에 대해서는 잘 조사되어 있었다. 그러나 임기응변의 재주가 빈약하기 때문에, 논리적으로는 빈틈이 없지만 현실적으로 생각할 때 과연 그렇게 될 것인가, 하는 의문점이 느껴졌다.

그로부터 3년이 지난 어느 날 방연에게서 편지가 왔다.

초나라 재상으로 있는 오기吳起 장군의 문하생이 되기 위해 초나라로 가고자 하는데 같이 갈 의향이 있느냐는 편지였다.

손빈은 집을 떠나 학문을 닦을 생각은 한 번도 해보지 않았지만 이번만은 슬며시 마음이 동요되었다. 무엇보다 오기라는 인물에 마음이 끌렸고, 멀리 서남쪽에 있는 초나라를 가보고 싶다는 욕망이 솟았다.

초나라는 위衛나라 사람 오기를 등용하여 재상으로 삼은 이후 부국강병을 이루어 열국을 위협하고 있었다. 특히 문장, 시가 등이 다른 나라에 비해 화려하고 아름답다는 평이어서 가 보았으면 하는 마음이 치밀어 올랐다.

손빈이 방연의 편지를 들고 아버지에게 보이니, 아버지도 '아주 잘 된 일이다. 이 기회에 세상 넓은 것도 배워야 한다.'며 적극 찬성해 주었다.

손빈은 서둘러 여장을 갖추고 송나라로 가서 방연을 만나 오랜만의 인사를 나누고 함께 초나라로 향했다.

오기는 위나라에서 부잣집 아들로 태어났다. 그는 어릴 때부터 권세욕이 강하고 공명심 또한 높아 여러 나라를 두루 돌아다니며 벼슬자리를 찾아다녔다. 그러나 일이 잘 풀리지 않아 그 많던 재물을 다 날리고 고향으로 돌아왔다.

이것이 고향 사람들의 웃음거리가 되었다. 오기는 화를 참지 못하고 자기를 비웃은 마을 사람 삼십여 명을 베어 죽이고 남모르게 위나라에서 도망쳤다.

그때 성문까지 따라와 배웅하는 어머니 앞에서 팔꿈치를 깨물어 피를 흘리며 '한 나라의 재상이 되지 않고는 다시 고향 땅을 밟지 않겠노라.' 며 천지에 맹세하고 고향을 떠난 인물이었다.

오기는 자기가 실패한 원인을 반성하고 공부해야겠다는 일념으로 공자孔子의 제자인 증삼曾參, 曾子의 문하생이 되었다.

오기는 증자의 문하에 입문하여 가르침을 받고 있었는데, 얼마 후 어머니가 돌아가셨다는 소식이 전해졌다. 오기는 재상이 되지 못하면 고향 땅을 밟지 않겠노라 맹세하고 나온 터라 슬픔을 참을 수밖에 없었다.

효孝를 모든 도덕의 근본으로 여기던 시대였다.

부모에게 효도하지 않는 자는 친구에게 신의를 줄 수 없으며 인군仁君에게 충성할 수도, 부부유친夫婦有親하고 자손에게 인자하고 사회에 의義로울 수 없다는 것이 삶의 지표였다.

하물며 증자는 공자의 제자 가운데 공자가 '능히 효도에 통한다' 고 보증했을 정도의 사람이었다.

"저는 학업을 끝내지 않고는 고향 땅을 밟지 않겠다고 맹세하고 나왔습니다. 어머니가 세상을 떠나신 슬픔은 견딜 수 없는 일이나 이 맹세를 저버릴 수는 없습니다."

오기는 증자에게 이렇게 변명할 수밖에 없었다.

"어머니의 장례에도 돌아가지 않는 어질지 못한 자를 가르칠 수 없다!"

증자는 단호히 오기를 문하에서 내쫓았다. 오기는 하는 수 없이 노나라 수도 곡부曲阜로 가서 병법을 배웠다. 몇 해가 지나 그의 명성을 들은 노나라에서 오기를 불러 신하로 삼았다.

그 무렵 오기는 제齊나라 여자와 결혼하여 살고 있었다. 그런데 얼마 후 노나라와 제나라 사이에 전쟁이 일어났다. 오기의 병법을 높이 평가한 노나라에서 오기를 장군으로 삼아 출전시키자는 공론이 돌 즈음 반대론자가 나타났다.

"오기의 병법은 뛰어나고 기발하지만 그의 아내는 제나라 사람이오. 처갓집 제나라에 마음을 내줄지도 모르는 일이오."

의견이 분분하였다.

오기는 공명심에 들떠 급기야 아내를 살해하는 것으로 반대론 자들의 의혹을 풀었다. 노나라는 오기를 장군으로 임명하였고, 그는 군사를 이끌어 연전연승連戰連勝으로 제나라를 쳐부수었다.

나라를 위해 공을 세웠지만 사람들 사이에서 오기의 평판은 좋지 않았다.

"오기는 공명심이 너무 많고 잔인한 사람입니다. 젊었을 때 마을 사람을 죽이고 망명했으며, 증자의 문하에서도 파문되었습니다. 또 장군이 되기 위해 자기 아내까지 죽인 자입니다. 모두 초인적인 공명심과 냉혹함을 말해 주는 것입니다. 믿을 수 있는 사람이 못 됩니다."

이 같은 비판이 조정에서부터 공공연히 떠돌았다. 결국 오기는 위나라로 가 문후를 섬기게 되었다. 문후는 병법에 통달했다는 점을 높이 사 오기를 장군에 임명하고 진秦나라와 싸워 도읍 다섯 곳을 빼앗았다.

장군으로서 오기는 무엇보다 먼저 군사들의 마음을 얻는 데 노력했다. 장졸들과 똑같이 합숙하며 입는 옷과 먹는 음식도 같았고, 잠자리도 함께했다. 특히 훈련 중 행군할 때에도 말이나 수레를 타지 않고 보병과 똑같이 걸었으며, 자신의 양식 자루도 손수 짊어졌다.

어느 날 장졸 하나가 종기가 나서 고생하는 걸 본 오기가 입으로 고름을 빨아 주었다. 병사의 고향에도 그 소식이 전해졌다. 병사의 모친은 그 소식을 듣더니 갑자기 대성통곡했다.

"아이고, 아이고! 내 아들 죽네, 내 아들이 죽어! 아이고."

"당신 아들이 죽다니 그게 무슨 말이오?"

동네 사람들이 의아한 생각이 들어 물었다.

"내 아들은 죽는다니까!"

"당신 아들이 종기로 죽게 된 걸 오기 장군이 입으로 빨아내어 살려놓았다고 하지 않소!"

"그래서 그 애가 죽는단 말이오!"

"도대체 그게 무슨 뜻이오?"

"대장군의 몸으로 황송하게도 졸병인 내 아들의 종기를 몸소 입으로 빨아 주는 사랑〔연저지인吮疽之仁〕을 베풀었다 하지 않았소!"

"그러니까 고마워해야 되지 않소! 황송해 하기는커녕 그토록 슬프게 울기만 하니, 우리들로선 영문을 알 수 없단 말이오!"

"그 애 아비를 알지요?"

"잘 알지요. 저번 전투에 오 장군 밑에서 진나라와 싸우다가 전사했다 하지 않았소."

"전날 그 애 아비도 오 장군이 입으로 고름을 빨아 주었소."

"그런 일이 있었소?"

"그 일로 감격한 그 애 아비가 제 몸도 돌보지 않고 오 장군의 은혜에 보답하기 위해 선두에 서서 적지로 용감하게 뛰어들었다가 전사했소!"

"그렇다고 아들까지야……."

"아니오, 아니오! 내 아들도 분명 오 장군의 그런 은혜에 감격해 제 아비처럼 적지로 뛰어들어 죽을 게 틀림없단 말이오!"

오기가 크게 무공을 세우고 위나라를 섬겨 높은 벼슬에 올랐을 때 문후文侯가 세상을 떠나고 아들 무후武侯의 시대가 되었다.

무후도 오기를 중히 여겨 재상의 자리에 앉히려 하자 전문田文과 공숙公叔이라는 재상들이 시기하여 모함하였다.

이에 오기는 위나라에서 도망쳐 초楚나라로 갔다.

초나라 도왕悼王은 전부터 오기의 평판을 들었으므로 그를 환영하고 재상으로 삼았다.

오기는 법령을 밝게 하여 행정을 정리하고, 공족公族들을 정리하여 국비國費를 절약하는 한편, 군사를 잘 훈련시켰으므로 초나라는 눈 깜짝할 사이에 불같이 일어났다.

특히 오기는 도왕의 신임에 힘입어 새로운 관제官制를 제정하여 선포했다. 개혁의 내용은 다음과 같았다.

1. 관리부를 정리하여 불필요한 관리를 해직시킨다.
2. 귀족, 대신의 자제들이 권세를 믿고 국록을 먹으면 엄벌에 처한다.
3. 왕족과 공족 5대손 이하는 자기 힘으로 벌어먹어야 하며 일반 백성과 똑같이 대우한다.
4. 왕족과 공족의 5대손까지는 촌수가 가깝고 먼 정도에 따라서 적당히 대우한다.

새로운 법령이 실시되자 백성들은 환호하고 수만 석의 국록이 조정에 반납되었다. 오기는 군사들을 대폭 늘리고 군사들의 급료를 인상시켰다. 이에 모든 군인들은 서로 다투듯 군복무에 열과 성을 다해 충성했다. 그만큼 오기의 권한은 막강했다.

이때 손빈과 방연이 초나라의 도성에 도착해 여장을 풀었다. 둘은 어떻게 오기를 만나 자기를 알려야 할지 골머리를 앓다가 제각각 편지를 써서 전하는 방법을 택했다.

방연의 문장은 한 편의 병법론이었다. 병법의 역사와 변천된 내력을 말하고 그것을 평했으며, 오기가 여러 전쟁에서 쓴 병법을 논하여 가장 뛰어난 것이라고 칭찬했다. 그리고 자기들은 병법 연구와 선생을 따르기 위해 먼 곳에서 왔으며 만나 주시기 바란다고 맺고 있었다.

손빈의 글은 평범하고 간결했다.
《소생은 제나라 아견에서 태어난 손빈이라는 자로, 손무 자손입니다. 송나라 상구에서 태어난 방연과 벗이 되어, 집에 전해지는 병서를 함께 읽고, 병법 연구에 뜻을 품었습니다. 그리고 선생을 흠모하게 되어 그 뜻을 노부에게 고하고 허락을 얻어 천 리나 떨어진 이 나라까지 왔습니다. 이 뜻을 어여삐 여기시어 가르침을 주십시오.》

"너무 평범하구려."

방연은 마음에 들지 않는 모양이었다.

"자네의 문장은 대논책大論策일세. 처음부터 그걸 내놓았다가 거들떠보지 않으면 낭패 아닌가? 그러니 우선 내 글을 내놓아보고 소식이 없으면 자네 문장을 내놓기로 하세. 어떤가?"

손빈은 방연의 자존심을 만족케 했다. 오기의 저택 집사에게 손빈의 글을 전한 지 삼일이 지나도 아무런 소식이 없었다.

"역시 틀렸어. 이번에는 내 문장을 보낼 차례일세."

방연이 이렇게 말하고 자신의 편지를 정리하고자 할 때 사람이 찾아왔다.

"손무 장군의 자손이신 손빈 님이십니까?"

"네, 그런데요?"

"주인어른께서 기다리고 계시니 곧 친구 분과 함께 와주시지요."

실패했다고 여겼던 빈은 꿈만 같았다. 방연 또한 마찬가지였다.

두 사람을 맞이하여 집안에 대한 일을 물으며 기분 좋게 대화를 주고받던 오기는 두 사람이 문하생으로 받아주시어 가르침을 주십사 하자 태도를 싹 바꾸었다.

"손무 장군의 자손이라고 하기에, 옛날 장군의 병서를 읽으며 학문에 힘써 배운 바 있기에 은혜를 생각하여 불러들인 것이다. 더 이상의 기대는 하지 마라."

매우 쌀쌀한 태도였다. 더 이상 말을 들으려 하지도 않고 내칠 심산인 듯했다. 손빈과 방연은 무릎을 꿇었다.

"외람된 말씀인지 모르겠습니다만, 각하께서는 지난날 선조 무武 할아버지의 병서를 읽으시어 배우신 바가 크다고 하셨는데, 그것은 무 할아버지께서 그 생애에 얻은 것을 써 두셨기 때문입니다. 각하께서는 지금 백전백승 하셨으며 재상이 되셔서 크나큰 공적이 있으십니다. 이처럼 훌륭한 업적을 길이 전하기 위해서라도 저희들이 필요합니다. 하늘이 맡기신 각하의 책임을 어찌하시겠습니까?"

손빈은 고금의 예를 들어가며 후손 양성을 위한 책임론을 들어 호소했다.

오기는 팔짱을 끼고 저녁 햇빛을 바라보다 조용히 웃었다.

"바쁜 몸이라 가르칠 겨를이 있을지 모르겠지만 이 집에 머물도록 해라. 공부와 함께 잡무도 함께 보아야 한다."

두 사람은 감읍하며 머리를 조아리고 고마움을 표했다. 손빈과 방연은 오기의 집에서 학복學僕이 되어 살면서 장서도 틈틈이 읽고 오기에게 질문도 하고, 때로 오기가 출전할 때에는 종자로서 종군從軍하여 전쟁터에 나가 눈으로도 확인하며 전술을 배웠다.

두 사람의 학문은 매우 빠르게 진보하였으나 2년이 지나자 조금씩 달라지기 시작했다. 손빈은 여유 있게 나아가는 반면 숨이 차기 시작한 것은 방연이었다. 손빈은 병법으로 영달하려는 것이 아니라 좋아서 연구하는 것이기 때문에 조금도 조바심 낼 일이 없었지만 방연은 그렇지 않았다.

3년째 되는 해 오기에게 불행한 일이 생겼다. 오기를 신임하던 도왕이 갑자기 세상을 떴다.

오기가 초나라에 정착한 지 6년, 백성들과 도왕의 전폭적인 지지로 마음껏 뛰어난 솜씨를 발휘하여 그 권세는 초나라 조야朝野를 뒤흔들었다.

그 때문에 초나라의 공족들이며 대신들은 오기를 시기하며 미워하는 자가 많았다. 특히 국가 개혁의 일환으로 공족들을 정리하고 재산을 환수한 것에 대한 원한이 가장 컸다.

도왕의 죽음으로 유해가 아직 빈궁 석빈夕殯에 모셔져 있는데도, 불만세력의 공족들이 한데 뭉쳐 일어나 불법적이고 폭력적인 정변政變을 일으켰다.

그들은 활과 검, 창을 들고 오기를 향해 화살을 빗발처럼 쏘아대며 다가갔다. 오기는 급한 김에 빈궁으로 도망쳐 들어갔다.

설마 임금의 유해가 있는 곳에서는 폭력을 휘두를 수 없으리라 생각했는데, 피에 미친 사람들은 그런 구별이 없었다.

오기는 도왕의 유해를 안고 엎드렸다. 임금의 유해를 상하게 할 것을 두려워하며 공격을 늦출 것이라고 생각했으나 그들은 소나기처럼 활을 쏘아댔다.

왕의 유해에 화살이 고슴도치처럼 박혔고, 오기 또한 똑같이 되어 숨이 끊어졌다.

시종들이 달려와 오기가 살해된 흉변을 알리자 집 안에서는 벌집 쑤셔놓은 듯한 소란이 벌어졌다. 화가 미칠까 달아나려고 저마다 짐을 꾸리느라 일대 소동이 일어났다. 방연도 허둥지둥 차비를 갖추고 있었다.

"쓸데없는 짓이네. 빠져나갈 도리가 없어. 우리가 달아나면 모두 붙잡혀 곤경을 치르게 되네."

"왜 이런 곳에서 비명에 죽는단 말인가. 도망가야지, 안 그런가?"

방연은 책과 옷가지를 부지런히 꾸리고 있었다.

"모두가 사는 방법이 있네. 내가 하는 대로 따라주게."

손빈이 방에서 뛰쳐나가 사람들을 불러 모았다.

"여러분! 잠깐 내 말을 들으시오. 여러분이 지금 각자 물건을 싸가지고 밖에 나가면 다 죽습니다. 이럴 때일수록 침착해야 합니다. 그렇지 않으면 여러분은 역적으로 몰리거나 도둑으로 몰려 죽게 됩니다. 우리는 각하의 제자이거나 일꾼에 불과하지 각하의 일과는 무관합니다. 조금 있으면 반란을 일으킨 자들이 이곳으로 몰려올 텐데, 우리가 예의를 갖추고 그들을 안내하여 각하의 기물과 재물을 순순히 내어준다면 우리 목숨은 안전할 것입니다. 그러니 모두들 싸놓은 물건들을 제자리에 놓고 여기 뜰 앞에 앉아 조용히 저들의 처분을 기다립시다. 그래도 불안하여 달아나고 싶은 사람은 몸만 달아나십시오. 여행증명서도 없이 어디까지 달아나겠습니까?"

여기저기서 손빈의 말에 고개를 끄덕이고 있었다.

"그럼 재빨리 물건들을 정리합시다. 그리고 모두 이곳에 모이십시오."

"그럼, 그렇게 하기로 하세."

방연도 순순히 따라주었다.

조금 뒤 정변을 일으킨 자들이 부하들을 이끌고 기세등등하게 들이닥쳤다. 그런데 저택 안은 아무런 흐트러짐 없이 정돈되어 있고 모두가 태연히 모여 있었으므로, 그들은 아무런 위해도 가하지 않았다. 다만 오기의 재물과 노예, 그리고 가솔들만 연행해 끌고 갔다. 고용되었던 사람들은 모두 물건을 되돌려 받고 몸도 자유롭게 풀려났다.

손빈과 방연은 성도를 떠나 사흘쯤 가다가 한수 근처에서 제단을 쌓아 제물을 바치고 향을 사르며 스승의 넋을 애도했다.

"나는 장차 어떤 나라에서든 재상이 되겠네만, 그때는 반드시 군사를 일으켜 초나라를 쳐 스승의 원수를 갚겠네. 자네는 어떻게 할 텐가?"

방연이 결의를 다짐하며 말했다.

"자네의 뜻은 훌륭하지만, 자네가 원수 갚을 것까지도 없이 저들은 비명에 죽고 말 것일세."

손빈이 빙긋이 웃으며 말했다.

"그건 또 어떤 까닭인가?"

"도왕 다음에는 태자인 장臧이 왕위에 앉을 것 아니겠나."

"그렇지."

"저들은 스승을 살해하기 위해 왕의 유해에도 활을 쏘아, 화살이 고슴도치처럼 박혔다고 하지 않던가. 새 왕이 가만히 있겠는가? 얼마 후 왕위에 올라 정세가 안정되면 피비린내가 진동하겠지. 어찌 되었든 저들은 죽게 되어 있어. 자네의 복수를 기다려 주지 않을 것이네."

날카로우면서도 면밀한 추리였다.

두 사람이 북쪽 한나라 국경을 넘어 도성 신정新鄭에 닿았을 때 초나라 소식을 들을 수 있었다. 새로운 왕은 도왕의 유해에 화살을 쏜 불충을 이유로 반란을 일으켰던 공족, 대신들 칠십여 명을 그 가족과 함께 모조리 주살하고 왕권을 강화했다는 것이었다.

손빈과 방연은 제수濟水에서 각자 집으로 가기 위해 헤어졌다.

손빈은 배로 제수를 내려가기를 사흘, 나흘째 되는 날 아침 집에 닿았다. 아버지는 손빈의 학업이 크게 쌓인 것을 기뻐했지만 오기의 불행을 진심으로 가슴아파했다.

① 방연의 출셋길을 위해

손빈은 고향 집으로 돌아온 뒤 더없이 태평한 생활로 들어갔다. 마음 내키면 책을 읽고, 글을 쓰고, 싫증나면 낚시와 사냥도 하고 논밭에 나가 농사짓고 목축하는 것을 살펴보았다.

그 다음 해 봄, 손빈은 아내를 맞이했다. 서徐씨 집안의 부잣집 딸이었다. 16세, 연약한 몸매로 아름다운 소녀였다. 손빈은 25살이었다. 아내는 재주도 많았고 마음씨도 좋았으며, 아버지와 동생들을 대하는 태도 또한 자상하고 고왔다.

손빈의 아버지는 그해 겨울 며칠을 심하게 앓더니 결국 세상을 떠났다.

손빈의 아내는 시집온 지 7년이 지났는데도 아이를 낳지 못했다. 다른 사람들은 자손을 봐야 된다며 법석을 떨었지만 손빈은 아내를 사랑했다.

그때 방연이 불쑥 찾아왔다. 제수 가에서 헤어진 지 꼭 10년 만이었다. 반가움은 이루 말할 수 없었다. 술을 마시며 갖가지 환담 끝에 방연이 무슨 말인가를 하려는 듯 몹시 망설이고 있었다.

"자네에게 어려운 부탁을 하러 왔네."

"오, 그래. 말하게나, 내가 할 수 있는 일이라면 들어주겠네."

"지난번 위나라 무후가 세상을 떠나고 태자가 왕위에 올라 혜왕惠王이 되었네. 내가 조그만 인연이 있어 그를 찾아가려는데……."

손빈은 무엇 때문에 그러는지 알아차리고 방연의 말을 끊었다.

"알겠네. 자네를 위해 힘이 되어 줄 수 있어 기쁘구만. 기다리게."

손빈은 자리에서 일어나 안채를 다녀왔다.

"여기 백금이 있네. 모자란다면 좀 더 마련해 보겠네."

"일단 위후魏侯를 만나 볼 수만 있으면 반드시 써 주리라 자신하겠는데, 만나기까지가 자신이 없었네. 이제 자네 덕분에 꼭 만날 수 있으리라 생각하네. 이 고마움은 영원히 잊지 못할 걸세."

그렇게 떠난 방연으로부터 달포쯤 되어 소식이 왔다. 혜왕의 신임을 받고 있는 후수侯壽라는 자에게 선이 닿아 위나라 도성에 머무르며 혜왕 만나 볼 기회를 기다린다는 내용이었다.

손빈은 사람을 보내 황금 오십 금을 방연에게 전하게 하고 일이 성사되길 바라며 필요하면 또 보내주겠노라 했다.

돌아온 심부름꾼 편에 보내온 방연의 편지에는 절절이 결초보은結草報恩하겠다는 내용과 관중管仲에 대한 포숙아鮑叔牙의 우정도 그리고, 자기가 부귀한 지위를 얻게 되면 반드시 은혜에 보답하겠노라는 말뿐이었다.

손빈은 심부름 갔던 자에게 방연을 만난 일과 보고 느낀 것을 자세히 느낌대로 말하라 했다.

"그분은 후수 댁에 계셨는데, 후수는 위왕의 총희寵姬 오라비 되는 사람으로 권세를 떨치고 있었습니다. 그런데 방 선생은 초조해 하는 것 같았습니다."

후수의 여동생, 위왕의 총희에게 부탁할 일이었다. 그런데 방연은 고지식하여 후수의 눈치만 살피고 있는 거였다.

"너, 수고스럽지만 다시 한 번 가 주어야겠다."

손빈은 심부름꾼에게 부인들이 쓰는 아름다운 패옥佩玉과 편지를 내주었다.

그 뒤 얼마 안 있어 방연이 위나라 객경客卿이 되었다는 소식을 듣게 되었다.

"참으로 고맙네. 모두가 자네 덕분이네. 초나라에서 무사히 빠져나온 것도 자네 덕분이고, 위왕 주변을 접대할 수 있었던 것도 그렇고, 특히 자네가 보내준 패옥을 왕의 총희에게 바쳤던 바, 그다음 날로 왕을 뵙고 병법을 논할 기회를 얻었네. 자네에게 힘입은 바가 크네. 자네의 우정을 결코 잊지 않을 것일세. 이 은혜는 꼭 갚겠네."

방연은 이렇게 쓰고 있었다. 손빈은 마음이 놓여 자기 일인 양 방연을 축복했다.

위나라에 출사出仕한 뒤의 방연은 혜왕의 신임을 얻고 뭇 장수들로부터도 추앙推仰을 받았다.

다음 해 대장군으로 출전하여 조나라를 대파하자 그 명성은 한층 더 올랐다. 2년 후에는 조나라가 설욕코자 한나라와 연합하여 위나라의 안읍安邑을 포위했다. 안읍은 위나라의 수도로 소금이 나는 곳이었다.

연합군의 공격이 치열하여 방연은 싸울 때마다 패하여 성을 굳건히 방어하고 있을 뿐이었다.

이 소문을 듣고 손빈은 방연을 걱정했다.

'조나라와 한나라가 연합하여 도성으로 공격해 올 때까지 까맣게 몰랐다는 것이 첫 번째 실수다. 정보가 없었던 것이다. 그리고 대군이 엄중히 포위하고 있는데, 충분히 준비를 갖추고 정찰을 철저히 한 후 단숨에 공략하지 않고 작은 병력으로 자주 싸운다는 것은 오히려 적에게 경각심을 불러주는 꼴이 된 셈이다. 이런 때는 다른 강국의 구원을 요청해야 함에도 불구하고 방연이 융통성 없이, 혹은 자기 공명심을 높이기 위해 독자적인 싸움을 벌인다면, 시간이 지나면 자멸하고 말 것이다.'

손빈은 더욱 걱정이 되어 제수를 내려가 제나라 도성 임치臨淄로 갔다. 하룻밤 더 골똘히 생각한 다음 긴 글을 써서 제나라 장군 전기田忌의 저택에 던지고 가만히 추이推移를 지켜봤다.

그 내용은 이랬다.

《현재 이웃 위나라는 조나라와 한나라 연합군에게 도성이 포위되어 조석朝夕을 분간키 어려운 지경입니다. 제나라는 이를 강 건너 불구경하듯 하고 있는데, 이것이 과연 강 건너 불이겠습니까? 내 비록 초야에 묻혀 지내지만 조국의 앞날을 걱정하지 않을 수 없어 붓을 들었습니다. 만일 위나라가 멸하게 되면 한나라와 조나라는 세력이 강대해질 텐데, 다음엔 어디겠습니까? 지금 장군께서 군사를 몰아 나간다면 싸울 필요도 없이 소문만으로도 조나라와 한나라는 스스로 물러날 것입니다. 그리되면 위나라도 구하고 장군의 명성도 중원을 떨칠 것입니다. 기회는 지금뿐임을 명심하십시오. 이 일은 장군만이 아시고 아무에게도 발설치 마십시오.》

전기는 글을 읽고 매우 시기적절한 옳은 말이라 여겼다. 그는 즉시 입궐하여 왕을 배알하고 위나라의 위급을 구원해야 우리 제나라가 살길임을 주청하여 군사 일만을 내어 출정키로 하였다.

이러한 일일수록 속전속결速戰速決해야 함을 간파하고 전기는 입소문부터 내었다. '군사 오만 대군으로 위나라를 구하기 위해 떠난다.'고 큰소리치며 임치를 떠나 위나라로 향했다.

손빈의 계산은 틀림이 없었다. 제나라 군사가 위나라로 들어오자 위나라 백성들은 일제히 환호하고 연합군 측은 새로운 강국 제나라와 대적할 수 없어 안읍의 포위를 풀고 저마다 본국으로 돌아갔다.

이때 방연은 기회를 틈타 물러가는 적을 추격하여 적을 무수히 베는 성과를 올렸다.

그 후에도 방연은 자신의 무위武威를 떨치기 위해 거의 해마다 진나라와 싸웠고, 송나라와 싸웠으며 조나라와도 싸웠다.

그 무렵 손빈의 아내는 시름시름 앓더니 한 달이 못 되어 죽었다. 자식은 없었지만 15년 동안 함께 살면서 그 누구보다도 사랑했던 아내였다. 그렇기 때문에 슬픔 또한 컸다.

가족들은 손빈을 위로하기에 애썼다. 동생들은 재혼을 권하고 첩을 두라고도 하였으나 모두 다 거절한 후 재산을 동생들에게 나누어 주고 자신은 작은 거처를 만들어 옮겨 앉았다.

그렇게 1년쯤 지난 다음, 손빈은 불현듯 방연에게로 가 볼 생각이 들었다. 확실한 목적은 없었으나 화창한 봄날이라 여행하기에는 안성맞춤이었다.

위나라 도성에 도착한 것은 한창 무더운 여름이었다. 우선 여인숙에 머물러 그날 밤을 자고 이튿날 거리로 나가 방연에 대한 평을 들었다.

평이 너무 나쁘면 알리지도 않고 되돌아갈 작정이었다. 그러나 평은 좋지도, 나쁘지도 않았다.

"방 장군은 전쟁 하나는 잘 합니다. 그러나 재물 욕심이 너무 많아요. 스승이라는 오기 장군과는 전혀 달라요. 오기 장군은 심하게 거둬들였지만 잘 뿌렸지요. 그러기에 장졸들이 잘 따르고 장군을 위해서는 죽을 각오까지 지니고 있었는데, 방 장군은 장졸들이 그토록 따르지 않을 것입니다. 장군의 집에 재물이 산처럼 쌓여 있다는 소문입니다."

아마도 젊었을 때 너무 가난했기 때문에 재물에 대해 굶주림을 느낀 탓으로 판단되었다. 방연의 저택이 있는 거리에도 가 보았더니 크고 훌륭해서 넉넉하게 사는 느낌이 넘치고 있었다.

'결국 방군은 소년 때부터의 소망을 이룩했군.'

이튿날 편지를 써서 하인을 시켜 방연의 저택으로 전하게 했더니, 문지기가 어찌나 까다롭게 구는지 은전 두 닢을 주고 간신히 맡겼다고 하여 개운치가 않았다.

'아랫것들은 주인의 성격을 닮는다더니 방군도 사람이 달라진 모양이다.'

한식경이 지나자 방연이 호화스러운 마차를 끌고 여인숙에 나타났다. 작은 몸집은 그대로였으나 대장군다운 위엄이 넘쳐 보였다.

큰길에는 많은 사람들이 모여들어 신기한 듯이 바라보고 있었다. 간소한 옷차림의 촌부를 대장군이 화려한 마차를 끌고 맞이하고 있으니 놀랄 법도 했다.

"오오, 방장군!"

"손군……."

두 사람은 손을 잡고 서로 끌어안았다.

"왔으면 곧장 집으로 올 일이지 이런 곳에 묵고 있다니, 쯧쯧."

방연은 마음이 상한 듯이 말했다. 손빈은 그저 웃었다.

"당장 옮기도록 하세. 자, 어서 타게. 짐은 나중에 맞이할 사람을 보내겠네."

방연은 손빈을 재촉해서 마차에 태우고 손수 고삐를 잡아 말을 몰았다. 저택에 이르자 방연의 가신들이 열을 지어 맞이했다. 방연에 이끌려 웅장하고 화려한 방으로 들어서자 서른대여섯 가량의 부인과 젊은 여인들이 죽 늘어서 있었다. 방연이 위나라에서 벼슬한 지 얼마 후 위나라 귀족의 딸과 결혼했다는 소식을 들어, 그때 축하하는 사람까지 보낸 일이 있었다.

"내 아내일세."

방연이 소개했다.

"제나라 사람 손빈입니다. 어렸을 때부터 장군과 친하게 되어 같은 스승에게서 공부했습니다."

손빈이 자기소개를 하자 부인이 빙그레 웃었다.

"주인에게서 성함은 늘 듣고 있었습니다. 먼 길 찾아주셔서 감사합니다."

부인은 상냥하고 기품 있는 여자였다. 손빈의 아내가 죽은 것에 대해 예를 갖춰 위문하는 태도에서 귀족 가문의 출신다운 기품이 엿보였다. 손빈은 방연이 좋은 아내를 얻은 것을 기뻐했다.

손빈과 방연은 갖가지 이야기를 나누고 부인도 남편 옆에 앉아 음식도 같이 먹고 마시며 즐거운 시간을 가졌다. 손빈은 들어오면서부터 시중들고 있는 여종에게 눈길을 떼지 못하고 있었다. 죽은 아내를 쏙 빼닮은 체구에 얼굴색까지 하얗고 야윈 편이었으나 아내가 여자구실을 제대로 못한 데 비해 여종은 건강한 체질을 타고난 듯했다.

방연과 함께 자리를 옮겨 별채로 들어갔다. 꽤 취해 있었으므로 어디로 어떻게 따라 들어왔는지 알 수 없었지만 숲이 보이고 아늑

한 곳이었다.

"머물러 있는 동안 이곳을 쓰게. 안채는 손님들이 찾아와 번거로우니 이곳에서 거리낌없이 써 주게. 하인들을 붙여 두었으니 내게 볼일이 있을 때는 언제든지 말하게. 언제까지고 머물러 주기를 바라네. 그럼 편히 쉬게."

방연이 자리를 뜨자 차 심부름하는 동자가 침실로 안내해 주었다.

"심부름 시키실 일이 있으면 불러 주십시오. 저는 여기 대기하고 있겠습니다."

소년은 복도를 사이에 둔 끝방으로 들어갔다.

손빈이 침실 문을 열고 들어가자 희미한 등불이 켜져 있었다. 그런데 침상 모서리에서 일어나는 여인이 있어 깜짝 놀라 한 걸음 물러섰다.

'누구냐!'고 소리치려다 다음 순간, 좀 전에 자신이 눈길을 주었던 여자임을 알았다.

"옷을 갈아입으시죠."

나직하지만 방울을 흔드는 것 같은 고운 목소리였다. 그녀는 잠옷을 양손에 받쳐 들고 있었다.

'방연 부인에게 들키고 말았군.'

손빈은 소녀에게 몸을 맡겼다. 그녀는 솜씨 있게 손빈의 옷을 벗기고 뒤에서 잠옷을 입혀 주었다. 소녀의 검은 머리와 흰 목덜미가 희미한 등불에 비치며 향긋한 몸 냄새가 피어올랐다.

"밤시중을 들라더냐?"

"예."

슬플 정도로 아름다운 목소리였다.

"손을 다오."

그녀는 순순히 두 손을 내밀었다. 그 손을 따스한 두 손으로 덮어 만졌다. 떨고 있던 차가운 두 손이 차츰 가라앉기 시작했다.

"너에게 마음이 끌렸었다. 아마도 부인께서 내 태도를 눈치챘나 보구나."

손빈이 침대에 누워 몸을 바로잡았다. 소녀는 조심스럽게 움직이며 옷을 갈아입고 있었다.

이렇게 손빈은 방연의 별채에서 머무르게 되었다. 방연 내외의 대접도 더없이 극진했지만 여종 홍노紅奴에 대한 애정도 날로 깊어져 오기를 잘했다고 생각했다.

가을이 오면 본국으로 돌아갈 예정이었는데, 어느덧 가을이 지나고 겨울이 되었다. 홍노에 대한 사랑은 깊어갈 뿐이었다.

"저는 언제까지고 이곳에서 나리를 모시고 지내고 싶습니다. 나리께서 위나라 사람이 되어주셨으면 하옵니다. 방장군께 부탁만 하시면 벼슬길에도 오르시고 저 또한 종의 신분에서 벗어나 자유의 몸이 되어 나리를 더욱 잘 모시겠습니다."

홍노는 그동안 하고 싶었던 말을 풀어놓았다. 손빈은 '그 소망을 들어 주어야겠다'고 생각했다.

어느 날 방연이 손빈의 거처에 와서 술자리를 베풀었다. 술기운이 얼큰하게 돌자 손빈이 가슴속의 말을 뱉었다.

"그동안 장군 내외의 따뜻한 보살핌으로 나도 모르게 하는 일 없이 너무 오래 머무르고 말았네. 그래서 위나라에 아주 뿌리를 내릴까 하는데, 자네가 나를 벼슬길로 천거해 주지 않겠는가?"

방연은 농담으로 들은 모양인지 웃었다.

"자네는 어릴 때부터 속세의 먼지 속에 영화를 누리는 것을 천시하던 사람이 아니었나? 어째서 그런 생각을 하게 되었나? 자네 신조로 보았을 때는 타락이 아닌가."

그러자 손빈이 심각한 표정으로 대답했다.

"홍노를 본국으로 데리고 갈 생각이었는데, 홍노는 위나라에 머물러 있기를 바라는 모양일세. 그래서 내가 이 나라에 머무를 도리밖에 없다고 생각한 걸세."

"아하하, 여자 때문인가? 자네 같은 사람도 그런가. 나는 홍노를 자네에게 바칠 생각으로 있었네. 자네가 홍노로 인해 그런 생각이 든 것이라면 데리고 돌아가도록 하게. 내가 야단치겠네."

"아니 그렇게 화내지 말게. 그 아이가 싫다는 것을 억지로 데려가고 싶지 않아. 그보다도 나를 천거해 주게. 하급관리도 괜찮네."

손빈이 적극적으로 나서자 방연은 생각에 잠긴 듯이 잠자코 있었다.

"하급관리야 금방이라도 결정될 수 있지만 자네는 벼슬 경험이 전혀 없어서……, 그렇다고 상급관리는 보통사람이 해낼 수 없을 만큼 인간관계가 복잡하고……."

손빈은 크게 취해 있었다. 방연으로부터 보통사람 운운하며 무시하는 듯한 평가를 듣게 되자 눈에서 불길이 일었다.

"자네 말이 정 그렇다면 차라리 나를 위왕의 모신謀臣으로 천거해 주게. 내 역량이야 장군이 잘 알고 있지 않나?"

손빈이 껄껄 웃으며 말했다.

"그야 알고 있네만, 이 사람아! 현실세계는 너무 복잡해서 여간 어려운 게 아닐세. 옛날 생각이나 이치만으로 되는 것이 아닐세."

방연의 얼굴에는 쓴웃음 같은 미소가 떠 있었다. 방연의 말보다 그 미소가 손빈의 감정을 건드렸다. 손빈은 너털웃음을 웃었다.

"장군, 이런 이야기가 있네. 옛날에 같은 스승 밑에서 배운 두 젊은이가 있었는데, 한 젊은이는 벼슬하여 장군이 되고 한 젊은이는 고향에 묻혀 있었지. 그런데 벼슬한 젊은이의 나라에 위험이 닥쳤네. 이웃 두 나라가 연합하여 도성을 에워싸 멸망의 위기에 처해 있었지. 고향에 묻혀 있던 젊은이가 그 친구를 도와주기 위해 편지를 써서 자기 나라 장군의 집에 전달했지. 두 나라가 이기는 것은 우리나라에 도움이 안 되니, 군사를 일으켜 도와줘야 된다고 이해득실을 따져 글을 썼지. 그 장군은 편지의 내용에 마음이 움직여 임금께 품신하고 군대를 내어 구원을 떠났네. 그래서 두 나라는 포위를 풀고 자기 나라로 돌아갔다는 이야기일세……."

방연의 얼굴색이 붉으락푸르락 안절부절못했다.

"어떤가, 재미있는 이야기가 아닌가. 만일 누가 그 젊은이한테 모신이 될 역량이 없다고 단정한다면 장군은 어찌할 셈인가?"

방연은 망연히 손빈을 바라봤다. 손빈은 괜한 말을 했구나 하고 후회했으나 이미 엎질러진 물이었다. 그저 술잔을 들어 입으로 가져갔다. 방연의 입 언저리가 실룩거렸다.

"그 사람이 바로 자네였나……."

"비유해서 한 이야기일세. 나는 장군의 힘으로 이 나라에 벼슬했으면 하고 생각하는 것뿐일세."

"취했네. 오늘 밤은 이만 하겠네."

손빈은 자리를 피하고 싶어 얼버무렸다.

"방금 전 이야기는 다른 누구에게도 말하지 말게."

방연이 몹시 자존심 상한 듯 상기된 표정으로 진지하게 말했다.

"공연한 일에 신경 쓰지 말게. 비유로써 한 이야기야. 나는 벌써 잊었네. 장군도 잊어버리게."

"고맙네."

방연은 새삼스럽게 손을 내밀어 악수를 청하고, 힘껏 잡아 흔들었다. 두 사람은 다시 술을 마시고 밤이 깊어서야 헤어졌다.

이튿날 방연은 손빈에게 임금에게 보일 글을 써달라고 말했다.

"그야 어렵지 않네."

손빈은 긴 글을 썼다. 열국列國의 형세를 논하고 위나라가 처한 상황 속에서 국력을 펴나가려면 어떻게 해야 할 것인가를 서술하고 정치 · 경제 · 외교 · 군사의 각 방면에서 자신의 주장을 설파했다.

사흘이 걸려 다 쓰고, 하루 걸려 정서했다.

손빈은 이 글에 자신이 있었다. 논지論旨는 예리하고 주도면밀하고 뛰어났으며, 문장은 힘차고 명쾌하다고 자부했다.

방연은 손빈의 글을 받아 읽더니 고개를 주억거리며 크게 감탄했다. 그리고 그 글을 가지고 입궐했다.

그러나 한 달이 되어도 임금으로부터는 아무 소식도 없었다. 손빈은 이런 일이 빨리 이루어지리라고는 생각지 않았다. 그렇게 생각하니 마음이 편했는데, 방연은 몸이 달아 더욱 미안해 하였다.

② 빈형臏刑을 당하는 손빈

한 해가 저물어가는 동짓달이 왔다. 어느 날 방연은 모처럼 시간을 냈다면서 손빈에게 함께 사냥을 가자고 청하였다.

"사냥? 매사냥인가, 개사냥인가? 지금이 사냥철이지. 사냥감이 많은 곳이 있는가?"

손빈은 갑자기 마음이 동했다.

"개사냥일세. 토끼가 많은 곳이네."

토끼가 다니는 곳을 찾아 덫을 놓고 개를 놓아 내몰게 하여 덫에 걸리게 하는 것을 개사냥이라고 한다. 손빈은 개가 으르렁대며 토끼를 뒤쫓는 모습을 연상하고 가슴이 부풀 정도로 즐거웠다.

"산인가? 들인가?"

"들에서부터 산에 걸쳐서일세. 산에는 나무가 무성하고 들은 풀밭일세."

"재미있을 것 같군."

나무가 많은 곳과 풀이 많은 곳은 사냥하는 방법이 약간씩 달랐다. 나무가 많은 곳은 덫이 좋지만 풀이 많은 곳은 그물이 좋다.

이튿날, 날이 채 밝기도 전에 그들은 사냥 길에 나섰다. 말 네 마리가 끄는 마차에 방연과 손빈이 나란히 타고, 그 뒤에 개를 담당하는 부하가 십여 마리의 개와 함께 탔다. 마차 행렬이 이어지고 맨 뒤에 부하 몇 명이 말을 타고 쫓아왔다.

한 시간쯤 마차를 달리자 해가 뜨고 이내 사냥터에 닿았다. 끝없이 마른 풀이 이어진 들로, 군데군데 작은 덤불과 못이 흩어져 있었다. 사냥에 익숙한 손빈은 사냥감이 많다는 것을 금방 알았다. 들짐승도, 들새도 틀림없이 많을 것이다.

"매도 가지고 올걸 그랬어, 새가 많을 텐데……."

빈이 마차에서 뛰어내리며 말했다.

"여긴 토끼가 많네. 하기야 이들보다는 저쪽 산에 더 많이 있지만, 저 산은 반 이상이 들어가지 못하는 지역일세. 그러나 우리는 상관없네. 들사냥을 한 뒤에 산에서 사냥하자구."

방연이 왼쪽 산을 가리켰다. 손빈은 흥분해서 여기저기 뛰어다니며 사냥감이 지나다니는 길을 찾아 부지런히 덫을 놓고 있었다.

방연은 따라왔으나 빈이 하는 일을 바라볼 뿐이었다. 오늘은 손빈을 주역으로 즐겁게 해줄 작정인 것 같았다.

"역시 자네는 전문가야. 익숙한 솜씨로군."

방연은 이따금 손빈을 칭찬했다. 손빈은 덫을 다 놓고 나자 개를 놓았다. 가장 뛰어난 검둥개 하나만을 놓았다.

검둥개는 꼬리를 흔들며 풀 속으로 뛰어 들어가 왕왕 소리를 짖어대며 들판을 누비기 시작했다. 손빈의 눈은 번쩍번쩍 개의 동작에 따라 빛났다. 그는 개를 쫓아갔다. 그러더니 토끼 한 마리를 잡아들고 검둥개를 데리고 돌아왔다. 진흙투성이가 되어 있었지만 생기발랄한 모습이었다.

손빈은 장소를 옮겨 살펴보다가 곧 돌아왔다.

"저기는 그물이 좋아. 적어도 다섯 마리는 있을 거야."

그는 그물을 친 다음 개를 모조리 풀어놓았다. 개들은 요란하게 짖어대며, 마른 들판을 달려 토끼를 내몰았다. 손빈이 예측한 대로 그물에는 정확히 다섯 마리의 토끼가 걸려 있었다.

"기막히군. 귀신의 재주나 다름없어."

방연이 칭찬을 하자 빈은 웃었다.

벌써 한식경이 지나 시장기가 돌았다. 가벼운 식사와 술을 마신 후 다시 시작하려는데 방연의 집에서 수하가 달려왔다. 그의 말을 듣고 난 방연이 고개를 끄덕이고 뭐라 지시하는 듯하더니 돌아왔다.

"궁에서 부른다는 기별이 왔네. 모처럼 자네와 즐기려 했더니 가 봐야겠네. 자네는 남아서 계속하게나."

"알았네. 궁에서 부르는 데야 어찌하겠는가? 나 혼자서도 즐길 수 있네. 모처럼 베풀어 준 대접인데, 실컷 즐기다 가겠네."

손빈이 웃으며 대답했다.

방연은 돌아가고 손빈은 시간가는 줄 모르고 사냥을 계속했다.

사냥터를 들에서 산으로 옮겨 여전히 계속했다. 흥은 깊어만 갈 뿐이었다. 따르는 사람들은 산기슭에 남겨 두고 검둥개만 끌고 깊이 들어갔다. 정신없이 사냥감을 찾으려는데 갑자기 나무들이 잘 정돈되어 있는 지역이 나타났다.

사냥을 시작하기 전 방연이, 저 산은 반 이상 들어가지 못하게 되어 있다고 한 말이 생각났다. 그렇지만 방연은 괜찮다고도 했다.

'아무래도 금치된 산에 들어온 모양이다.' 생각하고 돌아서려는데, 뒤쪽에서 요란한 발소리가 들렸다.

"게 섰거라!"

외침 소리가 겨울 산을 울렸다.

가까이 온 병사는 다섯 명이었다. 정갈한 갑옷과 투구를 쓰고 칼을 차고 있었다. 그중 셋은 활과 화살을 가졌고 양쪽 끝의 두 사람은 긴 창을 들고 있었다.

"뭣 하러 여기에 들어왔느냐!"

한 사람이 다짜고짜 창끝으로 내지르며 캐물었다.

"죄송합니다. 저쪽에서 사냥하다가 모르고 들어오고 말았습니다."

"모를 리가 있느냐? 이곳은 공주님의 능묘가 있는 곳이다. 이 나라 사람은 모르는 사람이 없다. 거짓말 마라!"

"그렇습니까? 저는 이 나라 사람이 아니고 제나라에서 방연 장군을 찾아와 그 집에서 묵고 있습니다. 제가 사냥한 것은 저쪽 구역 밖이었습니다. 용서해 주시기 바랍니다."

"수상한 놈이다! 능묘를 파헤쳐 보물을 훔치려고 들어온 것이 틀림없다."

"방연 장군이 내 친구로 아침에 같이 왔습니다……."

"거짓말 마라! 비록 방장군 댁 손이라 하더라도 능묘를 범한 것은 큰 죄다. 우리 마음대로는 어찌할 수 없다."

"잠깐만 기다리시오. 저 밑에 같이 온 방연 장군의 수하가 있소!"

손빈이 당황하여 소리쳤으나 그들은 두 팔을 비틀어 올리고 오랏줄을 걸었다. 뭐라 변명할 틈도 없이 그들의 손과 발길질이 먼저 올라왔다.

"나는 방연 장군의 친구다. 나는 모르고 들어온 것이다. 그리고 아무것도 한 짓이 없다. 너희들은 반드시 대가를 치를 것이다. 어서 나를 풀어라!"

그러나 수비병들은 '와아' 웃기만 하고 손빈이 잡았던 토끼를 빼앗아 요리를 시작했다.

빈은 한밤중이 되어 도성으로 끌려가 감옥에 갇혔다.

이상한 일이었다. 손빈이 그날 일을 자세히 설명하고 방연 장군에게 물어보든가 만나게 해달라고 아무리 애원하고 소리쳐도 그들은 막무가내로 매를 치며 고문했다.

'능묘 속의 부장품을 몰래 파낼 계획으로 잠입했다.' 는 일방적인 주장이었다.

손빈은 고문으로 온몸이 갈기갈기 찢기고 매를 맞아 움직이지 않으면 아픈 것 같지도 않았다. 이내 깊은 잠이 몰려왔다. 죽은 것인지 살아 있는 것인지 정신이 몽롱했다.

'내가 없어졌으면 방연의 수하들이 나를 찾으러 다녔을 테고 능묘 초소에도 물었을 것이다. 내가 이곳에 끌려온 지 하룻밤이 지나갔다. 방연이 과연 나를 구하려고 손을 쓰고 있는 것일까?'

여기까지 생각하고 몸을 뒤척이려 하자 힘줄이 당겨 온몸이 쑤시고 저려왔다. 소리도 낼 수 없고 숨도 제대로 쉴 수 없었다.

다음 날도 그 다음 날도 고문은 계속되고 대죄를 고백하라고 닦달을 하였다.

손빈은 친구의 감정을 버리고 냉정히 되돌아보기로 했다.

벼슬자리를 구해달라고 했을 때부터, 그리고 연합군이 도성을 포위했을 때 어떻게 풀렸는지를 자신이 얘기했을 때 방연의 표정과, 다른 사람에겐 절대 말하지 말라는 부탁, 그리고 임금께 글을 써달라고 한 일이며, 갑작스러운 사냥 제안 등, 이상하다면 이상했다. 또한 무엇보다도 금산禁山이지만 괜찮다 한 것과 공주님 능묘라는 사실을 말하지 않은 것, 그리고 갑자기 왕의 부름이 있다고 돌아간 것도 석연치 않았다.

'어째서 방연은 나에게 이런 악랄하고 잔인한 짓을 하는 것일까!'

대답은 간단했다.

'내 재주를 시기하고 있는 것이다. 내가 벼슬길에 올라 같은 임금을 섬기겠다고 하니, 경쟁자로 여긴 것이다.'

여기까지 생각했으나 손빈은 믿고 싶지 않았다.

무서운 취조와 고문은 매일처럼 계속되었다. 이제 손빈은 방연의 계획에 의한 화禍라고 믿지 않을 수 없게 되었다.

그렇게 생각한 이상 살아야겠다는 의욕이 솟구쳤다. 그래서 자

포자기自暴自棄의 심정으로 죄를 인정하기로 했다. 그러나 죽음만
은 피하고 싶었다.

"나는 분명 그곳에서 토끼 사냥을 했습니다. 그러나 그것은 그
곳이 능묘라는 것을 몰랐기 때문입니다. 따라서 도굴 같은 생각은
애당초 없었습니다. 연장도 지니지 않았고, 신성한 지역인 것을
모르고 사냥을 한 죄라면 달게 받겠습니다."

마지막 노력이었다. 그러나 뜻밖에도 판관은 만족한 듯이 고개
를 끄덕이고 형을 언도했다.

'빈臏에 처하고 그 몸을 관노官奴로 한다.'

빈은 무릎 종지뼈를 말하는 것으로, 종지뼈를 떼어내어 걷지 못
하게 하는 것을 '빈형臏刑'이라고 한다. 그러나 손빈에게 처한 빈
형은 무릎 뼈를 잘라버렸다고 한다.

잔혹한 형벌이었지만 손빈은 다행으로 여겼다. 비록 병신이 되
더라도 목숨만 붙어 있으면 원한은 갚을 수 있을 것이었다.

반년이 지나서야 상처가 아물고 손빈은 관노의 신분으로 일을
하게 되었다.

두 다리가 없으니 앉아서 손으로 하는 일밖에 할 수 없었다. 다
른 이 같으면 실을 뽑거나 베를 짜거나 했을 터인데, 손빈은 글을
잘 쓰기 때문에 책을 베끼는 일을 하게 되었다. 나무와 대로 만든
기다란 조각에 옻으로 글자를 써서, 책을 있는 그대로 베껴 똑같
은 책을 만드는 작업이었다.

하루 종일 조용한 빈 방에 혼자 앉아 일을 하면서 마음은 한시
도 원수 갚는 일을 떠나본 적이 없었다. 방법은 여러 가지 떠올랐
지만 우선은 이곳을 벗어나는 일이 문제였다.

좀처럼 탈출 방법이 떠오르지 않았다. 날개가 있는 것도 아니고

누가 나뭇짐 져내듯 데려가 줘야 하는데, 그럴 사람도 불원천리不遠千里 타국에는 있을 리 없었다.

그 무렵 그는 자기 이름을 빈臏, 발 끊는 형벌 빈으로 고쳤다.

"본시 이름은 자신의 몸을 나타내는 것이라고 했습니다. 생각하면 아버지가 내게 빈臏이란 이름을 지어준 것은 타고난 운명이었나 봅니다."

손빈은 담당 관원에게 웃으면서 말했다.

몇 달이 지난 겨울 어느 날이었다.

그날도 탈출과 원수 갚을 일에 대한 생각으로 상심하고 있을 때 뒷문 쪽에서 발걸음 소리가 났다. 감독 관리려니 생각하고 돌아보지도 않고 일을 계속하고 있는데, 이상한 예감과 함께 익숙한 향내가 풍겨왔다.

불현듯 스치는 바가 있어 뒤돌아보니 거기에는 홍노가 장승처럼 서 있었다.

노예들이 입는 초라한 옷을 입기는 했으나 그것은 틀림없는 홍노였다. 홍노는 눈물을 주르르 흘리며 얼어붙은 듯이 서 있다가 무너지듯 손빈의 가슴으로 뛰어들었다.

손빈은 감독 관리가 걱정이 되고 방연이 무슨 꿍꿍이짓을 벌이는가 싶어 안심하고 상대할 수가 없었다.

그러자 홍노는 손빈의 가슴에 얼굴을 묻고 흐느껴 울며 안심시켜 주었다. 관리에게 뇌물을 주고 허락을 받았기에 자기가 있는 동안은 오지 않을 것이라 설명했다.

홍노가 말한 그동안의 과정은 이랬다.

손빈이 능묘陵墓를 범하고 붙잡혔다는 것을 홍노는 며칠 동안 몰랐었다. 사냥에 따라간 사람들은 모두 일찌감치 돌아왔는데 손빈만 돌아오지 않아 걱정되어 방연에게도 묻고, 따라간 사람들에게도 물어 보았으나 아무도 가르쳐 주지 않았다.

며칠 후, 누군가 무심코 내뱉는 말에 꼬투리를 잡아 이리저리 묻고 패물을 주고 달래어 간신히 상황을 알게 되었다는 것이었다. 그래서 홍노는 방연에게 구출해 달라고 울며불며 부탁했지만 들어 주기는커녕 오히려 자기를 별채에서 내쫓아 일반 노예보다 더 천한 일을 시켰다는 것이다. 손빈이 제나라에서 데려온 시종들의 모습도 어느 날부터 보이지 않았다는 것이다.

홍노는 무릎부터 없어진 손빈의 두 다리를 안고 슬피 울었다.

"벼슬을 얻어 이곳에 살자 한 것이 이런 결과가 된 것 같아요. 흑흑……."

그때 관리가 입구에 와서 벽을 두드리며 시간이 되었다는 신호를 보냈다. 홍노는 다시 오겠노라고 말하며 아쉬운 듯이 돌아갔다.

그 뒤에도 홍노는 이따금 찾아왔다. 손빈은 홍노를 통해 외부와의 연락을 취할 가능성이 있다는 것이 무엇보다 기뻤다.

'홍노를 이용해서 탈출할 방법을 마련해야겠다.'

그렇게 겨울이 가고 봄이 왔다.

어느 날, 홍노가 이야기 끝에 제나라 사신이 방연의 집 숙소에서 머문다는 소식을 가져왔다. 그 사신은 전양田良이라고 했다.

손빈의 뇌리에 번뜩이는 빛이 떠올랐다. 그와 만난 적은 없지만 명망 높은 선비 재사才士라는 소문을 들은 적이 있었다.

손빈은 제나라 사신 전양에게 보내는 편지를 죽간竹簡에 썼다. 자신의 신분을 밝히고 방연으로부터 무고한 죄를 쓰고 불구자가 되어 노예로 복역하고 있음을 호소하고, 같은 나라 사람이라는 친분이 있으니 귀국하실 때 자기를 데려가 달라는 것과 탈출 계획은 자신이 세울 것이니 도와달라는 부탁의 글을 썼다.

이튿날 홍노가 왔다. 홍노는 편지를 앞가슴에 넣고 단단히 묶은 뒤 옷깃을 여몄다.

홍노가 돌아간 뒤에 손빈은 여느 때처럼 일을 계속했다. 여러 가지 생각이 가슴속에 오갔다. 영리한 여자니까 전양에게 잘 전할 수 있을 테지. 전양의 질문에 대해서도 요령껏 대답할 수 있으리라.

사흘이 지나서 홍노가 웃음 띤 얼굴로 다가왔다.

"모레 아침 일찍 출발하신답니다. 그러니 그때까지 탈출하셔야 된다고 말씀하시면서, 나리의 일을 매우 안타깝게 여기셨습니다."

"잘 됐다. 여길 봐라. 떠나는 날 새벽에 마차를 이 관아 옆에 있는 통용문……."

손빈이 창문에서 비스듬히 보이는 작은 문을 가리켰다.

"저 문 앞으로 오면 된다. 저기에 도랑이 있는데, 요즘은 말라 있다. 내가 그곳을 통해서 울타리 밖으로 나가 있을 테니 그때 나를 올려 마차에 태워주면 고맙겠다고 전해라."

홍노는 얼른 대답하지 않고 손빈의 얼굴을 보고 있었다. 그러자 손빈이 생각해 낸 듯 조용히 웃으며 홍노의 손을 잡았다.

"오늘 전양을 만나거든 손빈은 몸이 불구이므로 옆에서 도와드리고 싶다고 간절히 부탁하면 들어줄 것이다."

홍노는 손빈과 함께 갈 수 있다는 것에 힘을 얻은 듯했다.

약속한 날 첫새벽, 손빈은 침대에서 기어내려 뜰에 나가 도랑을 기어서 울타리 밖으로 나왔다.

도랑 속에는 이제 막 돋기 시작한 봄풀들이 이슬에 젖어 있었다. 온몸이 흙투성이가 되어 겨우 울타리 밖에 이르러서야 한숨을 돌릴 수 있었다.

옷을 단단히 껴입었는데도 팔꿈치와 뱃가죽이 까져 피가 흐르고 있었으나 손빈은 괘념치 않았다.

마차가 오기까지의 기다림과 불안은 말로 형용할 수 없었다. 이른 새벽하늘은 캄캄하기만 했다.

'여기까지 온 이상, 운명을 하늘에 맡기는 거다.'

손빈이 혼잣소리로 용기를 북돋을 즈음 멀리서 수레바퀴 소리가 들려오더니 새벽어둠 속에 모습을 나타내고 자신의 눈앞에 멎었다.

그 순간, 사람 그림자 하나가 재빨리 뛰어내리더니 두 팔을 뻗었다. 검은 천을 머리부터 뒤집어 쓴 홍노였다.

홍노는 숨을 쌕쌕거리며 손빈의 두 팔을 힘껏 끌어당기고 두 겨드랑이를 안아 들어올렸다. 어디서 그런 힘이 솟았는지 홍노는 서둘러 뛰어오르더니 손빈에게 검은 천을 덮으며 속삭였다.

"조금만 참으십시오. 조금만……."

손빈은 온몸을 덮은 두꺼운 천 밑에서 짐짝처럼 누워 뜨거운 눈물을 한없이 흘렸다. 마차는 한참을 달리다가 일행과 합류한 듯했다.

위나라 도성 안읍安邑에서 제나라로 가는 길은 조나라를 거쳐 보름 정도 걸린다. 제나라 국경에 당도하기까지 손빈은 한 번도 마차에서 나오지 않았다.

그러나 손빈은 조금도 갑갑하다거나 불편을 느낄 새가 없었다.

드디어 제나라 국경 관문을 넘고 첫 역관驛館에서 전양은 처음으로 손빈의 존재를 가신들에게 알렸다. 그리고 가신들로 하여금 손빈과 홍노를 인도하여 목욕시키고 옷을 내어주고 자기 방에 모셔오게 했다.

전양의 마음씨는 참으로 친절했다. 손빈은 눈물을 흘리며 구해준 은혜에 감사한 후 방연과의 사연, 방연의 모함으로 불구의 몸이 된 사연에 대해 설명하고 자신의 어리석음을 책責했다.

그렇지만 방연을 위해 위나라의 국난을 구출하려고 전기田忌 장군의 집에 투서했다는 이야기는 하지 않았다.

"잘 알겠소. 방연이란 자가 그토록 파렴치한 사람일 줄은 몰랐소. 다만 공명심이 너무 많은 점은 이번에 파악했소. 그러면 그대는 지금 방연에 대한 복수심이 가득하겠구려."

"하늘이 기회를 주신다면……, 그러나 저는 행동이 자유롭지 못한 불구자입니다."

전양은 안타까워하는 표정으로 주안상을 차리게 하여 손빈을 대접했다. 이렇게 시작된 담소談笑는 제나라의 도읍 임치臨淄에 도착하기까지 며칠 동안 계속되었다. 전양은 밤마다 손빈을 불러 주안상을 함께 나누었다.

손빈의 이야기는 화제가 풍부할 뿐만 아니라 관찰과 해석이 기발하고 흥미진진했기 때문에 지루함이 없었다. 본디 손빈은 말재주가 뛰어났지만 특별히 애를 써서 전양의 마음을 사로잡으려고 노력했다.

"임치에 도착하면 저는 집에 연락하여 돌아갈 수 있겠지만 제가 항상 존경하던 전기 장군님을 뵙고 싶습니다. 불구의 몸으로 한 번 고향에 돌아가면 어디를 가고 싶어도 갈 수 없을 테니 장군님을 뵈올 수 있도록 도와주시면 고맙겠습니다."

손빈이 정중히 부탁했다.

"좋소. 전기 장군은 우리 전씨 집안의 장로요. 뵙도록 주선하겠소."

전양은 흔쾌히 대답했다.

임치에 이르자 전양은 대궐로 들어 사명使命 보고를 마치고 전기 장군과 함께 돌아왔다.

전기 장군은 무인다운 늠름한 모습으로 앉아 있다가 전양의 가신들에게 안겨 의자에 앉혀지는 손빈을 보자 매우 안타깝다는 표정을 지었다.

'이분은 마음이 온순하고 자상한 분이시구나.'

손빈은 그렇게 생각하면서 두 손을 무릎에 모으고 고개를 숙여 조심스러운 자세를 취했다. 홍노 또한 무릎을 꿇고 마룻바닥에 이마를 대고 인사를 드렸다.

"존경하던 장군님을 뵈오니 영광입니다. 불구의 몸으로 이런 인사밖에 드리지 못함을 용서해 주십시오."

전기는 몇 번이고 고개를 끄덕였다.

"내가 전기일세. 가엾은 일이군. 너무나 잔인한 일을 당했어. 자네에 대한 이야기는 이미 전양으로부터 들었네. 방연이란 사람은 내가 싸움터에서 겪어본 적이 있지. 싸움 솜씨가 뛰어나더군. 하지만 소년 시절부터 친구로 같이 병법을 공부하고 자네로부터 여러 은혜를 입은 자가 그토록 짐승 같은 짓을 하다니, 이제부터 그자를 경멸하겠네."

차분한 말씨였지만 정말 화를 내고 있는 것 같았다.

"사람을 꿰뚫어보지 못한 저의 불찰입니다. 무엇 때문에 어려서부터 병법을 배우고 이 나이가 되었는지 부끄럽습니다."

"허허허, 그건 그렇게 말할 수 있겠네, 병법으로 말하면 귀신도 속여야 한다고 했으니까. 하지만 자네와 방연 사이라면 의심할 도리가 없지. 부끄러워할 일이 아니네. 자아, 얼굴을 들게나. 허헛!"

전기는 웃었다.

손빈이 명쾌하고도 기발한 말솜씨를 발휘하자, 전기는 매우 감동적으로 크게 웃었다. 전양은 자기가 소개한 손빈을 전기 장군이 마음에 들어 하는 것 같아 덩달아 기분이 좋아졌다.

전양이 잠깐 자리를 비운 사이 손빈이 홍노를 돌아보고 잠깐 자리를 피해 줄 것을 청했다. 홍노가 문 밖으로 나가자 손빈은 은밀한 무엇을 가만히 속삭이듯 전기 장군을 올려다봤다.

"10여 년 전 일입니다만, 조나라와 한나라 군사가 위나라의 안읍을 포위하고 안읍이 위태로웠을 때, 장군님께 투서한 자가 있었지요. 기억하십니까?"

전기는 놀라면서 의심스런 얼굴로 손빈과 방문 쪽을 번갈아보고 아무도 없다는 것을 확인한 뒤에야 쑥스러운 듯 빙그레 웃었다.

"분명히 그런 일이 있었지. 그런데 자네가 어떻게……"

"제가 그 장본인이기 때문입니다."

"그랬었군, 그랬어!"

전기는 껄껄 웃었다. 그리고 속삭였다.

"이 이야기를 전양도 알고 있는가?"

"모릅니다. 알고 있는 것은 방연뿐입니다. 방연은 자기가 사람을 보내어 장군님으로 하여금 제나라를 움직이게 했다고 저한테 자랑으로 편지까지 보냈었습니다. 그런데 제가 관직을 얻는 일에 조급하여 그만 그를 무안 주었습니다. 그래서 이런 몸이 되었습니다."

손빈은 쓴웃음을 지으며 조그만 소리로 설명했다. 전기는 희끗 희끗한 수염을 흔들며 낮은 소리로 웃었다.

"하하하, 그런데 이 이야기는 없었던 걸로 하세. 나는 방연처럼 내 계략이라고도, 투서에 의한 것이라고도 하지 않았네. 어쨌든 방연은 사람들이 모두 칭찬하고 계략 있는 장군으로 알아주고 있지. 사실이 밝혀지면 좀 난처하구먼. 허허."

"잘 알겠습니다. 결코 말하지도, 말할 필요도 없는 일입니다."

문가에 있던 홍노가 누가 온다고 전했다.

전기는 어리석을 정도로 크게 웃었다. 우스꽝스럽다는 웃음이었다. 홍노가 들어와 의자에 앉자 곧 전양이 하인들에게 시켜 음식상을 차려왔다.

전기는 분위기를 이끌어가며 실컷 마시고 즐겁게 담론하다가 전양에게 눈길을 주었다.

"손빈을 빈객으로 예우할 생각인데, 내가 데리고 있으면 안 되겠나?"

전양은 웃었다. 그리고 손빈을 돌아보았다.

"저는 손빈을 위나라에서 데려왔지만 내 사람이라고는 생각지 않습니다. 손빈이 결정할 일입니다."

"저는 위나라에서 관노官奴의 몸이었습니다. 그리고 각하의 힘으로 그곳을 벗어날 수 있었습니다. 제 몸과 홍노는 각하의 것입니다. 저희 둘은 각하의 뜻에 따르겠습니다."

손빈은 전양에게 고개를 숙이고 말했다.

"허허, 나는 위나라 조정이나 방연에게 그대들의 몸값을 치룬

것도 아니고 그저 내 마차에 태우고 왔을 뿐이오. 이런 경우 소유권은 어찌 되는 것이오?"

전양도 크게 웃었다. 기분 좋게 미소를 짓던 전기가 입을 열었다.

"내가 교섭 상대를 잘못 짚은 모양일세. 자네에게 단도직입적으로 말하겠네. 우리 집에 와 주겠나? 서운치 않게 대우할 것을 약속하겠네."

"저희 둘의 몸은 전양 각하의 소유에 속한다는 마음은 변함이 없지만, 고마우신 장군님의 말씀에 의지해서 저희들 신분을 해방시켜 주시고 장군님의 문하로 받아 주시면 고맙겠습니다."

"호오, 우리 집에 와 주겠다고, 반갑군. 전양, 새로 따뜻한 술을 가져오게. 새로운 빈객에게 대접하고 싶네."

전기는 기분이 좋아서 외쳤다. 주연은 밤까지 계속되다가 전기는 돌아갔다.

그리고 이튿날 마차를 보내어 손빈과 홍노를 받아들였다.

③ 손빈, 제나라 군사軍師가 되다

전기는 손빈을 특별 대우했다. 전기의 집에는 손빈 외에도 당시 제후국들의 풍조風潮에 따라 천하를 유세遊說하는 식객들이 십여 명이 있었는데, 그들에게는 객사의 방 하나씩을 주었으나 손빈에게는 저택의 별채를 내주었다.

물론 남녀 하인도 붙여 주고, 외출을 위한 전용 마차도 준비되어 있었다.

전기는 며칠에 한 번씩 손빈을 불러 맛있는 잔칫상을 차려 주기도 하고, 손빈의 거처에 찾아와 담소를 즐기기도 했다.

이러한 생활 속에서 전기는 손빈과 술을 나누면서 끝없는 정취가 있는 손빈의 재능과 지식에 놀라움과 감동을 감추지 못했다.

어느 날 대궐에서 물러나온 전기가 손빈의 거처에 들었다.

"그대는 위나라에 있을 때 위앙衛鞅이라는 사람과 만난 적이 있는가?"

자못 진지하게 물었다. 위앙은 위나라 후손 공족 공손앙公孫鞅을 말한다.

"위앙이 어떻게 되었습니까? 그는 진秦나라에 갔을 터인데요."

"호오, 알고 있군."

"안면은 없습니다. 저하고 엇바뀌어 위나라를 떠나 진나라로 갔다는 소문을 들었습니다."

손빈이 방연을 만나기 위해 위나라 도성에 갔을 때 일이다. 위나라의 재상 공숙좌公叔座가 죽으면서 공손앙을 높이 받들어 쓰라고 했다. 만약 그가 싫다며 다른 나라로 가거든 그를 죽이라 했는데, 그 말을 위나라 왕이 소홀히 듣지 않았다.

그 후 위앙은 '임금이 나를 쓰라는 말을 받아들이지 않은 이상 나를 죽이라고 한 말 또한 받아들이지 않을 것이니 걱정할 것 없다'며 진나라에 갔다는 것이었다.

손빈은 그때 훌륭한 인물을 다른 나라로 떠나보낸 것은 위나라로서 불행한 일이라고 생각했다.

그리고 방연이 위앙을 밥이나 축내는 서생쯤으로 여기고 공숙좌의 유언을 새겨듣지 못하는 것을 보고 실망한 적이 있었다.

그런데 지금 제나라의 전기가 그 위앙을 말하는 것이다.

"위나라 왕도 그렇고 그 중신들도 아까운 인물을 놓쳐 버렸습니다. 방연 같은 근성이 있는 중신이라면 위앙의 재능을 알았다 해도 도리어 그를 하루빨리 쫓아버릴 수단을 썼을 것입니다."

손빈은 그때를 회상하며 그와 상면하지 못한 것을 후회하고 있었다.

"그렇군. 그대도 위앙의 사람됨을 높이 보았었군."

"그런데 위앙이 어찌 되었습니까?"

"진나라가 위앙을 등용하고 이상한 정치를 시작했소."

전기는 진나라 효공을 만난 이야기를 들려줬다.

위앙이 주창한 새로운 정치는 현재까지와는 전혀 다른 제도 개혁이었다.

《즉, 마을의 집을 다섯 가구 또는 열 가구씩 반班을 편성해 연대 책임을 지우는 방법이었다. 곧 반에서 한 사람이라도 죄를 범하면 반 전체가 벌을 받는 것이다.

반에서 불미스러운 일이 있을 때엔 고발할 의무가 있으며, 만일 이를 알고도 고발하지 않을 때는 허리를 자르는 요참형腰斬刑에 처한다. 이때 고발한 자는 전쟁터에서 적의 머리를 자른 것과 같은 상을 주고, 고발하지 않은 자는 적에게 항복한 자와 같은 죄를 준다.

전쟁에 나가서 공을 세운 사람은 그 공 여하에 따라 작爵을 올려 주었다. 작은 국민으로서의 계급이었다.

백성은 농업과 직조織造에 전념하는 것을 본분으로 하고, 농작물이나 작물을 많이 생산하는 자는 부역賦役을 면제한다. 그러나 농사와 직조를 게을리 하여 가난한 자나 상업을 전문으로 하는 자는 발견되는 대로 한 집안을 모두 관노官奴로 만든다는 등이다.》

"대강 이런 식이오. 잘 시행될 것인지 어떤지는 알 수 없지만 획기적이고 충격적이지 않소?"

손빈은 한마디 말도 없이 듣기만 하다가 '휴우' 하고 숨을 들이쉬었다.

"잘 될 것입니다. 처음 얼마 동안은 새 법률 제도에 대해 불평불만이 산처럼 쌓일 것이나 효공과 위앙은 반발을 예상하고 실시한 만큼 각오를 단단히 했을 것입니다."

"효공의 각오보다 성공 여부가 문제요."

"성공합니다. 백성과 사대부들은 옛것에 익숙하고 새것에 익숙지 않다는 것만으로 싫어하겠지만, 그것은 잠시뿐이고 익숙해지지 않을 수 없습니다. 그러는 동안에 새 법률 제도의 효과도 나타납니다. 그렇게 되면 자연 불평불만은 없어집니다. 진秦은 무서운 나라가 될 것입니다. 어리석은 것은 위魏나라입니다. 공숙좌가 그렇게까지 말했는데 위앙의 기량을 꿰뚫어보지 못하고 함부로 진나라에 주어버렸으니까요. 천운을 놓쳤다고 할 수밖에 없습니다. 확신하건대 위나라는 오래지 않아서 진나라의 침략을 받을 것입니다."

손빈이 잘라 말했다.

제 위왕威王은 말 타는 것을 좋아했다. 그는 기회만 있으면 왕족과 공자들을 데리고 다니면서 경마 시합을 벌였다. 제 위왕이 좋은 말을 다 가지고 있었기 때문에 전기는 항상 제 위왕과의 내기에서 졌다.

손빈은 바람을 쐬려고 밖으로 나왔다가 전기와 제 위왕이 내기를 하는 것을 보게 되었다. 전기는 그날도 제 위왕과 내기를 하여

세 번을 연거푸 지고 있었다.

"장군께서는 내일 다시 한 번 시합을 하시지요. 내일은 장군께서 반드시 이기도록 해드리겠습니다."

"선생이 나를 이기게 해준다면 천금을 걸고 내기를 하겠소."

"그렇다면 어서 대왕께 내기를 청하십시오."

전기는 즉시 제 위왕에게 달려가서 내기를 청했다. 제 위왕은 껄껄대고 웃으며 허락했다.

이튿날 아침 전기와 제 위왕이 천금을 걸고 내기를 한다는 소문을 들은 제나라의 귀족들과 백성들이 구름처럼 모여들었다. 경주는 사두마차로 하는데 세 번 회전이었다.

양쪽 똑같이 상마上馬만으로 네 필, 중마中馬만으로 네 필, 하마下馬만으로 네 필로 하고 있었다. 체력이 고르지 않으면 약한 말 때문에 처져서 전력을 낼 수 없기에 체력이 같은 말끼리 짝을 이룬 것이다.

"이제 내기에 이길 수 있는 방법을 알려 주시오. 천금을 걸고 하는 내기이니 내가 꼭 이겨야 하오."

전기가 손빈에게 말했다.

"장군께서는 두 번을 이기고 한 번은 지게 될 것입니다."

"두 번을 이겨도 내가 한 번을 더 이기는 것이니 무난하오. 선생께서는 대체 어떤 계책으로 내기에서 나를 이기게 할 작정이오?"

"상대편이 상마가 끄는 마차를 내보낼 때는 장군께서 하마가 끄는 마차를 내보내십시오. 질 것은 뻔합니다. 그리고 상대의 중마가 나올 때 상마를 내보내십시오. 이길 거 아닙니까. 세 번째는 상대의 하마에 대해 중마를 내보내십시오. 중마니까 당연히 이기겠죠."

"선생의 계책이 참으로 훌륭하오."

전기는 손빈의 말에 무릎을 치며 좋아했다. 과연 첫 번째 시합은 상上과 하下의 시합이었기 때문에 당연히 제 위왕의 승리였다.

"그대는 천금을 잃었노라."

제 위왕은 호탕하게 웃으며 전기에게 말했다.

"아직도 두 번이나 남았습니다."

"이번에도 과인이 이길 것이다."

"아닙니다. 이번에는 신이 이길 것입니다."

제 위왕과 전기는 말을 갈아타고 다시 시합을 했다. 과연 손빈의 예측대로 이등 마와 삼등마의 시합은 결말이 뻔했다. 전기는 처음으로 제 위왕을 이길 수 있었다. 세 번째 시합도 전기가 승리하여 2승 1패가 되었다.

"그대는 결국 과인을 이겼소. 어찌하여 과인을 이기게 되었는가?"

제 위왕은 놀라서 전기에게 물었다.

"대왕을 이긴 것은 손빈의 계책에 의한 것입니다. 신이 어찌 대왕을 이길 수 있겠사옵니까?"

전기는 손빈이 일러 준 계책을 제 위왕에게 자세히 설명했다.

제 위왕은 그 말을 들으면서 몇 번이나 탄복했다.

"손빈의 계략은 가히 귀신도 속일 수 있을 것이다."

제 위왕은 내기에 졌는데도 손빈에게 많은 상을 내렸다.

제나라 위왕威王은 명군이었다. 위왕이 즉위했을 때는 국위가 쇠퇴하여 열국들이 교대로 침략해 오는 상황이었다. 당시 위왕은 조나라에 사자를 보내 원군을 청하기로 했다. 순우곤은 본디 유세하기 위해 제나라에 왔다가 위왕과 다음 대의 선왕의 마음에 들어

왕녀와 결혼하여 눌러앉았다. 지혜와 유머가 풍부했을 뿐만 아니라 변설이 뛰어난 선비였다.

조나라에 원군을 청하러 사자로 갈 때의 일이다.

위왕이 황금 백 근과 사두마차 열 대를 조나라에 선물로 보내기로 정하자, 순우곤이 갑자기 하늘을 쳐다보며 웃었다.

"선생, 선물이 적다고 생각하는 거요?"

위왕이 물었다.

"아닙니다."

"그렇게 웃는 것을 보니 할 이야기가 있는 모양일세. 말해 보게."

"실은 오늘 아침, 신은 동쪽 교외에서 농부가 신령님께 고사 드리는 것을 보았습니다. 그런데 그 농부는 돼지 다리 한 쪽과 술 한 병을 차려놓고 이렇게 기원하고 있었습니다. '높은 곳에 있는 밭에도 곡식이 풍성하게 익어서 창고에 가득 넘치게 하옵소서. 낮은 곳에 있는 밭에도 곡식이 잘 익어서 집 안 가득 넘치도록 천지신명께서 보살펴 주옵소서'. 제물에 비해 욕심이 너무 크다는 것이 생각나서 웃었습니다. 황공하옵니다."

위왕은 순우곤이 풍자하는 뜻을 알고 선물로 황금 천 일, 백벽白璧흰 구슬 장신구 열 개, 사두마차 백 대로 불려 주었다.

순우곤은 조나라에 가서 왕을 설득하여 정병 십만 대군과 병거兵車 천 대를 얻어왔다. 이것이 초나라 군대에 알려지자 초나라는 밤새 퇴각하여 본국으로 물러갔다.

이처럼 위왕 초기에는 어려움이 많았지만 위왕은 서서히 국운을 떨치고 있었다.

그 즈음, 전기는 손빈의 재능과 지혜에 탄복하여 위왕에게 천거키로 하였다. 위왕은 손빈의 이야기를 듣고 퍽 흥미를 느꼈다.

손빈은 위왕 앞으로 나아갔다.

손빈과 이야기하는 동안에 위왕은 보이지 않는 손에 이끌려 빠져드는 듯한 느낌이 들었다. 무릎이 앞으로 나가는 것도 깨닫지 못했다.

손빈은 정치·외교·군사 등 다방면에 있어 탁월한 식견과 풍부한 지식의 소유자였으며, 무엇을 물어도 마치 주머니 속에서 물건을 꺼내듯 아주 명쾌하고도 간결하게 답을 내놓았다.

더욱이 병법을 논할 때는 샘물이 용솟음치듯 끝이 없었다. 고금의 전쟁과 병법을 평함에 있어서는 더 정확하고도 냉철한 비판이 있었다.

"무릇 전쟁은 제각각 나름의 성격이 있습니다. 그때마다 옛날의 명장들은 저마다 병법을 구사하여, 운영의 묘를 어떻게 살리느냐에 따라 승패가 좌우되었습니다. 지금 당면한 전쟁이 옛 전쟁의 어느 것과 닮았는가를 발견하고 어디에 중점을 둘 것인가를 생각한다면 자연 가장 효과 있는 병법을 찾아낼 수 있을 것입니다. 저의 선조 손무는 '교묘하나 속도가 느린 교지巧遲는, 이루어 놓은 일은 서투르나 일하는 것이 빠른 졸속拙速한 것보다 못하다.' 하였습니다. 전투에 있어 아무리 솜씨가 있어도 주저하고 어물거리는 것만큼 나쁜 것은 없습니다. 그러므로 훌륭한 장수란 올바른 판단이 순간적으로 떠오를 수 있는 훈련된 사람, 또는 천성적으로 빼어나 하나를 알면 열을 깨칠 수 있는 사람이어야 합니다."

위왕은 손빈의 웅변에 감동하여 그 날로 위나라의 병법 군사軍師로 모시기로 했다.

그로부터 4년 후, 진나라는 손빈의 예측대로 위나라에 출병했다.

위앙의 새로운 법률과 제도는 처음 얼마 동안 거센 비난을 받았으나 효공은 조금도 개의치 않고 위앙의 뜻을 강행했다. 그러자 얼마 안 있어 지난날의 문란했던 풍속이 개혁되어 백성들은 길거리에서 주운 물건을 갖지 않았고, 도적의 위험이 없어졌으며 백성의 생활은 윤택해지고 인구는 불어났다.

백성들은 전쟁에서는 용감했으나 사사로운 싸움을 하지 않았고, 어느 마을을 가더라도 모두가 부지런하고 협동하여 평화로웠다. 그러니 자연 국력이 신장될 수밖에 없었다.

진나라의 신장된 국력으로 동쪽 위나라를 공략하자, 위나라는 군대를 원리元里에 보내 방어전을 폈으나 진나라는 일격에 무찌르고 소량少梁으로 진격했다. 소량은 황하 기슭의 땅이다. 여기서도 위나라 군사를 패퇴시키고 황하를 국경지대로 삼았다.

위나라의 도성 안읍은 황하에서 겨우 백오십 리에 불과했다.

위나라 혜왕은 분하고 원통해서 견딜 수가 없었다.

"반드시 진나라 군사를 물리쳐 잃은 땅을 되찾아라!"

방연에게 대책을 세우라고 닦달했다.

방연은 진나라 군사가 강성해 지난날에도 연전연패連戰連敗한 경험이 있어 주저하였다.

"송구하옵니다. 진나라의 기세가 강대하여 정면으로 맞싸우면 불리하옵니다. 진나라에 대한 복수는 훗날 준비를 갖추어 하기로 하고, 진나라에 빼앗긴 땅만큼 조나라에서 탈취함이 좋을 것으로 사료됩니다. 서쪽에서 잃은 것을 북쪽에서 취하자는 것이옵니다."

방연의 용병은 그럴 듯하나 그것은 어리석은 싸움이었다. 혜왕 또한 뾰족한 수가 없어 임시방편 책을 썼다.

방연은 군사를 이끌고 조나라에 쳐들어가 조나라 수도 한단邯鄲

을 포위했다. 그 포위전은 해를 넘겨 장기전에 이르렀다. 조나라는 급히 사자를 제나라에 보내어 도움을 청했다.

제나라에서는 군신들 간에 참전할 것이냐 말 것이냐를 가지고 의견이 분분했다.

"싸움에 말려들 필요가 없습니다. 조나라가 어찌 되든 우리나라와는 아무 이해관계가 없습니다."

추기鄒忌가 반대 의사를 표했다.

"그렇지 않습니다. 도와주지 않으면 우리나라가 매우 불리해집니다."

몇몇 신하들이 이해利害를 들어 말했다.

"까닭이 무엇인가?"

위왕이 물었다.

"이웃나라가 강해지는 것은 우리나라가 쇠퇴하는 것과 같사옵니다. 위나라가 한단을 함락시키고 조나라를 멸망시키면 그 다음은 우리 차례일 것입니다. 적극 도와줘 위나라의 기세를 꺾어야 합니다."

"그 말이 맞소."

위왕은 고개를 끄덕이고 원군을 보내기로 했다. 손빈을 등용하여 장군으로 임명하려 했다.

"신은 불구자입니다. 경륜도 짧아 장군 같은 큰 소임은 맡을 수 없사옵니다. 이번 원군은 전기 장군께서 맡아야 할 소임이옵니다. 신은 단지 장군을 도와서 대왕님의 은혜를 갚고자 하옵니다."

손빈은 전기에게 장군직을 양보하고 그 은혜에 보답하려 했다.

위왕은 손빈의 말을 받아들여 전기를 대장군으로 삼고 손빈을 군사軍師로 임명했다.

이에 손빈은 유자儒者들이 입는 옷차림에 관冠을 쓰고 깃부채를 쥐고, 엷은 비단을 친 흰 마차에 앉아 전략가로서 종군했다.

그들은 임치를 떠나 조나라 한단을 향해 나아갔다. 일주일쯤 지나자 황하 기슭에 이르렀다. 강을 건너 사흘 행군이면 국경을 넘어 조나라에 들어간다. 강기슭에는 도하渡河를 위해 미리 준비해 둔 배와 뗏목들이 즐비하게 매어져 있고, 수군들은 둑 밑에 막사를 치고 숙영宿營하고 있었다.

벌써 저녁때가 가까웠다. 십만 대군이 강을 건너기에는 무리가 따랐다. 강을 건너는 것은 다음 날 새벽부터 하기로 하고 저마다 숙영할 차비를 시작했다.

손빈은 가마를 갖고 오게 하여 옮겨 앉고 전기 대장군의 마차로 갔다.

"각하, 저와 함께 잠깐 산책하지 않으시렵니까?"

전기는 손빈이 용무가 있다는 것을 눈치챘다. 손빈과 전기는 강둑 위에 서서 넓은 강펄에 누런 물이 넘실대며 흐르는 풍경을 바라보았다. 탁한 물은 빨간 저녁노을을 반사시키면서 도도히 흘러갔다.

아군의 수많은 배와 뗏목 사이로 군사들이 모여 화톳불을 피우고 있었다. 조금 더 상류 쪽에 갔을 때 손빈이 가마를 내려놓게 하고 사병들을 물러가게 했다.

"우리가 내일 이곳을 건너면 조나라까지는 사흘 걸릴 테고, 닷새면 한단까지 가게 됩니다. 어떻게 하시렵니까?"

"어떻게 하다니⋯⋯."

전기로서는 묻는 뜻을 알 수 없어 되물었다.

"한단을 향해 진군하실 작정이십니까?"

"군사께서는 이상한 말을 하는구려. 우리가 한단을 구원하기 위해 출병한 게 아니요? 그러고 보니 뭔가……."

"저는 조나라로 들어가지 말고 곧장 위나라 대량大梁을 치는 게 어떨까 합니다. 위나라는 정예병들이 모두 한단 포위전에 전력을 쏟고 있습니다. 지금 위나라 안에는 늙은이와 어린이, 병약한 사람만이 남아 있을 것입니다. 무혈입성無血入城할 수 있을 것이 틀림없습니다. 위나라 군대는 빈 보금자리를 습격당한 까닭에 반드시 회복시키려고 급히 포위망을 풀고 돌아올 것입니다. 우리는 그 길목을 지키고 있다가 먼 길을 급히 달려온 지친 적을 치는 것입니다. 일석이조一石二鳥 아닙니까? 한꺼번에 한단의 포위망을 풀게 하고 위나라 군대를 섬멸할 수 있습니다."

손빈의 재략을 믿는 전기는 고개를 끄덕였다.

"좋아! 하지만 만약 입장을 바꾸어 우리가 지금 위나라 군대의 입장에 있다면 어떻게 하겠는가?"

손빈은 미소를 띠었다.

"한단을 포위하고 있는 위군은 십여 만입니다. 그것과 달리 조나라 군대는 여러 번의 패전과 군량미도 모자라 사기가 떨어져 지쳐 있을 것입니다. 위나라 군대가 일만여 명의 사상자를 낼 각오로 맹공을 퍼부으면 단시일에 점령할 수 있습니다. 그때 조나라 군대를 무장 해제시키고 대량을 탈환하기 위해 천천히 돌아오는 것입니다. 장병들이 피로하지 않도록, 장병들은 한단을 함락시킨 여세로 사기충천할 것이며 대량을 빼앗긴 일에 적개심이 끓어올라 한시라도 빨리 적을 격파하고자 사명감이 출중할 것입니다. 무엇보다 서서히 행군할수록 강한 폭발력을 발휘합니다. 그리고 결전을 서두르지 않고 적과 대치하여 당당히 싸워야 합니다. 승부는 그때의 상황과 대장군의 기량, 지형 등 여러 조건에 의해 이루어지지만 적어도 3분의 1 정도는 우위에 서서 결전에 임할 수 있습니다."

"그렇다면 이번 경우도 그 수법으로 나올 수 있지 않을까?"

"제가 아는 한 방연은 그런 지략이 없습니다. 다른 사람이라면 몰라도, 그는 병학자兵學者이지 병법가兵法家가 아닙니다. 병학자는 예부터의 병법을 잘 익혀 알고 고금의 전사戰史와 병제兵制의 변천 따위를 연구하는 사람입니다. 그에 비해 병법가는 전쟁에 임해 상황 변화, 기후, 지리적 여건 등을 고려하여 실제로 응용 활용하면서 독자적인 계략을 써 자유자재로 운용해야 합니다. 옛사람의 병법과 전사는 참고만 할 뿐입니다. 그것이 병법가입니다."

"으음, 그렇군."

"방연에게는 그 긴요한 지략이 없습니다. 옛 병서는 저의 선조인 손무께서 쓰신 것도 그렇지만 모두 공성攻城의 어려움을 설명하고 함부로 공격할 것이 아니라고 했습니다. 단언하건대, 방연은 제가 말한 수법은 절대로 쓰지 않습니다. 그는 몹시 당황하여 한단의 포위망을 풀고 대량으로 질풍처럼 달려올 것이 분명합니다."

전기는 방연과 단 한 번 싸웠지만 도저히 이길 수 없었다. 꽤 무서운 적이라고 생각하는 전기는 손빈이 방연을 너무 가볍게 여기는 것이 걱정스러웠다.

그는 병법을 구사하는 데 있어 손빈의 능력을 크게 신뢰하고는 있었지만 그에게 실전 경험이 없는 것이 불안했다. 그 불안을 눈치챘는지 손빈이 '하늘이 도와주실 것입니다.' 라며 전기를 안심시켜 주었다.

해는 서쪽으로 기울고 저녁 바람이 차갑게 느껴졌다. 두 사람은 종자들을 불러 둑 위를 떠났다.

둑 아래에는 수천의 막사가 쳐져 있고, 밥 짓는 아궁이에 불꽃이 타오르며 병사들이 아궁이 주변에서 즐거운 표정으로 이야기하는 것이 보였다.

④ 손빈과 방연의 대결

방연은 한단을 포위하고 있는 가운데 제나라가 십만의 구원병으로 오는 것에 대해 나름대로 연구하고 방책을 내고 있었다.

제나라가 조나라의 청을 받아들여 구원병 보낼 것을 승낙하고 대장군에 전기를 임명하고 참모로서 손빈이 종군한다는 소식은 이미 들었다.

전기와는 지난번 싸움에서 겨뤄봤으니 어느 정도의 무장武將인지는 알고 있는 바로 조금도 두렵지 않았다. 그리고 제나라 군대 또한 풍부한 환경에서 자란 탓으로 혈색 좋고 체력은 좋으나 정신력이 약해 끈질긴 데가 없었다.

무서운 것은 손빈이었다. 그의 재주는 소년 시절부터 놀랍기만했다. 가히 천재라 할 수 있었다. 그러나 자신이 손빈보다 낫다고 자부하는 것은 실전 경험이었다.

손빈은 아직까지 한 번도 실전을 치러 본 바가 없다. 제아무리 지혜가 있다손 치더라도 싸움터에서는 그 지혜가 나오지 않는다. 특히나 첫 경험 때는 그렇다. 자주 경험을 쌓고 싸움터에 익숙해져야만 비로소 평소의 지혜가 그대로 나오게 된다. 자기는 충분한 경험을 쌓았다.

"설사 손빈에게 10이란 재주가 있고 내게 7이란 재주밖에 없다

하더라도, 손빈이 5의 재주밖에 내지 못하는 것에 비해 나는 7의 재주를 가지고 맞설 수 있다. 게다가 위나라 군대가 제나라 군대보다는 월등하다. 충분히 이길 수 있을 것이다."

방연은 이렇게 자부하며 불안한 생각을 억눌렀다.

그는 제나라를 맞아 싸울 준비로 지세를 이용하여 단단한 대비를 해두었다. 그런데 방금 들어온 보고에 의하면 제나라 군사는 길을 바꾸어 황하를 따라 거슬러 올라갔다는 것이다.

"뭐라고? 그게 정말인가? 틀림이 없는가?"

필승을 위한 모처럼의 대비가 헛것이 되고 만 것에 화가 났다.

"사실이옵니다. 준비해 둔 뗏목과 배를 그대로 두고 상류로 행군해 갔습니다. 만일을 대비해 몇 사람 첩자를 딸려 두었으니 뒤따라 보고가 들어올 것입니다."

방연은 제나라 군사가 빈 집을 노려 대량大梁을 점거할 계략이라는 것을 눈치챌 수 있었다. 머리털이 곤두서는 기분이었다. 대량은 동쪽으로 치우쳐 있지만 수도인 안읍 다음으로 번화하여 위나라에게는 중요한 요충지였다. 특히나 이번 싸움에 정예부대를 모조리 이끌고 나왔기 때문에 그곳에는 늙은이와 어린이, 병약자와 여자들뿐이다. 싸움 한 번 해보지 못하고 항복할 것이 뻔했다.

잠깐도 지체할 수가 없었다. 당장 포위를 풀고 대량으로 달려가기로 했다. 그러나 뜻대로 철수할 처지가 못 되었다. 적군이 추격해 올 염려가 있어 후군을 두어 경계하며 서서히 철수해야만 한다.

가슴을 죄어가며 꼬박 하루가 걸려 포위를 풀고, 다시 반나절이 지나 성을 떠난 다음, 급행군으로 옮겼다.

사흘 밤낮을 달려 중간 지점까지 왔을 때 대량은 이미 이틀 전에 함락되었다는 보고였다.

이왕 시기를 놓친 이상 이제 서두를 필요는 없다. 너무 급히 행군한 탓으로 뒤처진 부대도 많았다. 병사들도 지쳐 있으니, 잠깐 쉬며 뒤처진 부대를 기다렸다가 충분히 사기를 기른 다음 행군하는 것이 옳다고 여겨 방연은 이틀 동안 그곳에 머물러 있으면서 휴식을 취하게 하고 진용을 가다듬었다.

그 사이에 또 보고가 들어왔다.

'일단 대량을 점령한 제나라 군사는 위나라 군사가 한단의 포위를 풀고 이리로 오고 있다는 것을 알고, 맞받아치기 위해 그 길목을 향해 오고 있다.'는 것이었다.

'됐다!'

방연은 기뻤다.

싸움에서 가장 어려운 것은 성을 공격하는 것이다. 성안의 병력을 훨씬 앞서는 힘이 없이는 성을 함락시킬 수 없다.

그러므로 『손자병법』에도, '성을 치는 것은 최하 방법이다. 하는 수 없이 행하는 것이다. 오랜 시간에 걸쳐 공격하는 기구를 만들기도 하고, 정찰에 쓰일 높은 대를 만들기도 해야 한다.

그러나 그래도 뜻을 이루지 못하는 일이 많다. 그렇다고 힘으로 공격하게 되면 군대의 3분의 1을 잃게 되고, 그리고도 함락시키지 못하는 경우가 많다.'라고 했을 정도다.

방연이 가장 두려워한 것은 제나라 군사가 대량에 그대로 머물러 있는 것이었다.

그러나 제나라 군사는 모처럼 점령한 대량을 나와 들에서 싸우려고 나온다 한다. 반가운 일이지만 손빈도 선조의 병서를 충분히 읽었다. 그런데 어째서 안전한 것을 버리고 위험한 야전野戰을 택하려는 것일까 의문이 갔다.

해답은 금방 나왔다. 성을 지키며 싸우는 것은 화려하지 못하기 때문이다. 놈은 처음으로 제나라에 벼슬하여 활약을 해보여야 될 처지에 있다. 그러므로 위험을 무릅쓰고 야전에서 승부를 결정지으려 한다.

모름지기 '게는 자기에게 맞는 구멍을 판다'고 한다.

방연다운 해석이었다. 그 해석에 이어 '놈은 나를 원망하고 미워한다. 복수를 꾀하고 있다. 그러므로 야전을 택했다'고 생각했다.

방연은 등골이 오싹해짐을 느꼈다.

방연은 새롭게 진용을 갖추었다. 사방으로 척후를 놓으며 가장 조신한 걸음걸이로 군대를 진군시켰다. 손빈의 재주에 대한 두려움이 늘 가위눌린 듯 가슴을 누르고 있었다. 아무리 조심해도 어딘가 실수가 있을 것만 같아 마음이 놓이지 않았다.

제나라 군사도 진군해 왔다. 역시 척후를 놓아 위나라 군대의 상황을 더듬으며 조심스럽게 나왔다.

"군사의 예상은 반은 맞고 반은 빗나간 것 같네. 방연이 한단을 빼앗지 못하고 포위를 풀고 이리로 온 것은 맞았으나, 서둘러 달려올 것이라고 한 것은 맞지 않았네."

전기가 손빈에게 말했다.

"그렇습니다. 장군께선 그가 왜 급히 달려오지 않는다고 보십니까?"

손빈은 침착했다.

"결전을 대비하여 군사를 지치지 않게 하려는 것이겠지."

"그보다 더 큰 이유는 제가 두렵기 때문입니다."

전기는 잠자코 있었다. 손빈이 지나치게 자만하고 있는 것처럼 보였다.

손빈은 여유만만했다.

"제가 너무 자만에 빠져 있고 방연을 얕본다고 생각하시는군요. 나 역시 그가 두려워할 줄은 몰랐습니다. 내 짐작이 틀린 것은 그 때문입니다. 그가 겁을 먹고 있다면 거기에 따라 손을 쓰겠습니다."

제나라 군사는 질서정연하게 하루를 더 행군한 다음 엄중히 진을 치고 더 이상 나아가지 않았다.

위나라 군사는 나오는 듯했으나 그 속도는 벌레가 기듯 더디기만 했다.

"오늘 밤 진중에 이상한 변이 있을 것이나 놀라지 마십시오."

손빈이 전기에게 미리 알렸다. 그날 밤 군량미를 쌓아 둔 수레에 불이 나 모두들 크게 놀라고 군량미가 소실되는 사건이 일어났다.

"방연에게 용기를 준 것입니다. 이 소식은 위나라 첩자들에 의해 그의 귀에도 들어갈 것입니다. 혹시 계략이 아닌가 하고 의심하며, 충분히 이쪽을 정찰한 다음 움직이겠지만 움직이기 시작하면 그는 내 꾀에 걸려든 것입니다. 그의 정찰에 대비해 미끼를 던지지 않으면 안 됩니다. 당분간 매일 군대를 내보내어 근처 마을에서 양식을 징발시켜 주십시오."

제나라 군사가 보급에 궁해 있는 모습을 보여 주겠다는 것이다.

"군량미는 미리 별도의 창고에 보관해 두었습니다. 안심하십시오."

전기는 부장들을 불러내어 양식을 징발하라고 명령했다. 제나라 각 부대는 징발대를 내어 매일처럼 근처 마을로 나가 양식을 징발했다.

위나라는 방연이 장군이 된 뒤로 해마다 전쟁이 있었으므로, 백성들은 무거운 세금에 시달려 남은 곡식이 거의 없었다. 다투어 양식을 숨겼기 때문에 징발하는 성적은 뜻대로 오르지 않았다. 징발대는 꽤 먼 곳까지 나갔다.

척후의 보고에 따르면, 화재가 난 소식이 전해진 무렵부터 위나라 군사는 진군을 정지하고 있다는 것이었다.

며칠 뒤 위나라 군사가 또 진군을 시작했다는 보고가 들어왔다.

"방연은 덫을 향해 빨려들고 있는 중입니다. 그러나 아직 그의 의심은 남아 있습니다. 다시 계책을 쓸 필요가 있습니다."

모든 것이 그가 예언한 그대로였다.

"어떤 계책인가?"

"당분간 장병들의 식량을 절반으로 줄인다는 포고를 내주십시오."

"알았네. 그러나 장병들이 무척 불평을 하겠지."

"그러니까 효과가 있습니다. 우리 편도 속아 넘어가는데 어떻게 적이 속지 않겠습니까? 방연도 병법을 알기에 섣불리 끌려들지 않습니다. 속여야 합니다."

전기는 전군에 식량을 줄인다는 포고문을 내걸었다. 장병들의 불평이 이만저만이 아니었다. 전기는 모든 것을 손빈의 계략에 맡겼지만 불안이 없어진 것은 아니었다.

"군사는 앞으로 적이 어떻게 나오리라 보는가?"

"머지않아 행동으로 보일 것입니다. 그러나 그것은 우리를 공격하는 것이 아니니 좀 더 두고 보시지요."

며칠 뒤 위나라 군사는 제나라 군사로부터 이십 리쯤 떨어진 계릉에 당도하였으나, 진을 치더니 더 이상은 나오지 않았다.

손빈은 전군에 명하여 경계를 강화하도록 전기에게 보고했다.

이십 리쯤 거리를 두고 양쪽 군대는 서로 노려보기를 사흘 계속했다. 양군 사이에는 첩자와 척후들이 메뚜기떼들처럼 날뛰었다.

나흘째 되는 날, 위나라가 진치고 있는 계릉 서쪽 몇 리 지점에, 위나라 군사의 군량미가 운반되고 있다는 정보가 들어왔다.

양쪽으로 산이 막혀 있고 약간 넓은 절구 모양으로 된 좁은 골짜기 길을, 양식을 실은 마차들이 쉴 새 없이 드나들고 있다는 것이다.

손빈과 전기는 농민으로 변장한 첩자로부터 보고를 받았다.

"마차는 어떻게 생겼더냐?"

"보통의 짐 마차였습니다."

"실은 것이 보이더냐?"

"그건 보이지 않았습니다. 겉을 나뭇잎 색깔의 천으로 싸 두었습니다."

손빈은 약간의 사례와 함께 첩자를 물러가게 했다.

"방연이 놓은 덫입니다. 우리 군대를 유인한 뒤 미리 숨겨 둔 군대로 덮치려 하는 것입니다. 그 짐수레에 실은 것은 양식이 아니라, 마른 섶과 유황 등속일 것입니다. 우리 군사가 이를 빼앗으려고 뛰어들면 동시에 수송을 담당한 병사들은 불을 놓고 달아나고, 그와 동시에 숨은 군사가 사방에 불을 질러 우리 습격대를 태워

죽이려는 꾀입니다. 식량이 부족한 우리 군사가 끌려들지 않을 리 없다고 생각한 것이겠지요."

"경은 어떻게 대처하려는 거요?"

"이를 이용해서 단숨에 승부를 낼 작정입니다. 그러나 아직 시기가 무르익지 않았습니다. 며칠 안으로 반드시 때가 올 것입니다. 그때까지 모든 부대는 가볍게 움직여서는 안 됩니다. 명령 없이는 절대로 행동해서는 안 된다고 엄한 명을 내려주십시오. 절대 부화뇌동附和雷同하면 안 됩니다. 한 명의 이탈자도 있어서는 안 됩니다."

전기는 군령을 어기는 자는 누구를 막론하고 사형에 처한다고 전군에 전했다.

그 후 며칠간 손빈은 양쪽의 동태를 예의주시하며 계속 밀정을 놓아 적정을 정찰하고 하늘을 살펴보고 있었다. 그로부터 열흘 후 손빈은 전기에게 와달라고 청했다.

"때가 됐습니다. 오늘 밤 결전에 들어가도록 하십시오."

"어떻게 하면 되겠는가?"

"방연은 우리 군대를 끌어내기 위해 군량 실은 수레를 계속해서 움직여왔으나 우리가 반응이 없자 해이해져 있을 것입니다. 오늘 밤 남풍이 강하게 불 것이니 한 부대를 잠입시켜 바람 부는 쪽에서 불을 놓게 하고, 또 다른 군대는 그곳에 대기했다가 적의 복병이 뛰쳐나오면 이를 양쪽에서 무찌르는 것입니다."

"틀림없이 남풍이 불겠는가?"

"틀림없습니다. 중요한 것은 지금부터입니다. 방연은 불이 일어난 것을 보고 자기의 계략에 우리가 말려든 것으로 판단하여 다른 수단을 쓸 것입니다. 우리 본진이 허둥댈 것으로 넘겨짚고 습격할 것입니다. 그러므로 이에 대비해서 횃불만을 밝혀 두고 모든 군대는 양쪽 산에 숨어 있다가 몰려온 적들이 당황할 즈음 들이치면 몰살에 가까운 타격을 줄 수 있습니다."

"그렇겠군."

"또 있습니다. 미리 군대를 적진 가까이 대기시켜 두고, 적이 우리 진지를 습격하러 나온 뒤를 노렸다가 습격하는 것입니다. 아마 그곳에는 방연이 있을 테지만 군대는 얼마 남겨 두지 않았을 것이므로 손을 쓸 수 없을 것입니다. 이것은 제가 직접 맡겠습니다."

"그렇게 하게."

이야기는 결정되었다.

모든 장수들이 본영에 소집되었다. 손빈은 자세히 전술을 설명하고 저마다 임무를 주었다. 장수들은 힘이 나서 자기 진지로 돌아가 준비했다.

한밤이 조금 지났을 무렵, 먼저 손빈이 손가마를 타고 떠났다.

남풍이 살랑거리기 시작했다. 바람 한 점 없던 밤에 손빈의 말대로 상황이 달라지자 사람들의 감동은 이만저만 아니었다. 승리를 의심하지 않게 되었다.

계략은 예상한 대로 진행되었다.

짐수레가 있는 곳으로 숨어든 부대가 불을 놓자 수레는 순식간에 활활 타올랐다. 때마침 불어온 남풍을 타고 불은 점점 번져갔다. 본디 잘 타는 물건들을 가득 싣고 위에 폭죽 같은 것을 모아 놓았기 때문에 불길은 걷잡을 수 없는 기세로 커졌다.

해이해진 마음에 게으름부리던 복병들은 놀라 당황하며 습격해 들어갔는데, 어느 사이에 밀어닥쳤는지 등 뒤에 적군이 있다가 고함을 지르고 쳐들어왔다. 그와 동시에 앞에 있는 적도 반격을 시작했다.

"적군이다! 우리가 속았다!"

당황한 가운데서도 우두머리 장수는 부하들에게 외쳤다. 그러나 혼란만 더할 뿐이었다. 병사들은 앞뒤를 분간 못하고 우왕좌왕이리 뛰고 저리 뛰었다.

위나라 본영에서는 상황을 모르고 있었다. 예정된 곳에서 불길이 올랐으므로 방연은 이제 됐다고 생각했다.

'오랫동안 뜸들이더니 드디어 나타났군!'

틀림없이 제나라 본영은 당황하여, 실패로 끝난 습격대를 구출하려고 정신을 못 차리고 있을 것이라고 판단했다. 그는 모든 장수들을 불렀다.

"제나라 군사의 본영으로 쳐들어가라. 불을 지르며 둘러싸고 무찔러라. 절구 속에 넣은 것을 모조리 짓찧듯이 숨 돌릴 새도 없이 한 놈도 놓치지 않을 작정으로 쳐부수어라. 서둘러라! 날이 밝기 전에 해치우지 않으면 귀찮게 된다!"

내몰듯이 전군을 내보냈다. 본영에는 겨우 오천 기밖에 남기지 않았다.

방연은 호위병 백 명 가량을 이끌고 본영 뒷산으로 올라갔다. 두 곳에서 벌어지고 있는 싸움을 구경할 생각이었다. 양쪽 모두 보기 좋게 적을 몰살시키는 싸움이 될 것을 의심치 않았다.

'손빈의 최후를 내 눈으로 똑똑히 보리라.'

나무가 적고 험한 바위산이긴 했지만 그리 높은 산은 아니었기에, 이마에 번진 땀을 닦으며 눈길을 보냈다.

177

가장 먼저 싸움이 벌어졌던 곳은 벌써 고함소리가 들리지 않았다. 그러나 불길은 아직도 활활 타올랐다. 콩을 볶는 것 같은 폭죽 소리가 울리며 불길은 걷잡을 수 없이 치솟았다.

'허허. 벌써 다 끝났는가.'

어쩐지 불안한 느낌이 들어 눈여겨보고 있었다.

그러는 가운데 제나라 본영이 있는 곳에서 고함 소리가 들렸다.

방연은 어둠 속을 노려보았다. 자신의 군대가 습격을 시작한 것으로 생각했는데, 불길이 오르지 않는 것이 이상했다. 계책대로라면 고함 소리에 앞서 불을 먼저 놓았어야만 했다.

'어찌 된 일일까?'

순간 산기슭 위나라 본진에서 처절한 함성이 터지는가 싶더니, 전혀 예측치 못한 엉뚱한 곳에서 불길이 치솟았다.

"틀렸다. 틀렸어!"

방연은 가슴을 치며 통탄했다. 호위병 백여 명은 겁을 잔뜩 집어먹고 갈팡질팡할 뿐이었다.

이런 경우 영웅적인 기백과 충성심이 강한 장수라면 죽는 것을 본분으로 알고 적진으로 뛰어들어 아군을 구했어야 하는 것이 참된 군인의 모습이다. 그러나 자기의 안일을 걱정하는 관료적인 장수는 뒷날 책임을 벗어날 구실만을 찾는다.

위왕과 중신들이 이 비참한 패전을 어떻게 받아들일 것인가, 그로 인해 자신의 운명이 어떻게 될 것인가가 먼저 가슴에 떠오르는 고민이었다.

패전 책임을 될 수 있는 한 가볍게 하기 위해, 위왕과 중신들이 충분히 납득할 수 있는 변명을 만들지 않으면 안 된다고 생각했다.

그는 느닷없이 투구를 벗어 땅에 던지더니, 가슴을 치고 머리를 쥐어뜯고 발을 탕탕 구르며 외쳐댔다.

"방심했구나! 내가 그토록 일러두었는 데도 군령을 어기고 이런 실수를 저지르다니!"

이것은 오로지 따라온 호위병들에게 들려주기 위한 변명이었다. 뒷날 책임을 묻게 되는 마당에서, 본영을 지키는 부장과 적의 본영을 습격하기 위해 간 부장들에게 책임을 떠넘기는 수법을 쓸 바탕이 생긴다는 계산에서였다.

그러는 가운데 제나라 본영이 있는 곳의 함성이 가라앉았다. 끝내 불길은 오르지 않았다. 산기슭의 접전도 끝났다.

꺼져가는 불빛 속에서 손가마를 타고 나타나는 한 사람이 있었다. 갑옷과 투구는 쓰지 않고 선비 옷과 선비의 관에 깃부채를 들고 있었다.

맞이하는 장졸들의 태도가 참으로 공손했다. 손빈이었다.

손빈은 사로잡은 방연의 장수들을 꿇어앉히고 일일이 점검하고 있었다. 그러더니 좌우를 돌아보며 깃부채를 들고 방연이 서 있는 곳을 가리키는 것이 아닌가. 보일 리야 없겠지만 방연은 손빈이 똑바로 자기의 속내를 가리키는 것만 같아 깜짝 놀랐다.

제나라 군사들은 일제히 함성을 지르더니 산을 향해 달려왔다. 방연의 모습이 보이지 않자 산을 뒤지라고 한 것이 분명했다.

방연은 두려운 생각이 치밀었다.

"따라라!"

산등성이를 타고 북으로 향해 달아나기 시작했다. 새벽빛이 희미하게 동녘 하늘에 번지기 시작할 무렵이었다.

⑤ 방연, 이 나무 아래서 죽다

제나라 군사는 위나라 대군을 거의 몰살시키고 한동안 대량을 점령하고 있었다. 제나라 본국에서는 위나라에 땅을 떼어 줄 것을 요구할 생각이었고, 전기도 이에 동의했다. 그러나 손빈은 생각이 달랐다.

"그건 좋지 않습니다. 제후국들을 자극할 수 있습니다. 진나라는 국경을 맞대고 있는 나라가 아니므로 당장 무슨 일은 없겠지만, 초나라는 잠자코 보고 있지 않을 것입니다. 우리를 시기하여 뭔가 일을 꾸밀 것입니다. 얼마 되지 않는 땅을 얻기 위해 사방을 적으로 만드는 것은 계산을 모르는 일입니다. 지금으로서는 전부터 말썽이 되고 있던 국경 문제를 깨끗이 매듭짓고 당분간 위나라가 기를 펴지 못하도록 전리품戰利品을 두둑이 챙겨가는 것이 상책입니다."

전기는 손빈의 평이 옳다고 생각하여 본국에 상주上奏하여 허락을 얻었다. 오랫동안 말썽이 되어온 국경 문제를 제나라의 요구대로 매듭짓고 제나라 군사는 느긋하게 철수했다.

위나라 조정에서는 방연 장군의 패전에 대한 문제가 당연시되었다. 그러나 방연은 미리 짜둔 계획대로 교묘한 변명과 수장들의 변호로 간신히 위기를 모면했다.

지금 같은 여러 제후국들의 정세 속에 방연 같은 장군을 잃는 것은 손발을 자르는 거나 다름없다는 결론을 내리고는, 그의 봉지封地를 약간 줄이는 형식적인 처벌로 끝났다.

이 소식은 제나라에도 널리 퍼졌다.

"내 목숨이 붙어 있는 한 그놈을 괴롭혀 주리라."

손빈은 홍노에게 속내를 털어놓았다. 홍노 또한 손빈이 군사로서 크게 대접받고 승전한 것을 감사하고 욕심 없이 사는 것이 즐거웠다.

그렇게 10년 세월이 흘러 손빈은 60세가 되었다. 더없이 평화롭고 한가한 날들이었지만 한구석에선 조바심이 생겼다.

'이렇게 허송세월하다가는 끝내 시기를 놓치는 게 아닐까?'

방연에게 원수 갚는 일이 한시라도 뇌리를 떠나지 않았다. 그런데 2년 후 드디어 때가 왔다.

위나라가 조나라와 손을 잡고 한나라로 쳐들어가 신정新鄭을 공격한 것이다. 당시 제후국들은 이해관계에 따라 손을 잡았다가도 어느 순간 원수가 되는 것이 흔한 일이었다. 그러니까 12년 전 위나라의 공격을 받아 위험에 처했던 조나라가 이제는 위나라와 손을 잡고 한나라로 쳐들어간 것이다.

한나라는 얼마 전부터 신불해申不害라는 인물이 재상에 등용하여 국력을 크게 신장시키고 있었다. 그래서 이웃의 두 나라가 시기를 한 것이다.

본디 조·위·한, 세 나라는 춘추시대의 진晉나라가 나뉘어 생긴 같은 뿌리의 나라였기에 시기하는 마음도 강했다.

신불해는 정鄭나라에서 태어났으며 비천한 신분이었다고 한다. 그가 받드는 학문은 노자의 학설을 토대로 한 형명학刑名學이었는데, 그것은 진나라 위앙과 같은 혁신적인 정치술이었다.

한나라는 제나라에 구원을 청했다.

제나라에서는 두 해 전에 위왕이 죽고 그의 아들 선왕宣王이 자리에 올라 있었다. 선왕은 고민 끝에 한나라의 청을 들어 출병하기로 했다.

제나라 재상 추기鄒忌는 일찍부터 장군 전기와 사이가 나빠, 항상 서로 배척해 왔다. 추기의 문하생이었던 공손간은 지모가 뛰어난 사람으로 추기를 부추겼다.

"재상께서 먼저 임금님께 말씀드려 구원병을 보내게 하고, 전기를 추천하십시오. 지면 전기는 전사하게 될 것이고, 죽지 않더라도 패전 책임을 물어 죽일 수가 있습니다. 만일 또 이기게 되면, 출병을 말하고 전기를 추천한 것은 재상이므로 재상의 공이 됩니다. 결국 지나 이기나 재상에게 이롭게 됩니다."

그러나 이런 일이 없었더라도 손빈이 왕의 군사이었으므로 출병을 권했을 것이었다.

어찌 되었든 또다시 전기를 장군으로 하여 구원병을 보내기로 결정되었다. 또 손빈이 다시 군사가 되어 종군할 것도 결정되었다.

출전이 임박한 어느 날 밤, 손빈은 홍노에게 진지한 표정으로 말을 꺼냈다.

"이번에는 귀국이 늦어질지도 모른다."

"그건 무슨 뜻이옵니까?"

홍노의 얼굴색이 변했다.

손빈은 웃었다.

"전사한다는 뜻은 아니니 걱정할 것은 없다. 돌아오는 것이 늦는다는 것뿐이다. 자세한 것은 말할 수 없지만 그렇게 될지도 모른다. 그때는 이 패옥佩玉을 네게 전하겠다. 그러거든 너는 내 고향으로 가라. 아우들에게도 일러둘 것이니 잘 보살펴 줄 것이다."

"알겠습니다. 그렇게 정말로 되나요?"

"나도 잘 모른다. 만일의 경우를 말해 두는 것뿐이다."

손빈은 전기와 함께 출전했다.

이번에도 그들은 대량을 공격하기로 했지만 잠시 황하 근처에 머무른 채 나아가지 않았다.

방연은 한나라 도읍을 공격하기 위해 신정에 있었는데 본국에서 태자 신申이 장군이 되어 달려왔다. 이는 방연의 청에 따른 것이었다. 만일의 경우 책임을 회피하기 위해 태자를 자기 위에 두어 받들고자 한 방연의 꾀였다.

태자 신은 안읍을 떠나 한나라로 가서 방연의 마중을 받았다. 그때 송나라 외황外黃 사람 서자徐子가 태자의 진영을 찾아왔다.

"소인에게 백전백승의 술術이 있는데, 들어 주시겠습니까?"

"듣고 싶소."

"태자께선 장군이 되어 제나라를 치려하시는데, 태자께서는 이와 같은 전쟁을 하지 않더라도 위나라 임금이 되실 것은 자명한 일입니다. 그런데 만일 싸워서 이기지 못하면 어떻게 되겠습니까? 위험한 변을 당하게 되실 것이며, 다행히 살아난다 해도 패전의 책임을 물어 태자의 자리에서 밀려나게 될지도 모릅니다. 이번 일은 방연 장군이 책임을 면하고자 태자를 부르신 것입니다. 그 점을 헤아리십시오. 소인이 말하는 백전백승의 술이란 바로 이것입니다."

"그대의 말에 따라 나는 귀국하겠다."

그러자 서자는 고개를 저었다.

"그렇게 되면 다행이겠습니다만, 벌써 그렇게 할 수 없는 지경에 이르렀습니다. 왜냐하면 태자를 따라 전공을 세우려는 사람이 많으므로, 태자께서 귀국한다고 하셔도 말을 듣지 않을 것입니다."

"그럴 리가 없다. 내 말을 거역할 사람은 없을 것이다. 여기서 귀국하겠으니 수레를 돌려라."

태자가 마부에게 말했으나 마부는 고개를 쳐들었다.

"장군이 되라는 명을 받고 출정하셨는데, 도중에서 돌아가는 것은 싸움을 앞두고 도망치는 것과 같습니다. 그것은 안 됩니다. 방연 장군께서 기다리고 계십니다."

마부는 더 힘껏 채찍질하여 말을 몰고 나아갔다.

방연은 제나라 군대를 추격하기 위해 급히 서둘렀다. 손빈은 첩자의 보고에 따라 위군이 급히 진격해 온다는 것을 알고 작전을 개시했다.

"방연은 자기의 군대는 죽음을 두려워하지 않는 것으로 알고 있으며, 우리 제나라 군사는 겁이 많고 약한 것으로 얕보고 있습니다. 그러니 그의 공명심功名心을 더욱 부추겨 이용해야 합니다."

손빈은 전기에게 작전 구상을 미리 귀띔했다.

"우리 군사를 업신여기게 만들어 마음을 교만하게 만드는 것입니다."

"위군을 유인하기 위해 어떤 방법을 쓰려고 하오?"

"우리는 일단 뒤로 후퇴를 하되 오늘은 십만 대군이 식사를 하고 간 자취를 남기고 내일은 더 작은 군사가 식사를 하고 간 흔적을 남기는 계책을 써야 합니다. 그렇게 하면 꾀가 많은 방연은 식사를 한 흔적을 살피고는, 우리 제군에 낙오병이 생긴 것으로 판단하여 군사들을 몰아 강행군으로 달려올 것입니다. 그들은 며칠 동안 쉬지 않고 달릴 것이기 때문에 지치게 되는 것입니다. 그러면 장수도 잡고 위군도 섬멸할 수 있습니다."

"과연 묘책이오."

손빈을 신임하는 전기는 그의 계책대로 따랐다.

방연은 한나라를 치던 위군을 이끌고 제나라 군사를 추격했으나 첩보병들로부터 제군이 물러가고 있다는 보고를 받았다.

'간사하고 교활한 자들이로다. 내가 쳐들어가면 꽁무니를 빼다니……'

방연은 그 모든 계책이 손빈에게서 나온 것이라고 짐작했다. 그러자 더욱 분노가 일어났다. 그는 군사들을 이끌고 계속해서 제군을 추격했다.

제군이 영채를 세웠던 계릉에 이르자 여기저기 제군이 솥을 걸었던 아궁이를 발견할 수 있었다.

"솥을 걸었던 아궁이를 세어 보아라."

방연이 지시하자 군사들이 아궁이를 세어 보고했다.

"군사가 십만은 족히 될 것 같습니다."

방연은 긴장했다. 이튿날 방연은 다시 제군을 추격했다. 그들은 이튿날에도 제군이 영채를 세웠던 곳을 찾을 수 있었다.

"제군의 숫자가 팔만으로 감소되었다. 제군은 하룻밤 사이에 이만이나 달아난 것이다."

방연은 아궁이 숫자를 헤아려보고 쾌재를 불렀다.

그 다음 날은 밥을 먹은 군사들의 숫자가 오만 명으로 줄어 있었다.

"전군은 쉬지 말고 계속 추격하라! 제군은 우리에게 겁을 먹고 달아나기에 바쁘다."

방연은 제군을 맹렬하게 추격하기 시작했다. 나흘째 되는 날은 제군의 숫자가 불과 삼 만밖에 되어 보이지 않았다. 방연은 군사들에게 쉴 틈을 주지 않고 더욱 맹렬히 제군을 추격하게 했다. 계속되는 추격에 군사들의 입에서 단내가 풍기고 강행군에 지친 말이 픽픽 쓰러지고 있었으나 상관하지 않았다.

그는 정예군사 이만 명을 선발하여 태자 신과 함께 풍우風雨처럼 질주하여 제군을 추격했다.

"위군이 어디까지 왔느냐?"

손빈은 척후병들을 파견하여 위군의 동태를 살폈다.

"사록산沙鹿山을 넘고 있습니다. 위군은 밤에도 쉬지 않고 달리고 있습니다."

"오늘 해질 무렵이면 위군이 마릉馬陵에 도착할 것이다."

마릉은 산 중턱에 있는 깊은 협곡이었다. 말 한 필이 간신히 지나갈 수 있는 곳이라고 하여 마릉도라는 길이 하나 있었다.

마릉도는 산을 따라 나 있는 좁고 가파른 길로 발 디딜 곳이 마땅치 않으며, 나무가 우거진 험한 곳이어서 군사들을 매복시키기에 좋은 지세였다.

손빈은 수레에서 가마로 옮겨 타고 지세를 두루 살펴보았다. 이윽고 고개를 끄덕이더니 군사들에게 지시하여 주변의 나무를 몽땅 베어내게 하고 큰 나무 한 그루만 남겨 두었다. 그리고 좌우의 협곡에 궁노수 오천 명을 매복하게 했다. 마릉도 삼 리 밖에는 일만 명의 정예군사를 빽빽하게 매복시켰다.

베어내지 않고 남긴 한 그루의 나무는 껍질을 벗겨서 하얗게 만든 뒤에 그 위에 손수 글을 썼다.

⑥ 방연사차수하龐涓死此樹下

'방연은 이 나무 아래서 죽는다.' 라는 뜻이었다. 밑에는 손빈이라는 이름을 써 넣었다.

"오늘 해질 무렵 이 나무 밑에 횃불이 켜질 것이니 그것을 신호로 해서 화살을 일제히 날려라."

엄한 명령을 내렸다.

방연은 해가 진 뒤에야 질풍처럼 말을 달려 마릉도에 이르렀다. 그러나 위군의 병거는 더 이상 앞으로 나아갈 수 없었다.

마릉이 워낙 험준한 산이기도 했지만 제군이 아름드리나무들을 찍어서 쓰러뜨려 길을 막아놓았기 때문이었다.

"제군은 얼마 가지 못했다. 속히 나무들을 치우고 전진하라!"

방연은 위군을 사납게 독려했다. 그는 한시바삐 손빈을 추격하여 죽이고 싶을 뿐이었다. 그때 한 병사가 달려와 나무에 글이 씌어 있다고 아뢰었다.

방연은 병거에서 내려 나무로 다가갔다. 그러나 어둠 때문에 무슨 글자를 써 놓았는지 잘 보이지 않았다. 방연은 군사들에게 횃불을 밝히라고 지시했다.

횃불이 밝혀지자 방연은 나무 밑으로 다가갔다. 순간 방연의 얼굴이 창백하게 변했다.

'아아, 수자(豎子, 더벅머리 총각)에게 또 당했구나!'

방연이 미처 한탄을 끝내기도 전이었다.

좌우 협곡에서 천지를 진동하는 듯한 철포가 울리더니 바람을 가르는 날카로운 파열음이 울리면서 화살이 날아오기 시작했다.

좌우 오천 명, 합해서 일만 명의 제군이 쏘아대는 쇠뇌였다. 위군은 여기저기서 처절한 비명을 지르면서 죽어갔다.

횃불은 위군이 있는 곳을 알려주는 신호나 다름이 없었다.

위군은 순식간에 떼죽음을 당했다. 아비규환의 지옥이 따로 없었다. 방연의 귓전에는 위군의 처절한 비명 소리만 메아리쳤다.

방연도 무수히 날아오는 화살에 맞았다.

'손빈의 명성만 높여 주었구나……'

방연은 후세에 명성을 남기게 될 손빈을 생각하고는 분통이 터져 스스로 목을 찔러 자결했다.

방연과 위나라 태자 신이 거느린 위군은 마릉의 골짜기에서 절반이 떼죽음을 당하고 절반이 살아나 앞으로 달려갔다. 더 이상 후퇴하기가 어려웠다. 구사일생으로 살아났다고 생각했을 때 손빈이 매복시킨 만 명의 제군이 천지를 무너뜨릴 것 같은 함성을 지르며 달려나왔다.

위군 이만 명이 전멸을 당했다. 위군의 시체는 산과 들을 뒤덮고 그들이 흘린 피가 내를 이루었다. 위나라의 태자 신은 가까스로 살아남아 제나라의 포로가 되었다. 크게 승리를 얻은 제군은 얼마 동안 더 머물러 있었다.

"장군께 큰일을 권하고 싶습니다만, 받아들이겠습니까?"

손빈이 자세를 바로하여 전기에게 말했다.

"큰일? 무엇을 말함인가?"

"이제 우리는 곧 임치로 개선할 텐데, 전부터 재상 추기는 장군을 못마땅해 합니다. 장군께서 위나라를 격파하고 승전勝戰 장군으로 개선하는 것이니, 추기는 더욱 투기심이 도발하여 장군을 미워하게 될 것입니다. 그는 왕의 총애를 받고 있는 몸으로 어떠한 꾀를 써서든지 장군을 구렁텅이에 빠뜨릴 공산이 큽니다."

"그럴 테지. 어찌하면 좋은지 경의 계책을 말해 주게."

"방법이 있습니다. 우선 이 군사들을 해산하지 마시고 더 굳게 통제하여 보무당당하게 나라로 들어가십시오. 그리고 늙고 약한 병사들을 추려 주主 땅을 지키게 합니다. 주 땅은 길이 좁고 산세 험한 요해처要害處이므로 일당백으로 지켜낼 수가 있습니다. 이와 같이 본거지를 튼튼히 해놓은 다음 정예부대를 이끌고 가는 것입니다. 그렇게 하면 임금께선 예를 바르게 하여 장군을 맞이하실 것이고, 추기는 그대로 머무를 수 없어 다른 나라로 달아날 것입니다."

과감한 계책이긴 한데, 모반으로도 비칠 수 있었다.

전기는 안색이 변하며 고개를 저었다.

"장군께서 이 계책을 쓰지 않으신다면 후일 장군은 나라 안에 머물지 못하실 것입니다. 그래도 괜찮겠습니까?"

손빈이 심각한 표정으로 말해 두었으나 전기는 끝내 손빈의 뜻을 따르지 않았다.

손빈은 전기를 설득하는 것을 체념하고 그와 함께 임치로 개선했다.

두 사람에 대한 선왕의 신임은 참으로 컸다.

중신들 또한 두 사람을 존경했다. 손빈이 근심했던 일 따위는 있을 것 같지도 않았다.

"군사는 나를 걱정했지만 별다른 일은 없을 것 같네."

"좋은 일입니다. 소인의 기우杞憂였으면 좋겠습니다."

여기서 '기우杞憂'의 본뜻은, 기杞나라에 살던 한 사람이 만일 하늘이 무너지면 죽을 것이니, 어디로 피하면 좋을까 하고 침식을 잊고 근심을 하였다는 고사에서 비롯되어, 앞일에 대한 쓸데없는 걱정을 일컫는 말이다.

얼마 후, 손빈은 벼슬을 그만두고 고향으로 돌아가 편히 지내고 싶다고 했다. 선왕도 만류했고, 전기와 다른 사람들도 모두 말렸으나, 손빈은 듣지 않았다.

"신은 본디 세속의 권세와는 거리가 먼 촌부였습니다. 친구였던 방연을 만나러 갔다가 불구가 되는 바람에 일이 이렇게 되었습니다. 저는 오로지 초야에 묻혀 초목과 함께 살고 초목과 더불어 시들어 버리기를 바랐는데, 뜻밖에도 군사軍師가 되어 배운 바를 당세에 베풀 수 있었습니다. 더없는 영광입니다. 본디 그 자리에 태어나지 못한 자가 높은 자리에 오래 머물러 있는 것은 상서롭지 못합니다. 새는 숲에서 놀아야 하고, 물고기는 물에서 놀아야 합니다. 늙은 몸이 더 이상 권좌에 앉아 무엇을 할 수 있겠습니까. 신의 간절한 소원을 허락해 주시어 초야로 돌아가게 해 주시옵소서."

손빈은 간곡히 청하여 마침내 허락을 얻었다.

선왕은 빈을 위해 성대한 송별연을 열어 주었다. 떠나는 날은 중신과 벼슬아치들이 교외까지 따라 나와 배웅해 주었다.

손빈은 사두마차가 끄는 호화로운 마차를 타고 떠났는데, 가까운 역참에 이르자 기다리고 있던 홍노와 함께 두 필 말이 끄는 초라한 마차로 옮겨 탔다. 시종들에게는 뒤에 오라고 이르고 홍노에게 고삐를 잡게 하여 떠났다.

춘삼월, 제수 기슭에는 갈대가 싹트고 버들가지가 파르스름하게 물이 올랐으며 평야에는 온갖 꽃이 얽히고 함초롬히 피어 있어 보기 좋았다.

마차는 그 둑 위를 덜컹거리며 차츰 작아져 갔다.

손빈이 동생들과 그 가족들의 영접을 받으며 고향 집으로 돌아온 지 얼마 되지 않아 전기 장군이 초나라로 달아났다는 소문이 돌았다. 재상 추기에게 쫓겨난 것이다.

손빈이 걱정했던 대로 추기는 전기를 시샘하여 배척할 기회를 엿보고 있었으나 선왕이 전기에 대해 신임이 두터우므로 뾰족한 수가 없었다.

추기는 공손간과 의논하여 일을 꾸몄다.

"그런 것쯤은 아무것도 아닙니다. 맡겨 주십시오."

공손간은 자기의 하인에게 황금 십 금을 내주고 무언가를 소곤 거렸다. 하인은 고개를 끄덕이고 저잣거리에 있는 점쟁이 집으로 향했다.

"나는 전기 장군댁에서 온 사람이다. 당신도 아는 바와 같이 장군은 싸울 때마다 이겨 명성이 천하에 널리 알려져 있다. 그래서 한 가지 큰일을 하려고 생각하신다. 당신의 점은 효험이 있다고 평판이 자자해 장군께서 나를 보내시었다. 장군을 위해 그 큰일이 성취되겠는지 점을 쳐주기 바란다."

그는 복채로 황금 십 금을 내놓았다.

점쟁이는 산가지를 비비며 점을 쳤는데, 길하다고 했는지 흉하 다고 했는지 그것은 전해지지 않았으나 아무튼 점을 친 사실만은 확실했다.

그런 일이 있은 뒤 어느 날 점쟁이의 집에 포졸이 들이닥치더니 점쟁이를 잡아다 엄하게 고문했다. 점쟁이는 전기 장군이 보낸 사 람의 부탁으로 점을 쳤노라고 자백했다.

전기는 억울한 혐의를 받게 되었으나 해명할 길이 없어 초나라 로 달아난 것이었다.

손빈의 귀에 이 소문이 들린 것은 여러 날이 지난 후였다.

"아하, 아하, 아하."
손빈은 이렇게 말할 뿐이었다.

그 후로 손빈은 더 이상 세상 돌아가는 일을 귀담아 듣지 않고 집안에 눌러앉아 홍노와 더불어 맛있는 요리를 해 먹었다.

9

사마천 『사기史記』의 인간경영

『사기史記』는 지금부터 2천여 년 전에 역사가인 사마천司馬遷에 의해 쓰여진 것이다. 전설상의 황제皇帝시대부터 사마천이 살았던 한대漢代까지 거의 1천 년에 이르고 있다.

역사서라고 하면 무미건조한 연대기 같은 것을 상상할지도 모르지만, 『사기』는 그런 책이 아니다.

위로는 왕후 귀족으로부터 밑으로는 서민, 심지어는 부랑배에 이르기까지 모든 종류의 인간상이 등장해서 그 광대한 중국대륙을 종횡으로 활약하는 대서사시인 것이다.

① 초楚나라 장왕莊王의 관용과 포용력

춘추시대라고 불리던 무렵, 초楚나라엔 장왕莊王이라는 명군이 나타나 후진국인 초나라를 일약 최강의 나라로 끌어올렸다.

장왕은 지도자로서의 장점을 고루 갖춘 인물이었던 것이다. 장왕은 즉위해서 3년 동안 정치 따위는 아랑곳없이 매일 밤낮을 주색잡기로 지새웠다. 더구나 나라 안에 포고布告를 내려서, '간하는 자는 사형에 처한다'고 할 정도로 철저하게 놀았다.

그러나 그 중에는 장왕의 행동을 못마땅하게 생각하고 있는 신하도 있었다. 그 중의 한 사람인 오거伍擧라는 중신이 배알을 청했다.

"수수께끼를 한 가지 내겠습니다."

"말해 보아라."

"언덕 위에 새가 있습니다. 3년 동안 날지도 않고 울지도 않습니다. 그것은 무슨 새이겠습니까?"

"3년을 날지도 않더라도 일단 날면 하늘 꼭대기까지 날 것이다. 3년을 울지 않더라도 일단 울면 이 세상을 놀라게 할 것이다. 그대가 말하려는 것을 이미 다 알고 있도다. 물러가라."

그러나 몇 개월이 지나도 장왕의 주색잡기는 그치지 않았다. 아니 오히려 전보다 더 심했다.

이번에는 소종蘇從이라는 신하가 면담을 청했다. 소종은 오거와는 달리 맞대고 말했다. 목숨을 걸고서 하는 사간死諫이었다. 장왕은 이렇게 다짐을 받았다.

"간하는 자는 사형이라는 포고를 알고 있겠지?"

"주군의 어리석음을 깨우칠 수가 있다면 죽어도 한이 없겠습니다."

그 각오를 들은 장왕은 이후 놀기를 그만두고 정치의 쇄신을 착수했다.

우선 지금까지 함께 놀았던 부하 수백 명을 추방하고 신인을 등용하고, 용기 있게 간언한 오거와 소종 두 사람을 국정의 최고 책임자로 임명했다.

이 이야기에서 '3년 동안 울지 않고 날지 않는다' 는 속담이 생겨났는데, 장왕은 멋이나 호기심으로 놀음에 빠져 있었던 것이 아니라는 것을 알 수가 있다.

그 동안에 충분히 신하들을 관찰하여 쓸 수 있는 자와 쓰지 못할 자를 가려내고 있었던 것이다. 그리고 일단 일에 손을 대자 일거에 인사를 쇄신하고 국정의 기반을 갖추었던 것이다. 실로 멋진 솜씨였다.

위의 이야기에서도 알 수 있듯이, 장왕이라는 사람은 수완가일 뿐만 아니라 예리한 인물이었던 것이다. 그러나 예리한 인물은 대개 그 예리함으로 인해서 부하를 두려워하게 만들 수는 있으나, 반면에 종처럼 심복시킬 수는 없는 것이다.

장왕은 그 점에서도 예외적인 존재였다. 예리한 인물이면서도 통이 큰 일면도 가지고 있었기 때문이다.

어느 날 밤의 일이다. 많은 장수와 신하들을 모아놓고 주연을 베풀고서,

"오늘밤은 신분의 상하를 구별하지 않고 터놓고 마시는 술좌석이다. 사양 말고 마음껏 놀아라."

라고 하며 신명나도록 마셨다.

그런데 이윽고 바람이 어디서 불어왔는지 방안의 촛불이 모두 꺼져버렸다. 때는 이때다 하고 왕의 애첩을 껴안고서 장난을 친 장수가 있었다.

애첩은 다부진 여인이었던 모양으로, 그 자의 갓끈을 떼어들고 장왕에게 호소했다.

"대왕, 저를 희롱한 자가 있습니다. 갓끈이 없는 사람이 범인입니다. 빨리 불을 밝혀서 단죄해 주십시오."

그러자 장왕은 애첩을 제지하고 큰 소리로 말했다.

"아니다. 원인을 따지자면 내가 술을 마시자고 해서 생긴 일이 므로, 일개 여자의 정조를 중하게 여겨서 단죄할 수는 없다. 오늘 밤은 무례를 용서할 테니 모두 갓끈을 떼어내고 술들을 마셔라!"

불이 켜진 다음에 보니 어느 누구 한 사람 갓끈을 달고 있는 사 람은 없었다고 한다.

그로부터 몇 년 뒤, 장왕은 강국인 진晉나라와 전쟁을 했다. 그러 자 항상 아군의 선두에 서서 용감무쌍하게 싸우는 용사가 있었다.

초나라는 그의 활약으로 마침내 진나라 군대를 격파하는 데 성 공했다. 전쟁이 끝난 다음 장왕은 그 장수를 불렀다.

"그대 같은 용사가 있는 것을 지금까지 모르고 있었다는 것은 나의 부덕不德의 소치이다. 그러나 나를 원망하지도 않고 목숨을 걸고 싸운 데는 다른 무슨 이유라도 있느냐?"

그러자 그는 이렇게 대답했다.

"저는 한 번 죽은 목숨이었습니다. 술에 취해 무례를 범했을 때, 임금님의 따뜻한 온정 때문에 목숨을 건지고 그때부터 목숨을 던 져 은혜에 보답하겠다고 결심해 왔습니다. 그날 밤 갓끈을 잘린 것은 바로 저였습니다."

사소한 일에 일일이 도끼눈을 세우다가는 부하의 신뢰를 얻을 수 없다. 관용하고 포용력이 있어야만 부하의 신뢰를 얻을 수 있다.

2 오기吳起의 통솔법

또 한편, 오기吳起가 섬기던 위衛나라의 임금은 무후武侯였다. 어느 날 무후가 신하를 모아놓고 회의를 열었는데, 누구 한 사람 무후보다 뛰어난 의견을 말하는 이가 없었다.

무후는 물러갈 때 의기양양해 했다. 그것을 보고 오기가 이렇게 말했다.

"옛날 초나라 장왕이 신하와 회의를 열었는데, 누구 한 사람 장왕보다 뛰어난 의견을 내는 사람이 없었습니다. 정무를 끝내고 물러가면서 장왕은 얼굴에 슬픈 표정을 짓고 있었습니다. 그래서 신공申公이라는 신하가, '왜 그렇게 슬픈 얼굴을 하고 계십니까?' 하고 물었더니, 장왕은 이렇게 대답했다고 합니다. '어떤 시대에도 성인은 있었고, 어떤 나라에도 현자賢者는 있었다. 성인을 찾아내서 스승으로 받드는 자는 왕이 되고, 현자를 찾아내서 친구로 삼는 자는 패자覇者가 된다고 하지 않았던가? 그런데 지금 나에게는 나보다 뛰어난 신하가 없다는 것을 알았다. 이래서야 이 나라의 장래가 어찌 되겠느냐?' 장왕은 그처럼 신하의 무능을 슬퍼했습니다. 그런데 임금님께서는 오히려 그것을 기뻐하고 계십니다. 우리나라의 앞길에 위구심〔危懼心, 염려하고 두려워하는 마음〕을 품지 않을 수가 없습니다."

그 말을 들은 무후의 얼굴에 부끄러워하는 빛이 떠올랐다고 한다.

그 후 또 어느 날 무후가 배로 서하西河라는 강을 내려갈 때의 일이었다. 경치를 바라보고 있던 무후가 오기 쪽을 돌아보면서,

"정말 훌륭한 강이로구나. 이 험난한 지형을 보라. 이곳이야 말로 우리나라의 보배로다."

하고 말했더니, 오기는 이렇게 대답했다.

"아닙니다. 나라의 보배란 지형의 좋고 나쁨이 아닙니다. 위정

자의 덕德이야말로 나라의 보배입니다. 가령 임금님이 덕을 닦지 않으신다면 지금 이 배에 타고 있는 신하들은 전부 적에게 붙을 것입니다."

그렇게 말하며 무후의 잘못을 깨우쳤다고 한다.

지도자에게 덕이 없으면 부하는 따르지를 않는다. 이것도 또한 지당한 말일 것이다.

그렇다면 그처럼 기회를 보아가며 무후를 간해 온 오기는 과연 어떤 사람이었을까?

오기는 장군이었다. 장군은 부하를 이끌고 싸움터에 나가지 않으면 안 된다. 목숨을 건 싸움터에서 병사들의 정신이 흐트러져 있어서는 도저히 승리를 바랄 수 없다.

오기는 항상 부하들의 심리 상태에 신경을 썼고, 싸움터에 있을 때는 언제나 최하급의 병사와 같은 옷을 입고 같은 음식을 먹었다. 또한 잠잘 때도 거적 같은 것은 깔지 않았고, 행군할 때도 마차에 타지 않았으며, 자기 식량은 자신이 휴대하고 무슨 일을 하던 부하들과 고생을 함께 나누었다고 한다.

그 모습을 잘 나타내 주는 다음과 같은 이야기가 전해지고 있다.

한 병사가 종기 때문에 대단한 고생을 하고 있었다. 그것을 본 장군 오기는 몸소 자기 입으로 종기를 빨아 고름을 뽑아주었다고 한다.

그러자 나중에 그 얘기를 전해들은 병사의 어머니가 소리내어 통곡했다. 이웃사람이 이상하게 여겨서 묻기를,

"당신 자식은 일개 병졸인데, 장군께서 직접 고름을 빨아주었잖소. 어째서 통곡을 하는 거요?"

모친은 이렇게 대답했다.

"그렇지 않습니다. 사실은 오기 장군께서는 역시 그 아이 아버지의 고름을 빨아주었습니다. 그 뒤에 그 애 아버지는 오기 장군을 따라 싸움터에 나갔는데, 어떻게든 그분의 은혜에 보답해야겠다고 끝까지 적에게 등을 보이지 않고 싸우다가 전사하고 말았습니다. 듣자하니 이번에는 자식놈의 고름을 빨아주셨다고 하니, 이것으로 그 아이의 운명은 정해진 것이나 마찬가지입니다. 그래서 울었습니다."

오기는 굳이 그런 일까지 해가면서 부하의 마음을 사로잡으려고 했던 것이다.

인정을 나타내 보이며 부하와 함께 똑같은 고생을 하면서, 부하의 마음을 사로잡는다는 그러한 마음가짐은 현대의 지도자에게도 필요한 것이 아닐까?

③ 자산子産의 정치

춘추시대의 말기 정鄭나라에 자산子産이라는 명재상이 있었다. 자산의 정치적 특징은 강剛과 유柔, 즉 엄한 면과 부드러운 면의 균형이 잘 이루어진 점에 있었다고 한다.

그렇게 함으로써 자산은 정나라의 정치를 안정으로 이끌었는데, 그의 방법은 현대의 조직 운영면에서 참고 될 점이 많다.

먼저 엄한 면의 예를 들면, 자산이 재상으로 있던 정나라는 작은 나라였다. 대국들 사이에 끼어서 생존해 나가려면 무엇보다도 체질을 강화하고 국력을 충실하게 하는 것이 첫째 과제였다.

자산은 여러 가지 수법을 이용해서 피폐한 농촌의 진흥책振興策을 강구하는 한편, 군비를 확충하기 위해 새로운 세금의 징수세를 도입했다.

그때 국민들은 조세 부담의 중압에 못 견디어, '자산을 죽여라' 할 정도로 원성이 높았다고 한다.

중신重臣들 가운데는 맹렬한 비난을 참다못해 조세 징수의 중지를 진언하는 사람도 있었다. 그러나 자산은 그에 굴복하지 않았다.

"나라의 이익이 되는 일이라면 몸을 희생해도 좋다. 나는 이렇게 배웠다. 선善을 행하려면 어디까지나 끝까지 추진하라. 그렇지 않으면 모처럼의 선도 아무 소용이 없게 된다고 배웠다. 국민의 비난을 받았다고 해서 그만둘 수는 없다. 나는 단호히 추진하겠다."

그렇게 말하면서 그는 끝까지 정책의 관철을 도모했다.

그러자 3년, 5년이 경과하는 사이에 농촌의 진흥책振興策이 궤도에 올라서 농민의 생활도 향상되어 갔다.

그 때문에 당초 자산을 죽이겠다고 벼르던 백성들도 차츰 자산의 시책을 선정善政이라 칭송하기에 이르렀다고 한다.

이처럼 어떠한 비난에도 굴복하지 않고 확신에 찬 정책의 관철貫徹을 시도하는 방식을 강剛이라 한다면, 자산의 부드러운 면모는 우선 다음과 같은 학교정책에 잘 나타나 있다고 볼 수 있다.

정나라에는 옛날부터 지도자의 양성기관으로 각 지방에 '향교鄕校'라고 불리는 학교가 설치되어 있었다. 그 향교가 어느 새 정부의 시책에 불만을 품고 있는 사람들의 정치활동 거점으로 이용되어지고 있었다.

그대로 방치해 두면 반란 같은 직접적인 반정부 활동으로 발전할 것 같은 추세였다. 그것을 우려한 측근들이 향교의 폐쇄를 진언하자, 자산은 이렇게 말하며 반대했다.

"아니다. 그럴 필요까지는 없다. 그들은 아침저녁으로 일을 끝낸 뒤, 향교에 모여 우리들이 하는 정치를 비판하고 있다. 나는 그들의 의견을 참고로 평판이 좋은 정책은 과감하게 시행하고, 평판이 나쁜 정책은 고쳐 나가도록 하겠다. 그들은 이른바 나의 은사인 셈이다. 물론 탄압해서 그들의 언론을 우격다짐으로 봉쇄할 수도 있다. 하지만 그것은 강물을 막으려는 것과 같은 짓이다. 그런 짓을 하다가는 이윽고 제방이 넘쳐흘러서 수많은 사상자를 낼 것이 틀림없다. 그렇게 되면 손을 쓸 수밖에 없게 된다. 국민의 언론도 그와 마찬가지로 탄압하기보다는 들을 것은 들어 주어 이쪽의 약藥으로 삼는 편이 현명하다."

이러한 태도는 정치에 대한 유연한 자세를 나타내 보이는 전형적인 예이다.

자산은 강함과 부드러움이 적절하게 균형잡힌 정치를 함으로써 명재상이라는 칭송을 받은 셈인데, '강엄함'이냐, '유부드러움'이냐, 실제 상황에 닥쳐서는 그 조화를 이루기가 어려운 일인 것이다.

자산은 병을 얻어 죽음의 자리에 들었을 때, 후임인 자대숙子大叔을 머리맡에 불러놓고서 이렇게 충고했다.

"나는 정치에는 두 가지 방식이 있다고 생각한다. 하나는 '강'의 정치, 다른 하나는 '유'의 정치인데, 일반에게는 '강'의 정치를 행하는 것이 좋다. 그 두 가지를 비유한다면, 불과 물 같은 것이다. 불의 성질은 격렬하고 보기에도 무서우니까 사람들은 가까이 오려고 하지 않는다. 따라서 오히려 불 때문에 목숨을 잃는 사람은 드물다. 그런데 물의 성질은 지극히 약해서 사람들은 물을 두려워하지 않는다. 그 때문에 오히려 불보다는 물에 의해 목숨을 잃는 경우가 허다하다. '유'의 정치는 물과 같아서 얼핏 보기에 쉬운 것 같지만, 사실은 대단히 어려운 것이다."

일반적으로 정치가라고 하는 것은 인기나 평판을 너무 중시한 나머지 '유'에 중점을 두고, 국민에게 아첨하는 정치 방법을 취하게 마련이다.

그러나 그렇게 해서는 정치에 맺힌 데가 없어지고 만다. 자산은 그것을 경계했던 것이다.

자대숙은 자산이 죽은 후, 엄한 자세로 국민에게 임하기를 꺼려서 주로 관용을 베푸는 정치를 펴나갔다. 그러자 정치에 긴장감이 없어지고 도둑질이나 부도덕한 일 등이 횡행하게 되었다.

자대숙은,

"처음부터 자산의 충고를 따랐으면 이런 일이 없었으련만……"

하고 깊이 후회했다고 한다.

'유'에도 기울지 않고, '강'에도 기울지 않게 교묘히 '강'과 '유'의 밸런스를 취한 것이 자산의 정치였다. 그러니까 조일 것은 조이고, 풀어줄 것은 풀어주는 것이 바로 자산이 내세운 정치적 특징이었다.

4 범려范蠡의 명철보신

현재의 소주蘇州와 항주杭州가 있는 강남땅에 오吳와 월越이라는 나라가 일어나서 치열하게 대립했다.

월왕 구천句踐은 오왕 부차夫差에게 치명적인 패배를 당한 후 회계산會稽山에 들어가 굴욕적인 강화를 맺었다.

용서받고 월나라로 돌아온 구천은 어떻게 해서든 회계산의 치욕을 씻으려고 간난신고艱難辛苦를 견디어내며 20년 후에 드디어 오나라를 멸망시켜 원한을 푼다. 그때 월왕 구천을 도와서 복수를 성공시킨 재상이 바로 범려范蠡라는 사람이다.

여기까지는 분명히 전형적인 충신이라 해도 좋을 것이다. 그러나 그 뒤의 행적을 보면 단순한 충신이라는 굴레 속에 들어가지 않는다.

공훈에 의해서 대장군이라는 최고의 지위에 임명된 범려는 이렇게 생각했다.

'만족의 절정에 있는 군주 밑에 오래 있는 것은 위험한 일이다. 도대체 구천이라는 분은 고생을 함께 나눌 수는 있어도, 즐거움을 함께 나눌 수는 없는 타입이다.'

범려는 구천에게 편지를 보내어 사의를 표명했다. 구천은 범려의 뜻을 이해할 수가 없었기 때문에 필사적으로 만류했으나, 범려는 그것을 뿌리치고 최고위직 재상자리를 미련 없이 버리고 제齊나라로 이주했다.

그 경우의 진퇴는 전혀 충신의 이미지와는 어울리지 않는다. 도대체 범려는 무엇 때문에 부귀영화를 약속하는 지위를 버리고 구천의 곁을 떠났을까? 그것을 알기 위해서는 그 후의 이야기를 좀 더 진행시키지 않으면 안 될 것이다.

제나라로 이주해 온 범려는 그곳에서 자식들과 함께 사업을 경영해서 잠깐 동안에 엄청난 부富를 쌓았다. 능력을 인정받은 그는 제나라에서도 재상으로 취임해 줄 것을 요청받았다.

그러나 범려는, '장사를 해서는 천금의 부를 쌓고, 벼슬길에서는 재상에 오른다. 필부에게 있어서 그 이상의 영달은 없다. 그러나 영예가 길어지면 화의 근원이 된다' 라고 제나라의 요청을 거절하고 재산을 마을 사람들에게 나누어 준 뒤, 남몰래 제나라를 떠나 도陶라는 곳으로 이주해 갔다.

그러나 도라는 곳에서도 또다시 사업 경영에 성공하여 눈 깜짝할 사이에 몇백만의 부를 쌓아올렸다고 한다. 범려라는 사람은 이재理財의 능력도 상당히 있었던 모양이다.

그런데 그 무렵에 그의 둘째아들이 초나라에서 사람을 죽이고 체포당했다. 범려는 즉시 막내아들에게 막대한 황금을 주어 초나라에 보내어 둘째아들의 구출공작을 하게 하려고 했다.

그것을 보고 장남이 이렇게 부탁했다,

"그 일은 장남인 제가 해야 할 일입니다. 꼭 제가 하게 해 주십시오."

모친도 옆에서 장남을 거들었다. 할 수 없이 범려는 장남을 보내기로 했다. 그런데 장남은 모처럼 지참해 간 황금을 쓰는 것이 아까워서 구출공작에 실패하고 사형당한 동생의 시체를 안고 돌아왔다.

모친은 비탄의 눈물에 젖었다. 그러나 범려는 쓸쓸하게 웃으며 이렇게 말했다고 한다.

"이런 결과가 되리라는 것을 처음부터 알고 있었다. 장남이 동생을 생각하지 않는다는 말은 아니다. 다만 어딘가 한 군데 미련을 못 버리고 있는 것이다. 그것도 그럴 것이 어릴 때부터 나와 함께 고생을 해 왔으니까, 좀처럼 돈을 쓸 수가 없는 것이다. 그것에 비하면 막내아들은 생활의 고생을 모르고 자라났기 때문에 돈을 쓰는 것쯤은 대수롭게 생각하지 않는다.

내가 처음에 막내를 보내려고 한 것은 막내라면 아낌없이 돈을 쓸 수 있었기 때문이다. 장남은 그것을 할 수 없었기에 결국은 동생을 죽도록 내버려두었다. 그러나 그것도 당연하다. 어쩔 수 없는 결과로 슬퍼할 것은 없다. 나는 처음부터 둘째가 시체가 되어 돌아올 줄 알고 있었으니까."

굉장한 통찰력이라고 할 수밖에 없다. 즉 범려는 상황을 읽고 앞을 내다볼 줄 아는 인물이었던 것이다.

범려가 구천의 곁을 떠난 것도, 제나라의 초청을 거절한 것도, 또한 가는 곳곳에서 사업 경영에 성공한 것도 근원을 따져 보면 그와 같은 통찰력에 의한 것이다.

'명철보신明哲保身'이라는 말이 있다. 명철이란 깊은 통찰력을 말하고, 보신이란 몸을 지키는 것을 말한다.

그러니까 깊은 통찰력을 발휘하여 몸을 지키는 것이 '명철보신'인데, 범려는 충신이라기보다는 오히려 명철보신의 인간이라고 말하는 편이 그 됨됨이를 오히려 잘 나타내 줄 것이다.

이상 『사기』에 등장하는 몇 사람의 인물을 골라서 지도자의 마음가짐에 대해 논해 봤다. 물론 『사기』에 등장하는 인물은 이것으로 그치지 않고 실로 다채로운 개성의 인간들이 엮어 내는 한 폭의 대파노라마라 할 것이다.

10

사상가로서의 한비자韓非子 성공학

1 마음을 읽는 인간 관리술

① 본심을 파악한다

춘추전국시대의 사상가로서 한비가 차지하는 위치는 제자백가의 주장을 흡수한 법가 이론의 제1인자로서 중국 최초의 통일국가인 진나라의 탄생을 가능하게 했다는 데 있다.

전국 말기에 태어난 한비는 공자의 '합리주의', 노자의 '작은 것이 좋다' 라는 설, 묵자의 '지구는 둥글고 움직이고 있다' 는 가설, 맹자의 '성선설', 공손룡의 '논리학', 순자의 '성악설' 에 이르기까지 이른바 모든 사상가의 원형을 흡수하여 인간의 본성이나 시대의 흐름에 따라 역사를 관찰하고 사실과 설화를 검증함으로써 그것을 자신의 사상 및 이론으로 소화하여 『한비자』를 저술하였다.

따라서 『한비자』의 내용은 정치, 경제학은 물론이고 인간학 일반에 걸친 광범위한 것이다. 특히 한비자의 인간학은 인간의 본심과 그 상호관계의 현실을 매우 날카롭게 파헤치고 있기 때문에 흥미를 더해준다.

그리고 본심이라고 하는 것은 시대를 초월하여 서로 통하는 것으로 그 가치는 현대에 이르러도 변하지 않는다. 오히려 지금처럼 경쟁이 치열하게 전개되는 상황 속에서는 인간학에 대한 본질을 파악하는 것이 무엇보다 중요하다고 할 수 있다.

② 사상의 핵심을 이루는 법술法術

한비 사상의 핵심은 법술에 있으며 여기서 '법'이라고 하는 것은 군주가 공개해야 되는 것이고 '술'이란 운영방법으로 군주가 가슴속에 간직하여 은밀하게 신하를 다스리는 신하 조종술을 의미한다. 결국 이것을 현대적인 의미로 고찰해보면 리더가 아랫사람을 어떻게 다루어야 할 것인가를 알아볼 수 있는 것이다.

한비에 의하면 아랫사람을 조종하려면 그 사람의 언행을 잘 살펴야 한다고 한다. 그렇기 때문에 보다 빠르게 정확한 정보를 가져오도록 경쟁을 시키는데, 그 정보가 과연 진실인지 아닌지를 알아보기 위해서는 독심술이나 유도 심문으로 아랫사람을 시험하여 그 본성을 정확히 살펴볼 필요가 있다.

한비의 법술에 영향을 주었다는 신불해伸不害는 사람의 진정한 마음을 파악하는 법을 이렇게 말하고 있다.

"군주가 현명하면 사람들은 그에 대비하여 조심한다. 하지만 군주가 현명치 못하면 사람들은 군주를 속이려 든다. 군주가 어떤 일에 대해 알게 되면 그것을 그럴듯하게 둘러댄다. 그러나 군주가 그것을 알지 못하면 그 일을 감춘다. 군주가 욕심이 없으면 그 실정을 살피려 들고 욕심이 많으면 그것을 미끼로 이익을 도모한다."

더불어 그는 이렇게 덧붙이고 있다.

"말을 삼가라, 그렇지 않으면 사람들은 그 말로써 그대를 꿰뚫어 볼 것이다. 행동을 삼가라, 그렇지 않으면 사람들은 그 행동으로써 그대에게 추종해 올 것이다."

한비가 살았던 시대는 하극상의 시대였기 때문에 대신이 너무 유능하거나 무능해도 나라가 흔들렸다. 따라서 군주가 아랫사람의 마음을 꿰뚫지 못하면 언제 어느 때 자신의 목이 달아날지 모르는 상황이었다. 그러한 상황 하에서 한비는 모든 군주를 위해 군권의 확립과 부국강병책을 지향한 이론서를 펴낸 것이다.

③ 성악설을 바탕으로 한 고전古典

『한비자』는 2천년이 지난 대고전으로 한비는 성악설에 입각하여 법의 힘에 의한 강제적인 국가통일을 겨냥해 유가의 왕도정치나 학문을 배척하였다.

한비는 예와 같은 도덕은 믿지 않았으며 인간은 본래 어쩔 수 없이 약하다고 보았던 것이다.

그리하여 그는, '인간은 이익에 따라 움직이며 상을 기뻐하고 벌을 미워한다. 그러므로 도덕은 규제력이 없다. 상벌만이 인간을 움직이는 힘이다. 법으로 욕망을 조종하여 지배하라' 고 말한다.

그는 인간관계라고 하는 것은 철저하게 이해 타산적이라 보고 있다.

"그 옛날 이름난 마부 왕량王良이 말을 사랑하고 월왕越王 구천句踐이 신하를 사랑한 것은 말을 달리게 하고 사람을 전쟁으로 내몰기 위해서였다. 의사가 환자의 상처를 빨아 입으로 고름을 뽑는 것은 돈벌이를 위해서이다.

수레를 만드는 사람은 모든 사람이 부자가 되기를 원하고 관을 만드는 사람은 사람들이 모두 빨리 죽기를 바란다. 왜냐하면 사람들이 부자가 되지 않으면 수레를 사지 않고 죽지 않으면 관을 살 사람이 없기 때문이다. 즉, 사람이 미워서가 아니라 그렇게 되어야 이익이 되기 때문이다."

한비는 이처럼 세상살이의 예를 들어 그 밑바닥에 흐르는 인간성의 원리를 밝혀내고 있다.

"유가와 묵가의 무리들은 옛 현왕賢王들이 천하의 백성들을 차별 없이 사랑하여 부모가 자식을 대하듯 했다고 떠든다. 그러면서 '형리가 형을 집행하면 왕은 음악을 멈추고 사형집행을 알려주면 눈물을 흘렸다' 라고 말한다.

그러나 법에 의해 형을 집행하고 군주가 그에 대해 눈물을 흘리는 것은 '인仁'을 나타낸 것이지만, 정치를 한 것은 아니다. 눈물을 흘리며 형 집행을 바라지 않는 것은 '인'이지만, 형의 집행을 중지시키기 못한 것은 법을 따랐기 때문이다. 그렇다면 옛 현왕은 법을 우선시하여 눈물을 참지 못한 셈이 된다. 그렇다면 '인'에 의한 정치를 행하지 않은 것이 확실하지 않은가!"

그야말로 힐난한 공격이 아닐 수 없다. 바로 그렇기 때문에 인

간의 악을 독특한 눈으로 바라본 한비의 비정한 사상이 지금까지
이어져 온 것인지도 모른다.

④ 부하의 고름을 빨아낸 장군

오기吳起가 위魏나라의 장군이 되어 중산국中山國을 공격할 때,
그의 부하 중에 등창이 발병하여 몹시 앓고 있는 병사가 있었다.
그러자 오기는 무릎을 꿇고 앉아 자신의 입으로 직접 그 고름을
빨아냈다. 그런데 그 이야기를 들은 그 병사의 어머니가 눈물을
흘리는 것이 아닌가! 그것을 이상히 여긴 마을 사람이 물었다.

"장군께서 당신의 아들을 저토록 아끼고 보살펴 주셨는데, 당신
은 왜 우는 것이오?"

그러자 그 어머니가 대답했다.

"예전에 저 애의 아버지가 등창에 걸렸을 때에도 오장군이 고름
을 빨아 주었죠. 그때 아이 아버지는 그 은혜에 감동하여 목숨을
걸고 싸우다가 전사하고 말았습니다. 그런데 지금은 내 아들의 고
름까지 빨아 주었으니 저 애도 곧 목숨을 걸고 싸울 것이 아닙니
까? 그러니 전쟁터에서 전사하기 십상이지요. 그래서 슬퍼하는
것입니다."

오기는 초楚나라의 위력을 떨쳤을 뿐만 아니라 변법變法을 구사
한 법가로 처음에는 병법을 배워 위나라 장군이 되었고 손자와 더
불어 손오孫吳로 불리던 당시의 대표적 병법가이다.

앞의 이야기를 두고 유가에서는 '장군이 사병을 돌본다'는 뜻의
'연저吮疽의 인仁'이라는 말을 만들었지만, 한비는 오기의 이러한

행동에 대해 '병사의 병이 나으면 전쟁터로 내보내기 위해 그렇게 한 것이다. 그러므로 이해타산에 지나지 않는다' 라고 말했다.

그리고 '오기는 병사의 병이 낫게 되면 자신에게 도움이 될 것이라 생각하여 더러움을 참고 그 병사의 고름을 빨아낸 것이다' 라고 덧붙였다. 여기에는 오기의 행위는 병사의 목숨을 사기 위한 흥정이고 병사는 그 술책에 속아 전사한다는 비정한 논리가 작용하고 있다. 실제로 오기는 나중에 냉혹한 성격 탓으로 살해되었으니 유가의 주장보다 한비의 주장이 인간의 본성을 꿰뚫어 본 것이라고 할 수 있다.

인간은 박해를 받으리라고 생각하고 있던 사람에게서 은혜를 입으면 보다 강한 의리감을 느낀다.

윗자리에 있는 사람이 아랫사람들의 예상을 깨고 사소한 은혜를 베풀면 커다란 효과를 거둘 수 있다.

상사와 부하의 수직관계도 이와 같은 것이다.

⑤ 이익이 있으면 용감해진다

뱀장어는 뱀과 비슷하고 누에는 굼벵이와 비슷하다. 그리고 사람들은 뱀을 보면 깜짝 놀라고 또한 굼벵이를 보면 소름이 돋게 된다. 그럼에도 불구하고 어부는 뱀장어를 아무렇지도 않은 듯 태연하게 만지며 누에를 치는 아낙네는 누에를 아무렇지도 않게 만진다.

이익이 된다면 누구든 위衛나라의 용자 맹분孟賁이나 오나라 용사 전저專諸와 같은 용자가 되는 것이다.

⑥ 자신이 죽었을 때 이익을 보는 사람을 경계하라

왕비나 후궁 그리고 태자에게는 각기 그들을 따르는 무리가 생기고 그들은 은근히 임금이 죽기를 바라는데, 그 이유는 임금이 죽지 않으면 자신들이 권세를 휘두를 수 없기 때문이다. 물론 임금이 미워서가 아니라, 임금이 죽어야만 자신들에게 이익이 있기 때문이다. 그러므로 임금은 자신이 죽었을 때, 이익을 보는 사람을 경계해야 한다.

하지만 대부분의 군왕은 외부에서 자신을 미워하는 자는 경계하면서도 자신이 사랑하고 있는 사람에게 화禍가 숨겨져 있다는 사실은 모르고 있다.

CEO가 몸과 조직을 망치는 10가지 과오
1. 작은 충성에 정신을 빼앗기면 큰 충성을 알지 못한다.
2. 작은 이익에 마음을 빼앗기면 큰 이익을 잃는다.
3. 아랫사람에게 제멋대로 굴면 자신을 망치게 된다.
4. 정치를 등한시하고 주색에 빠지면 몸과 조직을 망친다.
5. 지나치게 욕심, 고집, 이익에 얽매이면 모든 것을 잃는다.
6. 풍류에 젖어 업무를 잊으면 자신을 망친다.
7. 충고하는 자를 무시하면 위험이 따른다.
8. 충신의 말을 듣지 않고 고집을 부리면 반드시 명예를 잃는다.
9. 다른 조직에 기대려 하는 것은 조직과 정보를 동시에 잃는다.
10. 예의를 지키지 않고 충신을 중용하지 않으면 목숨이 위태롭다.

⑦ 사람은 이익이 있을 때 움직인다

위魏나라 무후 시절, 오기가 서하西河의 지방장관으로 있을 때이다. 그 당시 국경에는 진秦나라의 요새가 있었는데 그것이 위나라 농민들에게 큰 해를 입혔기 때문에 오기는 그곳을 공략하려 하였다. 그렇다고 군대를 동원할 만큼 대단한 것은 아니었기 때문에 오기는 수레 한 대를 북문 밖에 내놓고 이렇게 방을 써 붙였다.

'이것을 남문 밖까지 옮기는 자에게는 좋은 전답과 큰 집을 상으로 주리라.'

하지만 수레를 옮기는 사람은 아무도 없었다. 그러던 어느 날 '밑져 보아야 본전'이라고 생각한 어떤 사람이 수레를 남문 밖으로 옮겨 놓았다. 그러자 오기는 약속대로 그 사람에게 후한 상을 내렸다.

그런 다음 이번에는 팥 한 섬을 동문 밖에 내놓고 이렇게 방을 써 붙였다.

'이것을 서문 밖으로 옮기는 자에게는 큰 상을 내릴 것이다.'

그러자 이번에는 사람들이 너도나도 다투어 팥을 옮겼다. 그것을 본 오기는 이러한 명령을 내렸다.

'내일 진나라의 요새를 공격한다. 누구든 먼저 저 성 안으로 쳐들어간 자는 대부大夫에 임명하고 좋은 전답과 큰 집을 상으로 줄 것이다.'

그 말이 떨어지기가 무섭게 사람들은 앞을 다투어 물밀 듯이 성 안으로 쳐들어갔다. 그리고 하루아침에 그 요새는 위나라에게 점령되고 말았다.

채蔡나라 공주가 제齊나라 환공桓公의 부인이 되었다.

어느 날, 환공이 부인과 뱃놀이를 할 때 부인이 배를 흔들며 장난을 치자 환공은 겁이 나서 꾸중을 했지만 부인은 계속해서 장난을 쳤다. 그러자 환공은 화가 나서 부인을 친정으로 쫓아버리고 말았다. 물론 환공은 곧바로 다시 불러들일 생각이었지만, 채나라에서는 서둘러 다른 곳으로 시집을 보내 버렸다.

그 사실을 알게 된 환공은 크게 노하여 채나라를 공격하려 하였다.

이때 관중管仲이 충고를 하였다.

"내외간의 장난을 가지고 남의 나라를 칠 수는 없습니다. 그렇게 하다가는 큰일을 도모할 수 없습니다. 이런 일로 전쟁을 일으켜서는 안 됩니다."

하지만 환공이 그 말을 듣지 않자, 관중이 다시 말했다.

"꼭 공격을 하고 싶다면 이렇게 하십시오. 초楚나라가 벌써 3년이나 모茅, 술을 거르는 데 사용하는 도구. 천자의 제례 필수품을 천자에게 헌상하지 않았으므로 군대를 이끌고 천하를 위해 초나라를 토벌하러 간다고 하는 것입니다.

그리하여 초나라가 항복하면 곧 되돌아와서 채나라를 공격하며 이렇게 선언하는 것입니다. '나는 천자를 위해 초나라를 토벌하러 갔는데, 채나라는 군사를 내어 달려와 주지 않았다. 그러니 함께 무찔러 버릴 테다'. 그러면 명분도 의義에 맞고 실리도 얻을 수 있습니다.

이것은 누가 보아도 천자를 위해 죄를 묻는다는 명분을 만들면서도 실제로는 원수를 갚는 이득을 볼 수 있습니다."

⑨ 이익만을 위해 잔꾀를 내는 자

증종자曾從子는 칼을 잘 감정鑑定하기로 이름이 높다. 그는 오吳나라 왕에게 원한을 품고 있던 위魏나라 왕에게 이렇게 제안하였다.

"오나라 왕은 검을 좋아합니다. 그러니 제가 오나라에 가서 칼을 감정해 주는 척하다가 칼을 뽑아 오나라 왕을 찔러 죽이겠습니다."

하지만 위나라 왕은 이렇게 대답했다.

"네가 그렇게 하려는 것은 너의 이익을 위해서일 것이다. 오나라는 강국이고 부유하지만, 위나라는 약하고 가난하다. 그러므로 너의 이익 때문이라면 차라리 오나라로 건너가 오나라 왕을 섬기는 편이 나을 것이다. 네가 만약 오나라로 간다면 이번에는 같은 방법으로 오나라 왕을 위해 나를 찔러 죽이려 할 것이 아닌가!"

위나라 왕은 그 즉시 거절하고 증종자를 추방하고 말았다.

위나라의 왕은 증종자의 제안을 들은 후, '이익을 위해 노력하는 사람'은 오나라에 가면 오나라 왕을 위해 노력하게 될 것임을 간파했던 것이다.

2 부하의 마음을 꿰뚫는 심리전

① 불안 심리를 자극한다

어느 마을의 현령縣令이었던 농경은 부하들의 마음을 다스리기 위해 꾀를 내었다.

어느 날 그는 시장을 단속하는 관리를 불러 이것저것 물어본 뒤 그를 내보내고 다른 관리를 불러들였다. 그런 다음 조금 있다가 앞서 내보냈던 그 관리를 다시 불러들였다.

다시 불려온 관리는 무슨 일인가하고 의아하게 생각하며 몸 둘 바를 모르고 서 있었지만, 현령은 별다른 말없이 조용히 있다가 다시 나가보라고 말했다.

그런데 현령이 조금 전에 불려와 있던 관리와 뭔가 이야기를 주고받았을 것이라 짐작한 그 관리는 그 후로 몸가짐을 조심하여 매사에 신중을 기하고 부정을 저지르지 않게 되었다.

윗사람은 마치 어두운 데서 밝은 곳을 보듯 아랫사람을 점검해야 한다. 그러나 보아도 못 본 체하고 들어도 못 들은 체하며 부하의 발언 의향을 알면 가슴속에 간직하여 변하는 일이 없도록 하고 실제의 결과와 맞는지 성적평가를 해야 한다.

한 가지 일을 한사람에게만 맡기고 여러 가지 일을 시키지 않으며 서로가 연락을 취할 수 없게 만들면 부하의 움직임은 훤히 알 수 있다.

② 속마음을 읽어내다

한韓나라의 소후昭侯는 어느 날 신하들을 시험해 보기 위해 잘라낸 손톱 하나를 감춰두고 이렇게 명령했다.

"잘라낸 손톱을 잃어버리는 것은 불길한 일이다. 무슨 수를 써서라도 잃어버린 손톱을 찾아내도록 하라.”

명령을 받은 신하들은 온 방안을 이 잡듯이 뒤졌지만 잃어버린 손톱을 도저히 찾을 수 없었다.

“뭐라고! 찾지 못했단 말이냐. 아니 그러면 잘라낸 손톱이 어디로 날아갔단 말이냐! 잘 찾아보아라.”

그러자 신하들은 다시 한 번 열심히 방안을 뒤졌다. 그 때, 한 신하가 몰래 자기의 손톱을 잘라 이렇게 말했다.

“손톱을 찾았습니다. 여기에 있습니다.”

그리하여 소후는 누가 성실하지 못한지 알게 되었다.

사실, 아랫사람들은 아첨과 추종을 일삼는 특징을 보인다. 그러므로 윗사람이 그러한 추종과 아첨에 빠지지 않으려면 아랫사람의 언행을 똑똑히 관찰해야만 한다.

아첨을 막는 방법은 군주가 참다운 직언을 받아들인다는 것을 보여주는 수밖에 없다.

아랫사람이 생살여탈生殺與奪의 권한을 쥐고 있는 군주에게 잘 보이려고 하는 것은 당연한 일이다. 그리고 이것이 바로 아첨의 원인이 된다.

더 나아가 출세를 위해 동료들을 제치고 등용될 것을 바라는 경우에는 이러한 경향이 더욱더 강해진다.

이러한 아첨에서 벗어나려면 리더는 진실만을 받아들인다는 것을 명확하게 보여 주는 수밖에 없다. 이것이 하고자 하는 의욕을 고취시킬 수 있다.

③ 본심을 파악하고 미리 대비한다

위衛나라의 재상宰相인 산양군山陽君은 왕이 자신을 의심하고 있다는 생각에 불안한 나날을 보내고 있었다. 그렇다고 왕에게 직접 자신을 의심하느냐고 물어볼 수도 없는 노릇이어서 난감했다.

그래서 고심을 하던 끝에 한 가지 묘안을 떠올렸다.

그는 곧장 규수繆竪라는 왕의 총신寵臣을 찾아가 대뜸 욕설을 퍼부어 댔다. 왜냐하면 규수는 왕의 총애를 받고 있기 때문에 왕으로부터 어떤 이야기를 들었을 터이지만 그것을 직접적으로 물어보면 대답해 줄 리가 만무했기 때문이다.

따라서 규수로부터 뭔가 이야기를 끌어내려면 그의 감정을 건드릴 필요가 있었던 것이다.

다짜고짜 욕을 먹은 규수는 발끈 화를 내며 말했다.

"머잖아 당신에게 좋지 않은 일이 생길 거요. 왕은 당신을 의심하고 있소."

이로써 산양군은 왕의 본심을 알게 되었다.

④ 나무를 베지 않은 이유

어느 날 습사미隰斯彌가 제齊나라 재상인 전성자田成子를 배알하였다. 그리고 전성자는 사미와 함께 전망대에 올라 사방을 둘러보게 되었다.

그런데 동·서·북 3면은 볼 수 있었지만 남쪽은 사미의 집에 있는 나무가 우거져 시야를 가리고 있었다. 하지만 전성자는 아무 말도 하지 않았다.

사미는 집에 돌아오자마자 급히 하인들을 시켜 우거진 나무를 베도록 하였다. 그런데 하인들이 도끼로 나무를 몇 번 찍었을 때, 골똘히 생각에 잠겨 있던 사미는 갑자기 도끼질을 멈추게 하였다. 그러자 하인들이 고개를 갸웃거리며 물었다.

"아니, 베라고 명령하신 지 얼마 되지 않았는데 금방 베지 말라고 하시는 겁니까?"

그러자 사미는 이렇게 대답하였다.

"속담에 못 속에 숨어드는 물고기를 아는 것은 불길하다고 했다. 전성자는 제나라를 빼앗으려는 큰일을 꾀하고 있는 사람이다. 그런 사람에게 내가 이렇듯 사소한 일에 신경 쓰는 인간이라는 인상을 주어서는 위험하다. 나무를 자르지 않아도 베어 없애라는 말을 들은 바 없으니 죄는 되지 않는다. 하지만 남이 입 밖에 내지 않고 감춰둔 것을 알게 되면 그 죄는 크다."

이렇게 하여 나무를 베지 않았다고 한다.

일은 은밀하게 해야 하고 말은 새어나감으로써 헛것이 된다. 모든 일은 비밀을 유지해야 성공의 가능성이 높으며, 우연히 상대가 비밀로 하고 있던 일을 알게 되면 말하는 자의 신변이 위태롭게 된다.

또한 상대가 겉으로는 어떤 일을 하고 있는 체하면서 속으로는 다른 일을 꾸미고 있을 때, 만약 상대가 무엇 때문에 그렇게 겉과 속이 다른 일을 하고 있는가를 알게 되면 말하는 자의 신변이 위태로워진다.

군주가 총애하지 않는데도 너무 지혜를 짜내어 진언하면 설사 그 진언이 받아들여진다 해도 군주는 그것을 탐탁지 않게 생각한다. 그리고 진언대로 실행했다가 실패를 하면 진언자의 신변이 위태로워진다.

⑤ 말로 상대의 질투심을 조절한다

한韓나라의 재상 장견張譴이 병에 걸려 죽음이 가까워졌을 때, 공승무정公乘無正이라는 사람이 자신을 후임으로 천거해 달라고 30금金을 싸들고 문병을 왔다.

그 후, 얼마 지나지 않아 한나라 왕이 장견을 문병하러 왔는데 임금이 장견에게 물었다.

"혹시 불행한 일이 생기면 누구를 후임자로 천거하겠소?"

그러자 장견은 이렇게 말했다.

"무정은 법을 존중하고 윗사람을 공경하는 훌륭한 사람입니다. 하지만 공자만큼 인심을 얻고 있지는 못합니다."

이 말은 결국 공자를 후임 재상으로 임명하면 그의 평판은 더욱더 높아지고 상대적으로 왕의 그림자는 엷어지므로 그것을 두려워하는 왕의 내심을 교묘히 꿰뚫어본 것이다. 더불어 이것은 30금에 대한 보답이기도 하다.

3 권모술수權謀術數

① 상대적인 비교 평가

어느 날, 자어子圉가 공자를 송나라 재상에게 소개하였다. 이런 저런 이야기를 나눈 뒤, 공자가 물러가자 자어가 재상 앞에 나아가 이렇게 물었다.

"공자를 어떻게 보셨는지요?"

"공자를 만나고 너를 보니까 네가 꼭 이나 벼룩처럼 보인다. 그 사람을 왕에게 소개해야겠다."

그러자 자어는 공자가 자기보다 더 중히 여겨질까 두려워 재상에게 이렇게 말했다.

"만약 왕께서 공자를 만나시고 나면 대감을 이나 벼룩으로 생각하실 것입니다."

결국 재상은 자신에게 미칠 손해를 고려하여 공자를 임금에게 소개하지 않았다.

윗사람을 쓰러뜨리려면
1. 아랫사람이 윗사람의 눈과 귀를 막아 버린다.
2. 아랫사람이 경제적 상황을 장악한다.
3. 아랫사람이 마음대로 명령을 내린다.
4. 아랫사람이 마음대로 도의道義의 기준을 보인다.
5. 아랫사람이 자신의 조직을 구축한다.

② 부하의 술책에 주의하라

제齊나라의 이사夷射라는 사람이 어느 날 임금의 주연酒宴에 참석했다가 몹시 취하여 밖으로 나와 회랑回廊의 문지방에 기대고 있었다.

그때 죄를 지어 다리를 잘린 문지기가 다가와 말했다.

"대감님, 드시다 남은 술이라도 좋으니 조금만 주십쇼."

"닥치거라. 죄를 짓고 다리까지 잘린 주제에 어느 안전이라고 그따위 말을 지껄이느냐! 썩 물러가거라."

문지기는 곧바로 자리를 떴다가 다시 돌아와 이사가 그 자리를 떠나자 다시 돌아와 그 문지방 밑에 물을 뿌려놓고 마치 오줌을 싼 것처럼 해놓았다.

그 다음 날 아침, 왕은 물이 마르다 만 흔적을 보고 연유를 캐물었다.

"여기에 누가 오줌을 누었느냐?"

문지기는 겁에 질린 표정으로 입을 열었다.

"누가 그랬는지 알 수 없습니다. 다만 어제 저녁 이사 대감께서 이곳에 서 계신 것을 보았을 뿐입니다."

그 말을 들은 왕은 궁전을 더럽혔다는 죄목으로 이사를 주살하고 말았다.

물론 문지기가 거짓을 말한 것은 아니지만, 그는 약간의 트릭을 써서 원수를 갚아버리고 말았다. 더불어 한 번 더 상황을 고려하지 못한 왕의 실책이 크다고 할 수 있다. 그리고 이러한 위험은 누구에게나 존재한다는 사실을 기억해야 한다.

③ 호감을 얻어 경쟁자를 처단하라

초楚나라의 회왕懷王이 미녀를 선물 받자 회왕의 사랑은 애지중지하던 정수로부터 새로운 미녀에게로 옮아갔다. 그때 정수는 그녀를 불러 여러 가지 아름다운 옷과 장식품을 내주고 회왕이 감탄할 정도로 왕보다 더 귀여워했다.

하지만 이것은 정수의 권모술수였다. 회왕이 정수를 '질투심이 없는 여자'로 믿게 되었을 즈음 정수는 그 여자를 불러 주의를 주었다.

"왕은 말을 많이 하는 사람을 싫어하고 입 주위를 가리는 모습을 좋아하니 왕을 모실 때는 입을 꼭 다물어 가리도록 하오."

그러자 그 여인은 왕이 가까이 오면 옷소매로 입을 가렸다. 그것을 이상이 여긴 왕은 정수에게 그 까닭을 물었고 정수는 약간 망설이는 척하다가 이렇게 말했다.

"혹시 그 여자가 마마의 체취를 싫어하는 것은 아닐까요?"

그러던 어느 날, 왕과 정수 그리고 그 여인이 자리를 함께하게 되었는데 정수는 미리 하인에게 이렇게 일러두었다.

"만약 마마께서 어떤 분부가 있으시면 주저치 말고 곧바로 거행하도록 하라."

그런데 그 여인은 왕 앞에서 몇 번이고 입을 가렸다. 그것을 본 왕은 화가 치밀어 이렇게 명령하였다.

"여봐라, 이 계집의 코를 당장 잘라 버려라."

그러자 하인은 곧바로 달려들어 그 여인의 코를 도려내고 말았다.

④ 인간관계를 이용한 모략

한韓나라의 재상 엄수嚴遂가 자신을 그다지 좋지 않게 생각한다는 것을 알고 있던 주周나라 왕은 늘 그것이 마음에 걸렸다. 그러자 풍저馮沮가 나서서 이렇게 묘책을 일러주었다.

"엄수는 한나라의 재상이지만, 한나라 왕은 한괴韓傀라는 사람을 엄수보다 더 총애하므로 자객을 보내 한괴를 암살하게 하십시오. 그러면 한나라 왕은 자연스럽게 한괴를 질투하고 있는 엄수의 짓인 줄로 생각할 것입니다."

⑤ 귀가 얇은 사람을 크게 주의하라

중산국中山國을 찾아간 노단魯丹이 세 번이나 왕을 알현하려 했지만 받아주지 않았다. 생각다 못한 노단은 왕의 측근들에게 50금金을 뿌리고 마침내 왕을 알현하게 되었는데, 그때 노단은 별다른 말도 하지 않았지만 중산국의 왕은 노단에게 극진히 식사를 대접하였다.

그러자 노단은 왕 앞을 물러나와 그대로 중산국을 떠났다.

그때 성대한 대접을 받은 노단의 표정이 시무룩 하자 마부가 이렇게 물었다.

"아니, 그토록 바라던 왕을 알현하고 성대한 식사대접까지 받았는데 어찌하여 이곳을 떠나시려 하십니까?"

그 말을 들은 노단이 대답했다.

"내가 큰 대접을 받은 것은 측근들을 매수했기 때문이다. 그렇게 남의 말을 듣고 나를 후하게 대접하는 사람은 또 다른 사람의 말을 듣고 나를 죄인으로 만들기 십상이다."

아니나 다를까, 노단이 미처 중산국의 국경을 넘기도 전에 어떤 공자가 왕에게 말하였다.

"노단이라는 자는 조趙나라를 위해 우리를 염탐하러 왔던 것입니다."

중산왕은 곧바로 노단을 뒤쫓아 와 그를 처형하고 말았다.

⑥ 피로하게 한 다음 쓰러뜨려라

진晉나라 사람이 형邢을 공격했을 때, 제齊나라의 환공桓公은 형을 구하고자 했지만, 포숙鮑叔이 말했다.

"지금 구하는 것은 너무 이릅니다. 형나라가 망할 때까지 싸우게 하지 않으면 진나라는 피곤을 느끼지 못할 것입니다. 진나라가 피로를 느끼지 않으면 우리 제나라의 국력은 상대적으로 강할 수가 없습니다. 그리고 위험에 처한 나라를 지지했다는 공보다는 망한 나라를 부활시켰다는 은혜가 더 클 것입니다. 상책은 형나라를 구하는 것을 연기하고 진나라가 피곤해지도록 하는 것입니다. 그리고 형나라가 망한 다음 그 나라를 부활시켜 주면 커다란 은덕으로 알게 될 것입니다."

그리하여 환공은 형나라를 구하고자 하는 것을 그만두었다.

제齊나라가 송나라를 침범했을 때, 송나라에서는 장손자臧孫子를 보내 초나라에 구원을 청하게 하였다. 그때, 초나라의 임금은 매우 반가워하며 환대하였다. 하지만 장손자는 매우 어두운 표정을 짓고 있었다.

그러자 이것을 이상하게 여긴 마부가 물었다.

"초나라 임금이 그렇게 환대를 하며 승낙해 주었는데 어찌 근심스러운 표정을 짓고 계십니까?"

"송나라는 작고 제나라는 대국이다. 그렇기 때문에 소국을 구하고 대국의 미움을 산다는 것은 쉽게 결정할 수 없는 문제로 깊이 생각해 보아야 한다. 그럼에도 불구하고 초왕은 태평스런 표정으로 나를 맞이하였다. 그것은 틀림없이 제나라가 전쟁을 일으킨 것을 반기고 있는 것이다. 우리 송나라를 격려하여 제나라와 싸우게 하고 제나라가 약화되면 초나라로서는 그만큼 득을 보게 되는 셈이 되니까 말이다."

그리고 장손자는 귀국했지만 예상대로 제나라가 송나라의 성을 다섯 개나 공격해도 초나라의 군대는 오지 않았다.

위魏나라의 문후文侯가 중산中山이라는 나라를 공격하기 위해 조趙나라의 영토를 통과할 계획을 세웠다. 그리하여 위왕魏王은 조왕趙王에게 사신을 보내어 자신의 계획을 설명하고 조나라의 땅을 밟고 지나갈 수 있도록 해달라고 요청하였다.

"우리의 군대가 귀국貴國의 영토를 지나갈 수 있도록 허락해 주길 바라오. 우리의 목적은 중산中山을 공격하는 것이지 결코 귀국의 영토에 야심을 갖고 있는 것이 아니오."

조왕趙王은 이것을 거부하려 했지만, 신하인 조각趙刻이 극구 말렸다.

"아니 되옵니다. 그것을 이용하십시오."

"아니, 그것이 무슨 소리인가?"

"우리의 땅을 밟고 지나가는 것을 허락하십시오. 만약 위나라가 중산을 공격하여 뜻을 이루지 못한다면 전력을 소모하게 될 것이니 우리로서는 그만큼 유리한 일이 아니겠습니까? 그리고 만약 위나라가 뜻을 이룬다고 해도 우리 조趙를 통과하지 않고는 본국과 왕래를 할 수 없으므로 피를 흘린 것은 위나라 사람이지만 수확한 것은 우리가 되는 셈입니다. 하지만 절대로 반가운 표정으로 허락해 주어서는 안 됩니다.

위왕魏王이 보낸 사신을 너무 환대하면 상대방은 우리의 진의를 꿰뚫어보고 중산 공격을 중지할지도 모릅니다. 마지못해 통과를 허락하는 것처럼 보이도록 하십시오."

4 인간은 이해득실에 따라 움직이는 존재

한비는 철저하게 성악설을 바탕으로 한 인간관리 이론을 전개하였다. 즉, 한비는 '인간은 이해득실에 따라 움직이는 존재'로 상을 좋아하고 벌을 싫어하므로 도덕은 규제력이 없고 오로지 상벌로만 인간을 움직일 수 있다고 판단했던 것이다. 한마디로 말해 사람의 본성이 악하다는 것이 아니라면 한비의 법술론은 성립되지 않는다.

① 사랑과 형법

부모가 꾸짖어도 듣지 않고 이웃이 탓해도 소용이 없으며 선생이 가르쳐도 막무가내인 버릇없는 아이가 있었다. 그런데 부모의 사랑, 이웃의 충고, 선생의 지혜를 모두 동원해도 아무런 변화를 보이지 않았던 그 아이는 지방 관리자가 군대를 동원하여 공법에 의해 나쁜 짓을 하는 사람들을 수색하자, 그 행동을 고쳐 금방 얌전해졌다.

그러므로 사랑이나 충고, 지혜만으로는 아이를 가르칠 수 없는 것이며 때로는 엄격한 처벌이 필요하다.

마찬가지로 백성은 사랑을 베풀면 오히려 버릇없는 행동을 하지만 위엄威嚴에 대해서는 머리를 숙이게 된다.

인간을 움직이게 하는 것은 이익과 욕심을 즐기려는 인간의 '악'이다. 즉, 악은 활동의 근원이기 때문에 악이 없으면 사회는 정체되고 만다.

특히 사회가 어지러운 난세에는 죽느냐 사느냐 하는 악덕이 바로 미덕이 된다.

② 상하관계는 계산관계

윗사람이 현명하면 아랫사람은 개인적인 욕심을 버리고 전체적인 이익을 위해 노력하지만, 윗사람이 그렇지 못하면 아랫사람은 개인적인 욕심을 채우기에 급급하게 된다.

이처럼 윗사람과 아랫사람은 생각하는 것이 서로 다르다. 윗사람은 나름대로의 계산 하에 아랫사람을 거느리고, 아랫사람 역시 나름대로의 계산 하에 윗사람을 모시는 것이다. 즉, 상하관계 모두 머릿속으로는 자신의 이익을 찾고 있다.

따라서 아랫사람은 자신의 모든 것을 바치면서까지 전체의 이익을 꾀하는 일이 없고, 윗사람은 전체의 손해를 감수하면서까지 아랫사람의 이익을 생각하지 않는다.

결국 아랫사람은 마음속으로 내 몸을 손상시키면서까지 충성을 바칠 이유가 없다고 생각하며, 윗사람은 속으로 전체 조직에 타격이 오면 그 무엇도 소용이 없다고 생각한다.

상하관계는 이처럼 이해 타산적으로 성립된다.

③ 이익이 있으면 모이고 없으면 떠나는 것이 인심

한비와 같은 시대에 살았던 조趙나라의 장군 염파廉頗는 한때 수많은 빈객들에게 둘러싸여 있었지만, 그가 해임되자마자 그 빈객들은 자취를 감추고 말았다.

그러나 얼마 지나지 않아 그가 다시 등용되어 장군이 되자, 또다시 빈객들이 몰려들었다. 그러자 염파는 화가 나서 당장 물러가라고 호통을 쳤다.

이때 어떤 사람이 나서서 이렇게 말했다.

"장군, 이것이 바로 세상인심이옵니다. 세상의 사귐이라고 하는 것은 이익이 있으면 모여들고 이익이 없으면 떠나가는 것이 아닙니까? 우리는 장군에게 권세가 있으면 장군 곁으로 찾아들고 권세가 없어지면 떠나갈 뿐입니다. 이것은 당연한 이치가 아닌지요, 그러므로 장군이 관직을 잃었을 때, 떠나갔다고 해서 그것을 원망하신다면 뭔가 잘못된 것으로 생각됩니다."

이처럼 모든 인간관계가 이익과 욕심에 관련되어 있다고 판단한 한비는 그러한 인간들로 구성된 조직을 다스리자면 객관적인 규칙이나 법을 명시하여 그것을 엄격하게 지켜나가야 한다고 역설하였다.

한비가 내세운 인간 관리론의 진수는 사람을 부리는데 있어서 성공하려면 '타산打算'의 뜻을 분명히 알고, 아랫사람을 조종하는 것은 상벌의 두 가지 술책에 대한 사용법을 분명히 아는 것에 있다.

한비가 이러한 관점을 갖게 된 이유는 인간의 이기주의나 욕망을 폭로하기 위해서가 아니라, 인간의 겉과 속을 흐르는 진실된 모습을 바라보고 새로운 인간관계를 형성해야 할 새로운 도덕상을 세우겠다는 생각에서였다.

5 타인의 지혜를 활용하라

한비 이론의 정점은 아랫사람 통제술에 있다. 그리고 시대 변천론에 바탕을 둔 역사관과 성악설을 기초로 한 인간관리 및 합리주의가 얽혀 독특한 문화관, 사회관을 형성하고 있다. 이것이 진시황제를 감격시켜 그의 부국강병책에 채용된 것이다.

① 조직 운영

법가法家 학설이라는 분류에 따르면 법가는 3학파로 나뉜다고 한다.

첫째는 법률제정과 상벌의 집행을 중시하는 상앙파〔법法을 중시한다〕, 둘째는 관리의 선발 및 임용과 감독, 심사, 장려 처벌 그리고 조종의 방법, 수단의 고찰을 중시하는 신불해파〔술術을 중시한다〕, 셋째는 유지 및 운용의 고찰을 중시하는 신도파〔세勢를 중시한다〕가 그것이다. 그리고 이 3학파를 비판·종합하여 집대성한 것이 바로 한비의 법치이론이다.

② 한비의 법法과 술術

한비는 법과 술에 대해 이렇게 말하고 있다.

"법이란 관서에 명시되어 있는 규칙으로 반드시 지켜야 할 명령이다. 즉, 형벌은 무서운 것이라는 점을 백성들의 마음속에 철저하게 새겨주어야 하는 것이다. 그리고 법을 지키는 사람에게는 상을 주고 그것을 어기는 자에게는 벌을 주어 백성들이 그 법을 행동의 기준으로 삼도록 해야 한다."

"술이란 군주가 신하의 능력에 따라 관직을 주고 진언進言한 것에 대해서는 그 실적을 올리게 하며 생살권生殺權을 쥐고 군신의 능력을 시험하는 것으로써 이것은 군주가 반드시 지켜나가야 하는 것이다."

법이라고 하는 것을 지금으로 풀이하자면 법률, 행정 명령, 규칙으로 이해할 수 있다.

그리고 술은 관리의 임면(任免, 상벌)의 방법 등을 말하는데 지금으로 볼 때에는 계획 입안과 조직편성, 고과 등을 포함하는 인사 관리와 같다.

③ 한비의 법치이론

군주에게 술術이 없으면 위에서부터 눈이 가려지고 신하에게 법法이 없으면 아래에서부터 문란해진다. 그러므로 술과 법은 반드시 함께 있어야 하는 제왕의 도구이다.

한비의 법치이론 네 가지
1. 군신의 능력을 분석하여 적재적소에 배치하는 것으로 '조직체의 구성'을 말한다.

2. 법에 의한 철저한 신상필벌의 원칙이 적용되어야 한다.

3. 아랫사람이 진언한 것은 반드시 그 실적을 평가한다.

4. 주권자는 절대로 상벌권을 포기하면 안 된다.

국가의 기초는 좋은 법法과 우수한 군대에 있다.

법이란 조직에 있어서 평가의 법칙이다. 그리고 그것은 조직 속의 인간의 룰에 따라 만들어진다.

그러므로 한 사람의 소질은 조직의 룰에 적응하기 쉬운가 어떤가하는 것에만 관계가 있다는 점에만 주의하지 않으면 안 된다.

④ 적재적소 배치가 조직을 살린다

이 세상에 항상 강하고 항상 약한 나라조직는 없다. 국법을 잘지키면 강한 나라조직가 되고, 국법을 소홀히 하면 그 나라 조직은 약해진다. 따라서 사람을 적재적소에 배치하는 것이 무엇보다 중요하다.

만약 군주최고경영자가 어떤 사람의 평판이 좋다고 하여 재능도 있을 것이라고 판단해 그를 승진시킨다면 신하는 군주로부터 멀어지고 은밀하게 파벌을 만들어 서로를 칭찬하게 된다.

그러면 군주는 그 신하가 나라에 도움이 될 것이라는 생각에 그 사람을 더욱더 중용하게 되고 백성들은 그런 사람의 집에 드나들며 법에 의한 정상적인 승진이나 중용을 회피하려 할 것이다.

그러므로 인물을 등용함에 있어 적재적소의 원칙을 무시하면 나라조직가 문란해지고 무너지기 쉬운 법이다.

⑤ 평판에 의지하여 상벌을 주지 말라

평판에 의지하여 상벌을 주게 되면, 벌을 꺼리는 사람은 국법을 무시하고 제멋대로 사리사욕을 꾀하려 할 것이며, 파벌을 만들어 서로 칭찬하면서 자신의 이익만 좇게 된다.

그리고 군주의 눈을 멀게 할 파벌 내의 사람만 천거함으로써 군주에 대한 생각은 자연스럽게 멀어지고 만다. 그리하여 그 범위가 넓어지고 파벌의 세력이 커지면 어떤 신하에게 커다란 잘못이 있어도 서로 숨겨주기 때문에 나라가 문란해진다.

권세를 오랫동안 유지하려는 파벌로 인해 충신이 자취를 감추고 그 대신 아무런 공적도 없는 간신들이 들끓게 되면 나라 조직은 망하고 만다.

⑥ 실적에 따라 점검하고 상벌을 주어라

제齊나라에 전중田仲이라는 나라의 녹을 먹지 않는 은사隱士가 있었다. 어느 날, 송宋나라의 굴곡屈穀이라는 사람이 전중을 만나 이렇게 말했다.

"듣자하니 선생은 남에게 의지하여 먹고살기를 기대하지 않는다지요? 그런데 저는 조롱박 심는 방법을 알고 있습니다. 그 방법으로 거둬들인 조롱박은 돌처럼 단단하며 껍질이 두껍고 구멍이 없습니다. 제가 하나 드릴까요?"

그러자 전중이 대답했다.

"조롱박의 가치는 갈라서 물건을 담을 수 있는 능력에 달려 있소. 그런데 껍질이 두껍고 구멍이 없다면 물건을 담을 수가 없지 않소? 돌처럼 단단하면 갈라서 물을 뜰 수도 없을 것이오. 그러한 조롱박은 필요 없소."

"옳은 말씀입니다. 그래서 저도 버리려고 생각하고 있지요."

여기서 단단한 조롱박은 바로 전중을 두고 하는 말이다. 전중은 남에게 의지하지 않고 살고자 하지만 그렇다고 하여 그것이 나라에 도움이 되는 것은 아니다. 즉, 단단한 조롱박과 같은 것이다.

박해는 한 번으로 끝내지 않으면 안 되고, 은혜는 조금씩 베풀지 않으면 안 된다.

벌은 충격적이어야 하고 상은 조금씩 오래 주는 것이 좋다. 한꺼번에 많은 액수의 상을 지급하면 쓸데없이 다른 사람의 시기를 받을 뿐, 효과는 상의 액수에 비해 의외로 낮다. 개중에는 그러한 상을 마지못해 주는 것이라고 생각하여 예상외로 감사도 받지 못하고 끝나버리는 경우가 있기 때문이다.

⑦ 무엇이 더 귀중한 재주인가

묵자墨子가 3년이나 걸려서 나무로 솔개를 만들었다. 그런데 단 하루를 날았을 뿐, 그 솔개는 부서지고 말았다. 그러자 제자가 말했다.

"솜씨가 참 좋으십니다. 드디어 솔개를 날리셨군요?"

묵자가 고개를 저었다.

"하지만 수레 끌채를 만드는 사람만 못하구나. 여덟 치나 한 자의 나무를 써서 하루도 걸리지 않고 수레 채를 만들어내면 30섬의

짐을 멀리 운반하며 몇 해나 쓰게 된다. 그런데 나는 3년이나 걸려서 나무로 솔개를 만들었지만 단 하루를 날고 부서져 버렸구나."

혜자惠子가 이 말을 듣고 말했다.

"묵자는 진정한 손재주가 무엇인지 잘 알고 있는 사람이다. 나무 솔개를 만드는 사람보다 수레 끌채를 만드는 사람이 더 솜씨 있다는 것을 알고 있으니 말이야. 묵자는 위대한 사람이다."

송宋나라 왕이 제齊나라와 서로 사이가 좋지 않을 무렵, 전승기념의 무공전을 세웠다. 그때 노래를 잘 하는 계癸가 선창을 부르고 노래를 하자 지나가는 사람들이 걸음을 멈춰 서서 바라보고 건축 일을 하는 사람들은 피로를 느끼지 않았다.

왕이 이 말을 듣고 계를 불러 상을 내리자 계가 말했다.

"제 스승 사계射稽의 노래가 저보다 훨씬 더 훌륭합니다."

그리하여 왕은 사계를 불러 노래를 부르게 하였다. 하지만 지나가는 사람은 걸음을 멈추지 않았고 건축 일을 하는 사람은 피로를 느꼈다. 그러자 왕은 계를 불러 이렇게 말했다.

"사계가 노래를 부를 때에는 지나가던 사람이 걸음을 멈추지 않고 일을 하는 사람도 피로를 느끼고 있다. 그렇다면 그의 노래는 너만 못한 것 아니냐. 어찌된 까닭이냐."

"공사의 결과를 보십시오. 제가 노래를 불렀을 때에는 4판板, 1판은 높이가 두 자임분이었지만, 사계가 노래할 때에는 8판분을 해치웠습니다. 또한 흙의 단단함을 막대기로 찔러 보십시오. 사계가 불렀을 때는 다섯 치나 들어가 있지만 제가 불렀을 때는 두 치뿐입니다."

어리석은 군주는 신하의 언행에 대해 실적을 보지 않고 표면만 아름다운 것을 찾고 있음을 풍자하고 있다.

⑧ 법규를 따르라

현명한 군주는 법에 따라 사람을 선택하고 주관적인 생각으로 사람을 쓰지 않는다. 그러므로 재능이 있는 사람은 인정을 받지만 무능한 사람이 허위로 속일 수 없고 파벌 내에서 서로를 칭찬하여 영달할 수도 없으며 모함을 당한다 해도 무조건 쫓겨나지는 않는다.

이러한 흐름을 형성하게 되면 군신간에는 별다른 문제가 발생하지 않게 된다. 그러므로 군주는 법규에 따라 처리하기만 하면 된다.

⑨ 하찮은 의견이라도 집중하라

초楚나라의 화씨和氏가 초산楚山에서 조옥粗玉을 발견하였다. 그 가치가 뛰어남을 알고 있던 화씨는 그것을 소중히 들고 가서 초의 여왕厲王에게 바쳤다.

그런데 여왕이 보석사에게 감정을 시켰더니 단순한 돌이라는 판정이 나 버렸고 왕은 '군주를 속이는 나쁜 놈'이라고 화를 내며 왼쪽 다리를 잘라버렸다. 그리고 여왕이 죽고 나서 무왕武王이 즉위하자, 화씨는 또다시 그 조옥을 소중히 들고 가서 무왕에게 바쳤다.

무왕 역시 보석 감정사에게 감정을 맡겼고 이번에도 단순한 돌이라는 결과가 나왔다. 그러자 무왕은 분노하며 오른쪽 다리를 잘라버렸다.

무왕이 죽고 문왕文王이 즉위했을 때, 화씨는 조옥을 가슴에 안고 초산 기슭에서 사흘 동안을 통곡하였다. 그가 눈물이 마르고 피가 나올 정도로 울자, 그 사실은 왕의 귀에까지 들어가게 되었고 문왕은 사람을 시켜 그 까닭을 알아오도록 하였다.

"세상에 다리를 잘리는 사람은 많이 있다. 그런데도 어찌 그대만 그토록 슬피 울고 있는 것인가?"

"저는 다리가 잘린 것을 두고 슬퍼하는 것이 아닙니다. 이토록 훌륭한 보석을 알아보지 못하고 돌덩이라는 말을 듣는 것과 성실한 인간인데도 임금을 속였다는 말을 듣는 것이 슬퍼서 우는 것입니다."

그리하여 문왕은 보석사에게 그 돌을 닦게 하였다. 그러자 그 돌은 아름다운 보석으로 변하게 되었다.

⑩ 아랫사람은 손과 같은 존재

신하는 머리에서부터 발끝까지 다듬는 손과 같다. 손은 또한 계절의 변화에 따라 몸을 보호하기도 하며 몸에 위험이 다가오면 그에 대한 방어를 하기도 한다.

신하란 이처럼 손과 같은 존재이므로 어떤 신하가 현자라고 하여 무조건 총애하는 일이 없어야 백성들이 호족이나 고관에게 아부하지 않는다. 그리고 신하들이 향리 밖에까지 교제의 범위를 넓히는 일이나 먼 곳에 있는 인척의 부탁을 들어주는 등의 문제도 사라지게 된다.

더불어 귀천에 대한 차별도 생기지 않으며 어리석은 사람이나 현명한 사람 모두 능력에 따라 잘 다스려진다. 이것이 바로 치정治

政의 극치이다.

결국 한비는 조직을 다음과 같은 원칙에 따라 운영해야 한다고 역설하는 것이다.

1. 인재를 적재적소에 배치한다.
2. 군주최고경영자는 평판이나 개인적인 판단으로 조직의 원칙을 무너뜨리지 않는다.
3. 끊임없이 조직의 경직화硬直化를 막는 관리 체계를 유지한다.
4. 중간 관리자는 주변 문제에 대해 기업의 손이 되어 움직인다.
5. 사원들이 보람을 느끼도록 해야 한다.

6 사람을 제어하는 능력

자신에게 도움을 줄 사람과 해로움을 끼칠 사람을 구별하는 것은 쉬운 일이 아니다. 특히 조직이라고 하는 것은 다양한 인간들이 모여 이루어진 집단으로 '사람 보는 눈'을 기르는 것이 무엇보다 중요하다.

① 조직을 해롭게 하는 다섯 가지 유형

1. 자신이 누려온 직위나 보상을 무시하고 일신의 안위를 위해 자신의 조직을 떠나 다른 조직의 지도자를 따르는 사람, 이러한 사람은 결코 그 성질이 강직하고 청렴한 것이 아니다.
2. 멋대로 법을 무시하고 지도자를 거역하며 강력하게 자신의 의

견을 피력하는 사람, 이러한 사람을 충신이라고 할 수는 없다.

3. 다른 사람에게 은혜를 베풀고 이익을 주어 인기를 얻는 사람. 이런 인물을 두고 어질고 착한 사람이라고 할 수는 없다.

4. 세속을 떠나 은둔생활을 하며 지도자를 비방하는 사람. 겉으로는 비록 의로운 사람으로 보일지는 모르지만 결코 그렇지 못하다.

5.다른 나라의 지도자들이나 리더들과 교분이 깊고 자국의 국력을 소모하며 나라에 위기가 닥치면, '제가 다른 나라의 지도자와 친분이 있으니 저에게 이 일을 맡겨주십시오. 이 일은 오직 저만이 할 수 있습니다' 라고 말하며 위기상황을 이용하여 자신의 지위를 굳히려고 하는 사람. 이러한 사람은 결코 지혜로운 것이 아니다.

한비는 사회가 혼란스럽고 어지러울수록 이러한 인물이 많이 등장한다고 역설하고 있다. 그리고 이러한 인물의 개인적인 명성과 조직의 이익과는 크게 모순관계에 있다고 하였다.

② 조직은 법法과 술術로 다스려라

한 사람의 지도자가 혼자서 많은 사람들의 행위를 일일이 관찰하는 것은 불가능하다. 그런데 윗사람이 눈을 돌리면 아랫사람은 가식된 행동을 보이고 윗사람이 귀를 기울이면 아랫사람은 아부를 한다. 또한 윗사람이 깊이 생각을 하면 아랫사람은 그럴 듯한 말로 현혹시킨다.

따라서 옛날의 현명한 군주들은 눈과 귀, 생각 이 세 가지는 모두 소용없는 것이라 하여 자신의 능력에 의지하여 판단하는 것을 그만두고 법과 술로써 상벌을 분명히 하였다.

한비보다 후대 사람인 당나라의 재상 덕유德裕 역시 이렇게 말하고 있다.

"올바른 사람[正人]은 행동이 바르지 못한 사람을 가리켜 사인邪人이라 하고, 사인 또한 올바른 행동을 하는 사람을 가리켜 사인이라 한다. 그러므로 이것은 얼마나 사람을 잘 볼 줄 아느냐에 달린 문제이다."

만약 법과 술이 개인의 능력보다 앞선다면 개인의 능력에 의지하여 아랫사람을 다스리는 윗사람은 윗사람으로서의 자격이 부족하다는 얘기가 된다.

③ 천하에 그물을 쳐라

어느 날, 아침 정나라의 자산이 동장東匠이라는 거리를 지나고 있을 때, 갑자기 여인의 통곡소리가 들려왔다. 아침부터 구슬픈 여인네의 울음소리가 들리므로 자산은 수레를 멈추게 하고 한참이나 귀를 기울이고 있었다.

그러다가 사람을 시켜 그 여인을 불러오게 한 다음, 직접 심문을 하였는데 그 여인은 자산의 집요한 질문에 결국 자신이 스스로 남편을 교살했음을 털어놓고 말았다.

며칠 뒤, 마부가 어떻게 그 사실을 알았느냐고 묻자 자산은 이렇게 말했다.

"그 울음소리에는 뭔가를 두려워하는 듯한 기운이 느껴졌다. 모름지기 사람은 사랑하거나 아끼는 사람이 병이 들면 그것을 걱정하고, 죽을 것 같으면 두려워하며 죽으면 슬퍼하기 마련이다. 그런데 그 여자는 이미 남편이 죽었는데도 그 울음소리에 두려워하는 기색이 느껴졌다. 그래서 뭔가 잘못된 것임을 직감하고 심문을 했던 것이다.”

하지만 자산의 이러한 능력에 대해 또 다른 사람은 이렇게 말하고 있다.

“자산의 정치는 그것을 헤아리기가 그 얼마나 어려운가! 간사함과 악함을 구별해야 할 경우, 반드시 눈이나 귀에 의지해야 한다면 정나라에서는 그것을 발견하기가 어려울 것이다. 그 일을 형리에게 맡기지 않거나 상대방의 말에 거짓이 없는가에 대해 실제 결과를 조사하지 않고, 혹은 법령을 분명하게 적용하지 않으며 귀와 눈에만 의지한다면, 그리고 자신의 생각으로만 간악함과 악함을 구별하고자 한다면 얼마나 조소받을 일인가?

세상 물정은 그렇게 간단한 것이 아니다.

그런데 혼자의 힘으로 그것을 어떻게 하자는 것인가? 지력知力만으로는 모든 사물을 알 수가 없으므로 사물事物로써 사물을 다스려야 한다.

아랫사람은 많고 윗사람은 적다. 그리고 적은 자는 많은 자에게 이길 수 없으므로 윗사람은 아랫사람을 모두 파악할 수가 없다. 따라서 사람을 써서 사람을 알아야 한다. 그러면 윗사람은 번민을 하거나 복잡하게 생각하지 않고 쉽게 간사함과 악함을 찾아낼 수 있다.”

송나라 사람이 이렇게 말했다.

"한 마리의 참새가 날아가고 있을 때, 활의 명인인 예〔羿, 궁술의 명인〕가 자신의 능력만 믿고 그것을 쏘아 떨어뜨리려 한다면 그것은 모순이다. 그렇게 하는 것보다는 천하에 그물을 쳐 놓으면 되지 않겠는가!"

커다란 그물을 쳐 놓으면 어떠한 간사함과 악함도 빠져나갈 수 없다. 이러한 도리를 모르고 자신의 추측을 무기로 삼아 간사함과 악함을 찾아내려 한다면 아무리 뛰어난 자산이라 할지라도 어려운 일이다.

노자가 '지혜로써 나라를 다스리려는 것은 나라를 망칠 뿐이다' 라고 말했던 것은 자산에게 어울리는 말이다.

한 사람의 지력으로는 수많은 사물이나 사람을 알 수가 없다. 게다가 사람들은 타산적으로 움직이기 때문에 겉으로는 드러나지 않지만, 속으로는 언제 어디서 무엇을 생각하고 있는지 알 수가 없다. 그러므로 이러한 모순을 없애려면 사물로써 사물을 다스리고 사람을 써서 사람을 아는 수밖에 없다.

그리고 그러기 위해서는 반드시 사물의 도리를 따르고 예외를 두어서는 안 된다.

조趙나라의 양거梁車가 처음으로 업業이라는 지방의 장관이 되었을 때, 손위의 누이가 그를 만나러 왔다. 그런데 이미 해가 저물어 성문이 닫혀 있자, 그녀는 성벽을 타고 넘어 들어갔다. 나중에 그 사실을 알게 된 양거는 자기 누이의 발을 자르고 처형해 버렸다.

조나라의 성후成侯는 양거를 무정한 인간이라고 하여 관인官印

을 몰수하고 해직해 버렸다.

양거는 법을 존중하여 사사로운 정을 물리쳤는데도 군주는 잘
못 판단하여 양거의 행위를 미워했다는 것이 한비의 주장이다.

통솔자의 벌은 조직을 위하고 조직과 관련된 것의 발전을 위한
일이지, 어설픈 덕이나 사회를 위한 것이 아니다. 법은 실로 엄격
한 것이어야 하며 예외가 있어서는 안 된다.

7 어리석고, 평범하며 현명한 리더

어리석은 리더는 가능한 한 자신의 능력을 사용하고, 평범한 리
더는 가능한 한 타인의 힘을 사용하며 현명한 리더는 가능한 한
타인의 지혜를 사용한다.

① 최선책

스스로의 지혜로 열 사람을 알아보는 것은 하책下策이요, 열 사
람의 지혜로 한 사람을 아는 것은 상책上策이다. 현명한 리더는 상
책, 하책을 모두 사용하므로 나쁜 일을 놓치지 않는다.

위魏나라 소왕昭王은 자신이 직접 공무를 집행할 생각으로 재상
맹상군孟嘗君에게 이렇게 말했다.

"내가 직접 공무를 집행해 보고 싶소."

"그렇다면 법전法典을 몇 번이나 되풀이하여 읽으셔서 그 뜻을

파악해야 합니다."

하지만 소왕은 법전을 몇 번 정도 읽고 그만 잠이 들고 말았다. 이윽고 잠에서 깨어난 소왕은 이렇게 말했다. "더 이상 법전을 읽을 기력이 없구려."

무슨 일이든 스스로 처리하려고 하는 리더는 이렇게 될 수밖에 없다. 모름지기 리더는 사람들을 이끌고 다스리는 능력만 있으면 되는데도 불구하고 아랫사람들이 해야 할 일까지 직접 처리하려 한다면 일의 진척은 없고 피곤함만 가중될 뿐이다.

② 솔선수범

추鄒나라의 임금은 관冠에 매는 끈을 길게 늘어뜨리기를 좋아하였다. 그러자 그것을 본 신하들 역시 임금을 따라 갓끈을 길게 늘어뜨렸다. 수요가 많아지자 갓끈의 값은 날이 갈수록 치솟았고 이를 걱정한 추나라 임금이 한 신하를 불러 갓끈의 값이 이토록 비싸진 연유를 물었다.

그러자 그는 이렇게 대답하였다.

"마마께서 갓끈을 길게 늘어뜨리기를 좋아하시니 모든 백성들이 그것을 따라하게 되었습니다. 그래서 갓끈의 값이 이렇게 오른 것입니다."

결국 추나라 임금은 스스로 갓끈을 짧게 하고 순행을 나섰다. 그러자 갓끈을 길게 늘어뜨리는 백성들은 금방 없어졌다. 임금이 백성들에게 갓끈의 길이를 길게 하면 처벌할 것이라는 엄명을 내리지 않고 스스로 솔선수범한 것은 현명한 처사이다.

이것은 한 사람이 조직 전체를 좌지우지하거나 1인 지배자가 흔히 저지르는 실수 중의 하나이다. 물론 악의가 있는 것은 아니지만, 능률주의를 운운하면서 자신은 비능률적인 행동을 하며, 자신의 좋지 않은 행동은 잊고 부하들의 일을 비판하거나 빼앗는 것을 잘 꼬집고 있는 것이다.

③ 적절치 못한 솔선수범

맹상군의 아버지 전영田嬰이 제齊나라 재상으로 있을 때, 임금에게 이렇게 간하였다.

"며칠이 걸릴지라도 연간 회계보고를 직접 듣지 않으시면 관리들의 부정과 선악을 알 수 없을 것입니다."

이 말을 받아들인 임금은 전영에게 영을 내려 자신이 직접 회계보고를 들을 수 있도록 채비를 갖추게 하였다. 그러자 전영은 담당 관리에게 영을 내려 문서에 미곡의 수량을 기입하게 하고 그것을 자세히 보고하라고 일렀다.

임금은 자리에 앉아 그 보고를 듣게 되었지만, 너무 계산이 복잡했기 때문에 그 내용을 제대로 알아듣지 못했고 게다가 그 보고는 쉴 틈도 없이 계속되었다.

그러자 전영이 곁에서 이렇게 말했다.

"이것은 신하들이 1년에 걸려 작성한 것입니다. 그런데 주상께서 하룻밤 사이에 그 보고를 다 들었다고 하면 신하들은 탄복하여 더욱더 공무에 열성을 다할 것입니다."

하지만 임금은 그 보고를 끝까지 듣지 못하고 결국 잠이 들고 말았다. 그러자 그 사이에 관리는 문서에 기록된 숫자를 허위로 기재해 버렸다. 그 결과, 제나라에서는 임금이 직접 회계를 감사했지만 나라는 나라대로 문란해지고 말았다.

④ 공론에 현혹되는 무능한 군주

어느 날 제齊나라의 환공桓公이 술에 취해 관을 잃어버리고 말았다. 그것이 너무나 창피했던 환공은 사흘이나 조정에 나가지 않았는데, 그때 재상 관중管仲이 말했다.

"그만한 일은 군주된 자의 수치가 아닙니다. 선정으로 보충하시면 될 것입니다."

"과연 그렇군."

고개를 끄덕인 환공은 쌀 곳간을 열어 가난한 사람에게 그것을 베풀고 죄수를 조사하여 죄가 가벼운 사람은 풀어주었다. 그러자 사흘 뒤에 백성들이 환공에게 이렇게 부탁하였다.

"임금님, 다시 한 번 관을 잃어주십시오."

어떤 사람한비 자신이 말했다.

"관중은 소인에 대해서는 치욕을 씻도록 했지만 군주에 대해서는 창피를 주었다. 환공이 쌀 곳간을 열어 가난한 자에게 베풀어주고 죄수를 조사하여 죄가 가벼운 자는 풀어준 일이 정당하지 않다면 그것은 치욕을 씻는 일이 되지 않는다. 그것이 정당하다면 환공은 그 정당한 일을 하지 않고 관 잃기를 기다리고 있었던 셈이 된다. 다시 말해 관중은 소인에 대해서 관을 잃어버렸다는 치욕을 씻었지만 군주에 대해서는 정당한 일을 등한시 했다는 창피를 주게 된 것이다.

뿐만 아니라 쌀 곳간을 열어 가난한 자에게 베푸는 것은 공적이 없는 자에게 상을 주는 일이다. 공적이 없는 자에게 상을 주면 백성은 우쭐해서 커다란 희망을 갖는다. 잘못을 저지른 자를 벌하지 않으면 백성은 뉘우치지 않고 나쁜 짓을 하기 쉽다. 이것은 나라가 어지러워지는 원인이며 치욕을 씻을 수는 없다.

도를 얻은 군주는 신하를 부유하게 하지 않으며 만약 부유하게 하면 신하는 군주를 넘본다. 신하로서 공적 이상의 부를 누리고 있는 자가 있으면 그것을 몰수하고 공적 이하의 부를 누리는 자가 있으면 그에 맞게 보충해 주어야 한다. 하지만 이러한 경우라도 백성들이 알지 못하도록 은밀히 행해져야 한다.

⑤ 리더의 조직 점검만으로도 백성은 굶지 않는다

조趙나라 간왕簡王이 세금을 거두어들이는 관리에게 세금을 징수하도록 명하자, 세금을 중과세 할 것인지 아니면 경과세 할 것인지 논란이 일어났다.

그때 간왕이 이렇게 말했다.

"그 어느 쪽도 안 된다. 중과세를 하면 조정의 수입은 늘게 되지만 백성들이 세금에 시달릴 것이고, 경과세를 하게 되면 백성들은 부담이 덜어질지 모르지만 조정의 수입은 줄어들게 된다. 그러니 적당한 선에서 과세를 정하도록 하고, 세금을 거두어들이는 관리가 중간에서 사리사욕을 취하지 않도록 하면 된다."

그러자 박의薄疑가 이렇게 말했다.

"하오나 마마, 이 나라에는 중간층에 있는 자가 넘쳐흐릅니다."

그 말을 들은 간왕은 기뻐하며 되물었다.

"그것이 사실이냐?"

"위를 보면 국고는 텅 비어 있고 아래를 보면 백성들은 모두 굶주리고 있습니다. 그런데도 중간층에서 부를 축적한 부정한 관리들은 넘쳐흐르고 있습니다."

여기서 박의가 말했던 '중간층에 있는 자'란 부정한 관리를 말함인데, 간왕은 나라 안의 모든 사람이라는 의미로 받아들였다.

이처럼 리더가 사물의 도리를 따르지 않으면 폐해가 발생할 수밖에 없다.

소왕이 법전을 읽는 것이나 밤을 새워 회계 관리를 직접 챙기려는 것 역시 리더는 조직을 점검만 하고 있으면 된다는 사실을 몰랐기 때문인 것이다.

8 사물의 도리에 따라 사물을 지배하라

한비가 말하는 조직 관리에서 중간 관리자는 조직의 커다란 그물이 되어 자신의 일에 능통하고 있어야 한다. 그리고 리더는 術을 통해 조직을 관리하기만 하면 된다.

다시 말해 術이라고 하는 것은 공정하고 객관적으로 사람들의 능력을 점검하고 검토하는 기능을 담당하는 것이라고 볼 수 있다.

사실, 조직을 구성하는 원리는 인간의 욕망을 이용하여 사람을 관리하고 사물의 도리에 따라 사물을 지배하는 합리주의에 있는 것이다.

① 사람의 욕망을 이용하여 관리한다

말을 잘 감정하기로 유명한 백락伯樂은 자신이 미워하는 사람에게는 하루에 천리를 달리는 명마 감정법을 가르쳤고, 자신이 아끼는 사람에게는 평범한 말을 감정하는 방법을 가르쳤다.

왜냐하면 천리마를 만나는 것은 극히 어려운 일이므로 그 감정법을 안다고 해도 생활에 그다지 도움이 되지 않기 때문이다. 하지만 평범한 말은 흔하기 때문에 어디에서나 매매가 이루어지므로 그 감정법을 알아두면 생활에 커다란 도움이 되는 것이다.

그렇다고 여기서 백락이 얄팍한 꾀를 썼다고 볼 수는 없다. 어쩌면 당연한 사람의 감정이라고 할 수 있는 것이다. 자신이 아끼는 사람에게 삶의 지혜를 나눠주는 것은 인지상정人之常情이다.

이처럼 사람의 욕망을 이용하여 사람을 다루는 것은 조직을 구성하는 기본전술이 된다.

② 주인을 보고 짖는 개

양주楊朱의 동생 양포楊布가 하얀 옷을 입고 외출을 했다가, 돌아올 즈음에 비가 내려 하얀 옷이 젖을까 염려되어 검은 옷으로 갈아입고 집으로 돌아왔다.

그러자 문 앞에 있던 개가 주인을 몰라보고 짖어댔다. 화가 난 양포가 개를 때리려 하자, 양주가 말리면서 말했다.

"입장을 바꿔 놓고 생각해 보거라. 우리 집 개가 나갈 때는 하얀 개였는데 돌아올 때에는 검은 개가 되었다면 너는 어떻게 하겠느냐? 아마도 틀림없이 의심을 하게 될 것이다."

③ 어디로 날아갈지 모르는 화살

혜자는 이렇게 말하고 있다.

"활의 명인인 예羿가 활시위를 당기면 사람들은 그가 활의 명인이므로 결코 실수가 없을 것임을 믿고 별로 사이가 좋지 않은 월越나라 사람까지도 몸을 피하지 않을 것이다.

하지만 어린아이가 활시위를 당기면 화살이 어디로 날아갈지 모르므로 어질고 착한 어머니일지라도 방안으로 피하고 만다. 즉, 백발백중인 예의 화살은 사이가 좋지 않은 월나라 사람까지도 믿지만, 어디로 날아갈지 모르는 어린아이의 화살은 가장 친근한 어머니조차 피하게 된다.

또한 혜자는 이렇게 말하고 있다.

"원숭이는 영리한 동물이다. 하지만 원숭이를 돼지우리에 함께 가두면 돼지처럼 되어 버린다."

이것은 선악의 문제가 아니다. 어디까지나 사물의 도리일 뿐이다.

④ 일은 커지기 전에 처리하라

옛날 중국에 편작扁鵲이라는 이름난 의사가 있었다. 어느 날 그는 채蔡나라 환공桓公을 배알하는 자리에서 말했다.

"병이 피부에 있으니 서둘러 고쳐야 합니다."

"쓸데없는 소리! 난 아무렇지도 않아."

환공은 편작의 말을 일소에 부치고 말았다.

"의원이라는 자들은 공연히 멀쩡한 사람을 병자로 만들고 치료한다면서 공을 내세우려 하거든."

이렇게 생각한 환공은 편작의 말을 조금도 믿지 않았다.

그 후 열흘쯤 지난 뒤에 환공을 만난 편작이 말했다.

"병이 살 속으로 파고들었으니 빨리 고쳐야 합니다."

하지만 환공은 들은 척도 하지 않았다. 그리고 또 다시 열흘쯤 지난 다음, 편작은 이렇게 말했다.

"병이 위장에 들었으니 지금 고치지 않으면 심각해집니다."

그러자 환공은 불쾌한 표정을 지으면서 서둘러 편작을 돌아가게 하였다. 그 후 열흘이 지난 다음 궁에 들어간 편작은 환공을 보고도 아무 말 없이 금방 돌아섰다.

그의 달라진 행동이 궁금해진 환공은 다른 사람을 시켜 왜 그냥 돌아섰는지 알아오게 하였다. 그러자 심부름을 갔던 사람은 편작이 한 말을 그대로 전해주었다.

"피부의 병은 약탕, 살 속의 병은 침, 위장의 병은 물약 등으로 고치면 된다. 하지만 왕의 병은 이제 골수에 들었다. 골수의 병은 인력으로는 어찌할 수 없다. 그래서 아무 말도 하지 않았던 것이다."

이 말을 들은 지 닷새 만에 환공은 갑자기 앓기 시작하였고 얼마 후에는 죽고 말았다. 심하게 앓으면서 환공은 편작을 데려오라고 명하였지만, 편작은 이미 다른 나라로 떠나버린 후였다.

이것은 '일이 쉬울 때는 어려워질 경우를 생각하고 일이 작을 때에는 큰 일이 되었을 경우를 대비해 둔다'는 노자老子의 말을 좀 더 분명히 전하고자 하는 것이다.

그리고 아랫사람에게 일을 맡기려면 그 책임 범위를 명확하게 해야 한다. 또한 그 범위 안에서 창의와 연구 노력을 하는 것이 아랫사람의 역할이다. 이때 언제 어느 때 실수가 있을지 모르므로 그 시초를 재빨리 포착하는 것이 윗사람이 해야 할 일이다.

⑤ 상아젓가락으로 미래를 꿰뚫다

옛날 은殷나라의 주왕紂王이 상아젓가락을 만들자, 그것을 본 기자箕子는 두려워하며 이렇게 생각하였다.

'상아젓가락으로는 분명히 토기土器에 손을 대지 않을 것이다. 반드시 외뿔소의 활이나 옥배玉杯를 쓸 것이다. 상아젓가락이나 옥배를 사용하면 콩이나 콩잎국 따위는 거들떠보지도 않고 아마도 맛있는 쇠고기나 코끼리 고기, 뱃속의 표범새끼 같은 진미를 먹고 싶어 할 것이다. 그러한 진미는 싸구려 짧은 털옷을 입고 초가집에서 먹지 않을 것임이 틀림없다. 비단옷을 입고 넓은 방이나 으리으리한 집에서 먹게 될 것이다. 그렇듯 사치스러운 결과가 될 것이 두려워지는구나.'

기자가 이렇게 두려움을 느끼던 순간으로부터 5년이 지났다. 그런데 주왕은 마치 정육점이라도 되는 것처럼 고기를 잔뜩 쌓아놓고 고기 굽는 연장을 만들었으며 술지개미로 언덕을 만들고 술 못을 파서 바라볼 수 있게 하는 등 온갖 사치를 일삼다가 결국 망해 버렸다. 기자는 상아 젓가락을 보고 후일 천하의 화가 일어날 것을 미리 알았던 것이다.

그래서 노자는 '작은 일을 예사로 보아 넘기지 않는 것을 명明이라 한다'고 했던 것이다.

9 사람을 쉽게 믿지 말라

한비가 말하는 조직 관리론은 상앙〔商鞅, 본명은 공손앙으로 위衛나라 군주와 먼 인척관계이며 진秦나라로 망명하여 효공孝公을 섬겼다. 상앙의 변법개혁은 처음에는 유가의 반발을 샀지만 상앙은 이것을 논파論破하여 3년의 준비기간을 거쳐 기원전 359년과 350년 두 번에 걸쳐 개혁을 단행하였다〕과 신불해〔申不害, 술術을 중히 여긴 법가로서 기원전 355년 한소후韓昭侯의 재상이 되어 한나라의 국력을 강하게 만든 정치가〕의 편법의 성패를 분석하면서 전개되고 있다.

그리고 한비는 정법편定法篇에서, '상앙은 법은 있어도 술이 없고, 신불해는 술은 있어도 법이 없다'고 지적하고 있다.

① 비판의 이유

진秦나라는 상앙의 변법으로 강대해졌지만 혜왕惠王과 무왕武王을 거쳐 소왕昭王이 치세할 때, 재상 양공穰公이 제나라를 5년 동안 공격하여 결국 승리하자 영토는 확장되었지만 신하들이 득세하게 되었다.

즉, 신하들의 사적인 영토가 증가한 것이다. 이것은 군주가 신하의 간사함과 악함을 알아보는 술이 없었기 때문이다.

그리하여 진나라 군주는 수십 년 동안을 강국으로 있으면서도 그 강대함을 활용하지 못해 제왕帝王, 천자이 되지 못했다.

한韓나라 소후昭侯는 신불해의 술을 이용했지만 법률, 명령 체계를 통일하지 못했기 때문에 간신의 정치적 농간을 막을 수가 없었다. 그리하여 신불해가 17년 동안이나 좋은 정치를 했는데도 불구하고 패왕覇王이 되지 못했다.

② 과실까지도 보고하라

상앙이나 신불해는 법과 술이 매우 부족했다. 신불해는 '정치상의 모든 일은 자신의 직분과 영역을 지켜 그 이상을 알더라도 모른 체하라'고 했지만, 이것은 자신의 직무를 충실하게 지켰다고 말할 수 있을지라도 알고도 모른 체하는 것은 신하의 과실을 군주에게 보고하지 않은 결과가 되어 버린다.

③ 가신처럼 믿지 못할 존재도 없다

'상앙의 법에 따르면 적의 머리 하나를 자르면 1계급을 특진시키고 50석의 봉록을 받는 벼슬을 내리며, 머리 둘을 자르면 2계급을 특진시키고 100석의 봉록을 받는 벼슬을 내린다'고 한다.

그러나 관직에 임용되어 충실히 수행하려면 지능이 필요하고 적의 머리를 자르려면 무용武勇이 있어야 한다. 그런데 무용이 있다고 하여 지능이 필요한 관직에 등용한다는 것은 목을 자른 공이 있다고 하여 의사나 목수를 시키는 것과 같다.

상을 줄 때에는 아랫사람의 공적에 따라 타당하게 주어져야 한다. 그리고 조직의 중간관리자는 조직체계의 일부분으로서만 존재할 것이 아니라 상하좌우의 과실을 비판하고 리더에게 정보를 제공함으로써 리더의 조직운영에 절대적인 도움을 줄 수 있어야 한다.

물론 한비의 조직운영에서 중간관리자나 아랫사람이 정보 제공자의 역할을 담당해야 한다는 것을 두고 첩자 행위라고 비판하는 사람도 있다.

　하지만 이것은 어디까지나 개인의 주관적인 평가에 지나지 않고 한비 이론에서 군주가 술을 사용해야 한다는 의미는 신하와 군주의 관계는 골육관계와 다르고 오직 권력관계에 있기 때문이다.

　즉, 아랫사람은 윗사람이 권위에 눌려 어쩔 수 없이 윗사람을 섬기는 것이라고 보는 것이다.

　권세가 남용되는 것을 싫어하던 남북조南北朝 시대의 북위北魏 양일楊逸은 지방장관이 되자, 자신의 심복을 널리 배치하여 선과 악에 대한 모든 정보를 낱낱이 수집하였다. 그러자 병사나 관리가 마을로 출장을 갈 때에도 도시락을 지참하였고 어쩌다 마을 사람들이 식사라도 대접하려고 하면 일체 사양을 하면서 이렇게 말했다.

　"양 장관은 천리안千里眼을 갖고 계시니 속일 수가 없소."

　어찌 보면 이것도 첩보정치라고 할 수 있지만 선정善政이라는 평가를 받았다.

　어쨌든 한비는 '믿을 수 있는 가신은 한 사람도 없다. 성실하게 나라와 군주를 위해 행동하는 자는 하나도 없다' 라는 인간관을 갖고 있었던 것이다.

10 자신을 지키기 위한 설득술

전국시대 말기에는 강국인 진秦나라와 단독으로 동맹을 체결하여 다른 나라를 무너뜨리는 연횡책連衡策을 쓸 것인지 아니면 다른 6개국과 연합하여 진나라에 대항하는 합종책合從策을 쓸 것인지의 문제가 각국의 가장 큰 고민이었다.

그러한 시대적 배경을 이용하여 부국강병책을 설하는 제자백가의 사상가나 학자, 권모술수를 설하는 유세가들이 천하를 주름잡았으므로 처사횡의處士橫議라는 말까지 나올 정도였다.

그리고 군주들은 보다 영리하고 현명한 유세가를 자신의 휘하로 끌어들이기 위해 절치부심하였다. 전국시대의 전형적인 유세가였던 소진蘇奏과 장의張儀는 각 국을 돌며 합종책과 연횡책을 설했지만 연횡을 주장하는 국가는 '대국을 섬기지 않으면 적에게 공격을 받아 화를 면치 못한다' 라고 하였고, 합종을 주장하는 국가는 '설사 소국이라 할지라도 대국을 치지 않으면 안 된다. 그렇지 않으면 합종한다 해도 천하를 잃고 만다' 라고 주장하여 그야말로 중구난방이었다.

하지만 유세가들은 실제로 국가나 군주의 이익을 위해 일한다기보다 자신의 이익과 욕심을 위해 움직이고 있었다.

① 말들을 파는 장사꾼

외교를 논하는 자는 연횡책을 설하여 강국을 섬기게 하도록 한 뒤, 강국의 위세를 업고 국내에서 높은 관직을 얻는다. 그리고 합종책으로 작은 나라를 도운 자는 그 공로를 내세워 벼슬을 얻고 재화를 거둬들인다.

그리하여 군주의 위신은 땅에 떨어져도 그 신하는 높은 지위를 차지하고 나라의 영토가 상실되어도 사리사욕을 채우는 일에 혈안이 된다. 만약 자신의 말을 실행하여 그 결과가 실패로 돌아간다 해도 그들은 모아둔 재물을 가지고 편안하게 물러난다.

권모술수와 이기주의로 움직이는 국내외의 상황을 배제하고 군주에게 옳은 말을 간하는 것은 어려운 일이다. 심지어 그것은 목숨을 거는 일이었다.

춘추전국시대는 모든 변설로 유세하고 다니던 시대이다. 따라서 군주에게 등용되느냐 그렇지 못하느냐 하는 것은 오로지 혀끝에 달려 있었다. 종횡가縱橫家인 소진蘇秦은 입 하나로 동시에 6개국의 재상이 되었을 정도였다.

소진과 나란히 혀 하나로 활약한 장의는 모처럼 초楚나라 재상의 식객 자리를 얻게 되었지만, 도둑의 누명을 쓰고는 몰매를 맞고 쫓겨나게 되었다. 초죽음 상태로 겨우 귀국한 장의는 핀잔을 주는 아내에게 혀를 쑥 내밀어 보이며 이렇게 말했다.

"내 혀가 있지 않은가?"

"그것은 멀쩡히 붙어 있네요."

"그렇다면 안심이야. 먹고 사는 것은 걱정하지 않아도 되겠군."

한비는 언변이 약해 서면으로 한왕韓王에게 자주 진언을 했지만 제대로 받아들여지지 않았으며 한비의 재능을 경계한 진秦나라의 재상 이사李斯의 모함을 받아 죽임을 당했다.

하지만 자신의 이론을 시행하여 성공한 사람들은 높은 벼슬에 오를 수 있었다.

예를 들어 진나라는 위나라에서 망명해 온 상앙의 변법으로 강국이 되었고 마찬가지로 위나라에서 쫓겨난 범수는 외교·군사양면 정책의 원교근공책遠交近攻策으로 성공을 거두었다.

법가학자인 요燎의 이론을 받아들인 진시황제는 외교문제를 유리하게 전개하면서 천하통일을 꿈꾸었지만, 요는 시황제의 인상에 위압감을 느껴 탈출을 시도했다가 실패하였다. 그러나 군사 최고사령관인 위慰에 임명되어 나중에 위료로 불려졌다. 중국의 병법서인 『위료자慰燎子』는 그의 저서이다.

한편, 진나라의 공격으로 커다란 고초를 겪은 한韓나라는 치수공사의 명인인 정국鄭國을 진나라에 첩자로 보내 시황제에게 대규모의 수로를 파도록 진언하게 하였다. 즉, 수로를 파는 인원을 동원하느라 다른 나라를 공격할 여유가 없도록 만들 속셈이었던 것이다.

시황제는 식량 증산의 목적으로 그 진언을 받아들였지만 공사 도중 그것이 한나라의 모략임을 알게 되었고 정국을 사형에 처하려 했으나, 정국이 첩자임을 자백하면서 수로를 건설하면 결국은 진나라가 이익을 보게 될 것임을 역설하자 사면시켰다.

결국 그 수로는 진나라의 식량증산에 도움을 주었고 수로의 이름은 정국거鄭國渠라 하였다.

이처럼 유세가들은 말 한 마디에 생사가 왔다갔다하는 상황을 겪고 있었던 것이다. 하지만 한비가 지적했듯이 유세가들의 목적은 관록과 재화를 손에 넣기 위한 것이었다.

예를 들어 한韓나라의 왕에게 합종책을 설한 소진은 '한나라는 국토가 좁고 자원이나 병력도 부족하므로 합종하지 않으면 안 된다' 라고 진언하였고, 연횡책을 설한 장의는 한나라의 국토, 자원, 병력을 소진보다 더 과장해서 진언하였다.

그리고 소진은 '닭의 머리가 될지언정 소의 꼬리는 되지 말라'

는 말로써 의도적으로 한왕의 심기를 건드려 한나라를 합종으로 끌어들였다.

또한 소진의 말에 모순이 있다하여 제齊나라에서 쫓겨나 연燕나라로 돌아왔을 때, 연왕은 예전의 관직을 주지 않았다. 그러자 소진은 '신에 대한 불신은 임금에게는 복입니다' 라고 말하여 옛 관직을 되찾았다.

이 말은 자신이 충신이 아니라고 중상모략 하는 사람이 있어 옛 관직을 주지 않는 것 같은데, 충신이 아니기 때문에 오히려 군주에게는 도움이 된다는 의미이다. 소진은 이렇게 연나라왕의 의표를 찌른 것이다.

이것은 상대방의 마음을 읽고 상대방의 감정에 영향을 줌으로써 설득의 효과를 올리는 것으로 가장 효과적인 심리학적 수법이다.

여우같은 간지奸智가 있는 사람일수록 성공한다.

여우는 함정을 잘 피해간다고 한다. 함정이란 상대방의 작위作爲로 일부러 상대에게 허점을 보여 실점을 하게 할 목적으로 만들어진 것이다.

인간이 경쟁에서 상대의 말을 이기려 할 때에는 자신이 가진 모든 힘을 그곳에 집중하려는 것이 당연하다. 그렇기 때문에 함정은 어떻게 해서든 권력을 장악하려는 엘리트들을 목표로 하여 장치되는 경우가 많다.

② 가까운 사람을 주의하라

어느 유세가가 한나라의 선왕宣王에게 진언을 하였다.

선왕은 그 말을 듣고 너무 기뻐 감탄할 정도였다. 그러자 어떤 근신近臣이 그 유세가에게 임금이 기뻐한다는 말을 전했다.

그 근신이 유세가에게 그런 말을 전한 이유는 선왕이 그 유세가를 틀림없이 중용할 것임을 짐작하고 미리 자기편으로 끌어들이기 위해서이다. 그러므로 군주는 모든 신하들의 동정에 대해 살펴볼 필요가 있다. 후세의 송宋나라 태종太宗도 군주의 어려움을 이렇게 털어놓고 있다.

"만백성의 군주로서 오직 일심으로 나라를 다스리려 하지만 그래도 그것을 탓하는 사람들이 많이 있다. 힘으로 위협하는 자가 있는가하면 변설로써 간하는 자도 있다. 아부나 아첨을 하는 자가 있는가 하면 간계奸計로써 속이려는 자도 있다.

혹은 내가 좋아하는 것을 찾아 그것을 이용하려는 자도 있다. 이러한 사람들은 모두 자신을 팔아 벼슬을 얻으려는 사람들이다. 군주가 조금이라도 방심하여 그 중 한 가지라도 받아들이면 당장 위험과 멸망이 닥쳐오게 된다."

군주와 신하의 관계는 겉보기에는 평온해 보이지만, 그 내면은 여러 가지 이해득실에 얽혀 소용돌이를 치고 있다. 그렇기 때문에 진언과 설득이 어려운 것이다.

왜냐하면 설득은 이론만으로는 되지 않기 때문이다.

11 마음을 읽어라

한비는 그자신이 설득이나 진언에 미숙했기 때문에 진술의 부족으로 실제 진언·설득에 실패하고 있기 때문인지 몰라도 진언이나 설득을 성공시키는 인간 심리의 탐구에 깊이 통찰하고 있다.

따라서 그의 저술에서는 언어 생활상의 기술과 상하의 의사소통의 기술을 밝힌 뛰어난 인간 관계론을 엿볼 수 있다.

① 의견을 정확히 말하는 것의 어려움

자신의 의견을 정확하게 표현하는 것이 어려운 이유는 상대를 설득할 만한 지식이 있고 없음에 달린 문제가 아니다. 또한 자신의 의견을 상대방에게 분명하게 전할 만한 변설 능력이 있고 없음에 달린 것도 아니다. 그리고 자신의 의견을 빠짐없이 모두 표현할 수 있는 능력이 있고 없음의 문제도 아니다.

모름지기 자신의 의견을 표현하기가 어렵다는 것은 설득할 상대의 마음을 읽고 자신의 의견을 그것에 맞춰야하기 때문이다.

설득은 설득하고자 하는 상대방이 자랑으로 생각하는 것을 치장해 주고, 부끄러워하는 것을 없애주는 것이라야 한다. 설득의 요점은 상대의 자랑거리를 추켜세우고 부끄럽게 생각하는 것을 감춰주는데 있다. 하지 않으면 안 될 일에 부딪쳐 이기적인 생각이라는 생각 때문에 실행하지 못하는 사람에게는 대의명분을 내세워 실행을 권고한다.

또한 비열한 것임을 알면서도 그것을 하고 싶어 못 견뎌하면 명목을 내세워 실행하도록 권고한다. 하지만 이상과 현실의 괴리감이 심할 경우에는 이상만 따르지 않도록 권한다.

② 상대의 마음을 먼저 읽어라

명예를 원하는 사람에게 많은 이익이 돌아가는 이야기를 꺼내면 그는 '나쁜 녀석, 나를 얕보고 있구나!' 라고 생각하여 외면해 버린다.

반대로 이익을 더 얻으려는 사람에게 명예가 주어지는 이야기를 꺼내면 그는 '아직 세상물정을 모르는 바보로군' 이라고 생각하여 외면해 버린다.

그러나 내심으로는 이익을 원하면서 겉으로는 명예를 원하는 척하는 사람에게 명예가 되는 이야기를 꺼내면 겉으로는 들어주는 체하지만 실제로는 상대하려 하지 않는다.

반대로 이익이 되는 이야기를 꺼내면 속으로는 그것에 관심이 있으면서도 겉으로는 배척하는 척할 것이다. 이러한 심리를 충분히 파악하고 있어야만 한다.

윗사람에게 시기적절하게 진언하는 것은 아랫사람에게 있어 자신의 능력을 인정받는 절호의 기회가 된다. 하지만 이 경우, 윗사람의 성격이나 마음을 정확히 판단하여 그 진언이 원만하게 받아들여지도록 해야 한다. 이것을 무시하면 아무리 타당한 진언이라 할지라도 그 가치를 상실해 버리거나 오히려 반감을 사게 될 수도 있다.

그리고 윗사람은 한 사람만 있는 것이 아니라 윗사람의 윗사람도 있고 그 윗사람도 있는 것이므로 포괄적인 상황을 체크하는 것이 바람직하다. 게다가 다른 동료 역시 뛰어난 진언을 할 수 있다는 점도 감안해야 한다. 그렇다고 진언이 반드시 좋다는 것은 아니다. 진언을 싫어하는 상사에게 억지로 진언을 하게 되면 오히려 그것이 문제가 될 수도 있다.

③ 독불장군의 생명은 길지 못하다

다른 신하들을 무시하고 혼자서만 군주에게 충성하려는 것은 위험한 발상이다. 물론 군주가 현명하여 그 진언의 옳고 그름을 따져 받아들인다면 다행스러운 일이지만 그렇지 못한 군주라면 오히려 진언을 올린 신하가 미움을 살 수도 있기 때문이다.

혼자서만 충성을 하겠다는 생각은 다른 신하들로부터 배척을 받는 원인이 되며 그렇게 되면 자신의 생명뿐만 아니라 가족의 목숨까지도 위태로워진다.

여기서 말하는 진언자는 지금으로 볼 때, 중간관리자라고 생각하면 된다. 예를 들어 어느 기업체 내에 승진할 자리가 적다면 상대에 대한 진언은 오히려 뜻하지 않은 문제를 유발할 수도 있다.

『장자莊子』에 쓰여 있는 것처럼 인간의 미묘한 심리를 주의할 필요가 있는 것이다.

"인간은 자신의 생각과 같은 의견을 갖고 있는 사람을 동지로 여기고, 다른 의견을 갖고 있는 사람을 적으로 보는 경향이 있다."

12 말하는 것의 어려움

진언을 하거나 설득을 하는 경우에는 우선 상대방의 마음을 알아야 하는데, 이때 상대방의 마음을 안다는 것은 동시에 상대방으로부터 경계의 대상이 되기도 한다는 것을 알아두어야 할 것이다.

① 윗사람보다 많이 안다는 것을 드러내지 않는다

은나라의 주왕은 몇날 며칠을 지새우며 잔치를 벌이고 술에 절어 있었기 때문에 날짜 개념도 없이 세월을 보냈다. 그러던 어느 날, 문득 오늘이 며칠인지 궁금해진 그는 주위의 신하들에게 오늘이 며칠이냐고 물었다.

하지만 그들 역시 날짜를 아는 사람이 하나도 없었다. 그래서 주왕은 사람을 보내 기자箕子에게 물어보도록 명하였다. 주왕의 명을 받은 기자는 너무도 한심하여 속으로 이렇게 생각하였다.

'천하의 주군이 날이 가는 것도 모르고 술에 절어 있구나. 이러다가는 천하의 행방마저 위태로워지겠다. 온 나라의 사람들이 모두 날이 가는 줄을 모르고 있는데 나만 혼자 알고 있으면 내 몸이 위태로워질 것이다.'

그리하여 기자는 주왕의 사자使者에게 자신도 술에 취해 날짜를 잊어버렸다고 핑계를 댔다.

자기보다 우세한 자와 동맹해서는 안 된다. 경쟁에 있어서 동맹은 반드시 필요한 것이지만, 강한 자와 손을 잡아서는 안 된다. 왜냐하면 강한 자와 손을 잡고 승리를 거둔다 해도 자신의 공적이 되지 않기 때문이다. 자기보다 우수한 사람과 함께 일했을 경우, 상대방의 보조자 역할은 되어도 이쪽의 명예는 결코 증대하지 않는다.

② 곧이곧대로 진언하면 형벌이 뒤따른다

옛날에 오기가 초나라 도왕悼王에게 나라의 형편을 진언하였다.

"대신들의 권력이 너무 강합니다. 영주가 될 신하가 너무 많습니다. 이러한 상황에서는 위로는 국왕의 권력을 범하고 아래로는 백성들을 학대합니다. 그리하여 나라는 가난해지고 군대는 약해질 뿐입니다. 그러므로 영주의 신하는 3대로 녹위祿位를 몰수하고 백관의 봉록을 깎아 필요 없는 인원을 줄여서 매우 뛰어난 사람에게 돌아갈 수 있도록 해야 합니다."

그 말을 들은 도왕은 그대로 실행했지만 1년 후에 죽고 말았다. 그리고 도왕이 죽자 오기는 곧바로 살해되어 팔다리가 잘리게 되었다.

상앙은 진秦의 효공에게 이렇게 진언하였다.

"십헌十軒, 오헌五軒으로 조를 짜서 백성들로 하여금 서로 감시하거나 밀고하도록 하고 연좌제를 만드십시오 『시경』, 『서경』 등의 책을 없애고 법령을 명시하십시오. 대신의 청원을 허락하지 마십시오. 국사에 종사하는 자를 우대하십시오. 본업을 버리고 엽관운동을 하는 자를 단속하고 농사에 진력하여 전공이 있는 자를 표창하십시오."

효공은 상앙의 말대로 실천하여 나라가 부강해지고 군대 또한 강해졌지만 8년 후, 효공이 죽자 상앙은 수레에 묶여 사지가 찢기는 형벌을 받았다.

초나라는 오기가 말한 대로 하지 않았기 때문에 외국에 영토를 빼앗기고 말았다. 또한 진나라는 상앙이 주장하는 법을 실시하여 나라가 부강해졌다. 그런데도 오기와 상앙은 벌을 받았다. 왜 그

랬을까? 그것은 대신은 자신을 구속하는 법을 싫어하고 백성들은 빈틈없는 정치를 싫어하기 때문이다.

③ 비밀을 지킨다

모름지기 일이라고 하는 것은 어떤 것이든 비밀로 해야 성공하는 것이며 다른 사람과 상의하여 하는 일은 그것이 새어나감으로써 실패하게 된다. 그러므로 비밀을 누설할 의도는 아니었다 할지라도 이야기를 나누는 동안 우연히 상대가 비밀로 하고 있는 일을 알게 되면 말하는 사람의 신변이 위태롭게 된다.

④ 설득은 왜 어려운가?

상대방이 겉으로는 어떤 일을 하고 있는 척하면서 속으로 다른 일을 꾸미고 있을 때, 만약 상대방의 겉과 속이 다르다는 것을 알게 되면 이쪽의 신변이 위험하게 된다.

예를 들어 상대방이 어떤 비밀계획을 세우고 있었고 이쪽에서도 나름대로의 계획을 세우고 있었는데 우연히 그것이 일치했다고 하자. 그런데 그 후, 또 다른 사람이 외부에서 상대의 계획을 추측하여 누설하게 되면 상대방은 자연스럽게 이쪽을 의심하게 된다. 그러면 이쪽의 신변이 위태로워진다.

군주가 특별히 총애하지 않는데도 신하된 사람이 지나치게 지혜를 발휘하여 진언을 하면 설혹 그 진언이 받아들여져 성공해도 군주는 그것을 탐탁지 않게 생각할 것이며 만약 실패를 한다면 의심을 받을 것이다. 그러면 진언한 사람의 신변이 위태로워진다.

윗사람이 과오를 범하여 걱정하고 있을 때, 아랫사람이 정곡을 찌르는 이야기를 하면 신변이 위태로워진다.

윗사람이 어떤 계획을 다른 곳에서 얻어 그것으로 공을 세우려 할 때, 아랫사람이 그것을 눈치 채고 개입하려 하면 신변이 위태로워진다.

윗사람에게 불가능한 일을 강요하거나 고심하고 있는데도 불구하고 비난을 하면 신변이 위태로워진다. 윗사람에게 군자 같은 말을 하면 자기를 무시한다고 생각할 것이며 소인 같은 말을 하면 자기에게 아부한다고 생각할 것이다. 그리고 공치사만 늘어놓으면 자신을 이용하려는 것으로 받아들일 것이다. 윗사람이 싫어하는 것에 대해 말하면 자신의 반응을 살피려 그런 말을 한다고 생각하고 말을 조리없이 하면 무지한 인간이라고 생각하여 귀를 기울이지 않을 것이며 너무 자세하게 이야기하면 말만 앞세운다고 생각할 것이다.

윗사람을 생각하여 말을 적당히 하면 비겁하게 할 말도 제대로 못한다고 생각할 것이며 있는 그대로를 말하면 품위 없고 방정맞다고 할 것이다. 그렇기 때문에 상대방에게 의견을 말하는 것이 어려운 것이다. 그러므로 의견을 말하고자 할 때에는 이러한 점을 잘 헤아려야 한다.

13 설명과 설득의 차이

① 상대방의 심리를 이해한다.

상대방을 설득시키려면 우선 상대방의 심리를 이해하지 않으면 안 된다. 즉, 상대방의 경력이나 입장, 성격을 이해해야 이야기가 전개될 수 있는 것이다. 그리고 그러한 배경에 따라 설득의 요령이 달라진다.

② 이쪽의 입장을 상대방에게 충분히 이해시킨다.

상대방의 심리를 이해하고 나면 이번에는 이쪽의 입장을 상대방에게 이해시켜야 한다. 즉, '나의 입장이 되어 보십시오' 라는 말로 상대에게 자기의 입장을 설명하면 효과를 기대할 수 있는 것이다.

사람은 항상 스스로를 불행하다고 생각한다. 부자는 부자대로 그 이상의 가치를 지니지 못한 것을 불행하게 생각하고 가난한 사람은 가난한 사람대로 가난을 불행으로 생각하는 것이다. 그러므로 모두 불행하다는 심리를 잘 이용하면 설득의 효과가 높아진다. 결국 상대를 설득시키려면 우선 상대를 자신의 관심거리에 집중하도록 만들어 같은 입장에서 관심을 갖게 유도해야 하는 것이다.

③ 상대방에게 신뢰감을 심어준다.

중요한 일을 설득시키기 위해서는 무엇보다 상대방에게 신뢰감을 심어주지 않으면 안 된다. 그리고 신뢰를 주려면 우선 사전에 친밀감을 느끼도록 해야 한다. 왜냐하면 경계심과 불안감을 제거해 주는 일은 설득의 기초 작업이기 때문이다.

④ 이쪽의 의견을 이해시킨다.

이쪽에서 설득시키려고 하는 내용을 상대방이 이해하지 못하면 상대방을 설득할 수 없다. 그러므로 설득시킬 내용에 대해 충분한 지식을 지니고 있어야 한다.

⑤ 상대방의 의견을 이해한다.

상대방에게도 할 말이 있고 이쪽의 의견에 대한 반론이 있을 것이다. 그럴 경우에는 긍정적인 자세로 충분히 가능성이 있다는 식으로 받아들인다. 그리고 그러한 자세로 인해 상대방이 경계심을 풀면 그때 이쪽의 의견을 말하도록 한다.

⑥ 목적을 잊지 않는다.

이야기를 나누는 도중에 방향이 달라지거나 다소 돌아가는 길을 택할지라도 절대로 목적을 잊어서는 안 된다. 특히 많은 말을 늘어놓는 사람일 경우에는 자칫 잘못하다가 목적을 상실하고 그 이야기에 빨려들 수 있으므로 적당한 선에서 상대방에게 불쾌감을 주지 않고 이야기를 차단시킬 수 있어야한다.

⑦ 상대방이 이쪽의 의견에 수긍하고 있는 부분에 집중적으로 호소한다.

상대방은 이쪽의 의견에 대해 전적으로 모든 것을 수긍하는 것은 아니다. 하지만 일말이라도 이쪽의 주장에 대해 수긍하는 부분이 있을 것이다. 바로 그 점을 이용하여 즉, 그 점을 부각시켜 설득의 목적을 달성해야 한다.

⑧ 상대방의 심리적 방어선을 제거한다.

결국 설득의 목적은 여기에 있다. 사람은 나름대로 어떤 문제에 대해 일정한 의견이나 자세를 갖고 있는데, 그것이 바로 심리적인 방어선이다. 그것을 제거하거나 방향을 바꾸도록 하면 쉽게 설득할 수 있다.

⑨ 상대방의 긍정적인 마음을 이끌어낸다.

겉으로는 호응하는 것 같아도 마음이 움직이지 않으면 결국은 이쪽의 의견에 따라오지 않는다. 무엇보다 중요한 것은 하는 척하는 태도를 끌어내는 것이 아니라, 진실된 마음을 움직이는 일이다.

⑩ 설득의 목적은 어디까지나 이쪽의 의견을 이해시켜 상대방의 행동을 이끌어내는데 있음을 잊지 않는다.

대화를 통해 상대방이 이쪽의 의견에 호응하더라도 그것이 행동으로 나타나지 않으면 소용이 없는 일이다. 그러므로 상대방에게 이쪽의 의견을 이해시키고 욕망을 불러일으켜 행동으로 옮기게 해야만 한다.

14 참다운 지혜의 작용

사회가 복잡하고 혼란할수록 말도 많고 문제도 많은 법이다. 특히 전국시대 말기에는 사람의 생명을 빼앗는 일이 다반사로 일어나던 시기였다.

① 살인보다 명분이 중요하다

『춘추春秋』에 보면 이러한 기록이 나온다.

"초나라 왕자 위圍가 정나라의 사절단으로 가게 되었는데 미처 국경을 넘기도 전에 초왕이 위독하다는 전갈을 받고 되돌아와 왕의 침실로 들어갔다. 그는 왕의 동태를 살핀 뒤, 그 자리에서 관끈으로 목을 졸라 죽이고는 자신이 왕이 되었다.

그 당시에는 명목만 있다면 살인을 해도 죄가 되지 않았다. 그리고 형편에 따라 사람을 죽이는 것이 쉽게 일어났기 때문에 진언을 한다는 것은 커다란 위험이 따르는 일이었다.

② 겉과 속의 차이를 구별하라

옛날 정나라의 무공武公이 이웃나라인 호胡를 정복하려고 계략을 꾸몄다. 그리하여 우선 황녀皇女를 호군胡君에게 시집보내 우호관계를 맺고 상대방을 안심시킨 다음, 무공은 군신들을 모아놓고 이렇게 물었다.
"땅을 넓히고 싶은데 어느 나라를 공격하면 좋겠소?"
그러자 대부인 관기사가 진언하였다.
"호국胡國을 치는 것이 좋을 것입니다."
그러자 무공은 크게 화를 내며 말했다.
"호국과 우리는 이제 피를 나눈 형제 나라이다. 그런데 호를 치라니 무슨 말인가! 너는 대역죄를 지었으니 죽어 마땅하다."
그리고는 그를 즉시 사형시키고 말았다.
그 말을 들은 호군은 '정나라는 자기 나라를 진정 우방으로 생각한다'고 굳게 믿고 정나라에 대한 방비를 전혀 하지 않았다. 그런데 그것이야말로 무공이 노리던 허점이었던 것이다. 즉, 무공은 신하를 하나 희생시켜 방비를 하지 않게 하는 덫을 놓았던 것이다. 마침내 정나라의 대군이 호나라를 습격하여 정복해 버렸음은 두말할 필요도 없다.

이것은 겉과 속이 다른 군주의 마음을 제대로 헤아리지 못하고 정직하게 진언을 했다가 죽임을 당한 사례이다. 반대로 겉과 속이 다른 군주의 마음을 판단하여 그것을 미리 발설했다가 평생 동안 경계를 당하는 경우도 있다.

③ 알고 있는 것을 어떻게 처리할 것인가?

송宋나라에 어느 부자가 살고 있었다.

어느 날, 장대비가 쏟아지더니 홍수가 나서 흙담이 무너지고 말았다. 그러자 그것을 본 그의 아들이 이렇게 말했다.

"빨리 고치지 않으면 도둑이 들겠어요."

그리고 그 날 부잣집에 놀러온 이웃집의 남자도 담장이 무너진 것을 보더니 부자 영감에게 충고하였다.

"빨리 고치지 않으면 도둑이 들겠군요."

그런데 그 날 밤, 도둑이 들어와 많은 재물을 훔쳐 가지고 달아나 버렸다. 그 일을 당하고 나자 부자는 자기 아들이 선견지명이 있다고 자랑을 하면서 떠벌렸다. 하지만 이웃집 남자에 대해서는 이렇게 의심을 품었다.

'혹시, 지난밤의 범인이 그 자가 아닐까?'

똑같은 말을 했음에도 불구하고 자기 아들의 말은 선의로 해석하고 남의 말에 대해서는 악의로 해석한 것이다.

한비는 이 두 가지 설화를 예로 들면서 이렇게 말하고 있다.

"앞의 관기사와 이웃집 남자가 말한 것은 모두가 정당한 것이다. 그럼에도 불구하고 한쪽은 사형을 당하고 또 한쪽은 도둑 누명을 썼다. 그렇다면 사물을 올바르게 바라보는 것이 어려운 것이 아니라, 알고 있는 것을 처리하는 방법이 더 어려운 문제가 아닌가!"

지혜가 사물을 바르게 아는 능력에만 한정될 경우에는 단순한 지식에 지나지 않으며 그 지식을 구사하는 방법이 타당해야만 참다운 지혜의 작용이라 할 수 있다.

아는 것이 어려운 문제가 아니라, 아는 것을 어떻게 처리하느냐가 문제이다. 사물을 아는 것은 어려운 문제가 아니다. 알고 있는 것을 처리하는 방법이 문제가 된다. 즉, 알고 있는 정보를 어떻게 사용할 것인가가 문제인 것이다.

15 설득에 성공하는 요령

사람을 설득하는 것이 어려운 이유는 설득할 상대의 마음을 읽고 자신의 의견을 상대방에게 맞춰야하기 때문이다. 그러나 마음은 복잡 미묘하게 움직이므로 그 본심을 알지 못하면 오히려 위험해질 수도 있다. 즉, 상대의 반발을 사기도 하고 의견이 무시되는 경우도 있는 것이다.

그리고 조직이라고 하는 것은 인간의 집합체이고 이것은 결국 온갖 다양한 마음들이 켜켜이 둘러쳐져 있음을 의미한다. 그러면 그 벽을 깨뜨리는 설득요령은 무엇일까?

① 설득 요령

상대방을 설득하는 포인트는 상대방이 자랑스럽게 생각하고 있는 점을 추켜세우고, 상대방이 부끄럽게 생각하고 있는 것을 감춰주어야 한다는 점을 아는 것이다.

1. 상대방이 이기적인 행동이라고 생각하여 해야 할 일을 하지 못하고 망설일 경우, 대의명분을 내세워 실행을 권고한다. 또한 비열한 짓인 줄 뻔히 알면서도 그 행동을 하고 싶어 안달을 부리는 상대방에게는 그의 마음에 들도록 명목을 내세워 실행을 권고한다.
2. 뜻은 좋지만 그것을 달성하는 것은 아무래도 무리라고 생각하는 상대방에게는 '뜻을 이루는 데에는 항상 실수나 실패가 따르기 마련' 이라는 것을 알려주어 너무 완벽함에 얽매이지 않도록 권고한다.
3. 자신의 능력과 지혜를 과시하는 상대에게는 같은 분야이기는 하지만 다른 예를 들어 참고자료를 제공한다. 즉, 상대에게 도움이 되도록 유도하면서 지혜와 능력을 더해주는 것이다.
4. 상대방으로 하여금 서로에게 이익이 될 수 있는 방법을 선택하도록 하려면 분명한 명분을 내세워 상대에게도 개인적인 이익이 돌아감을 알려준다.
5. 위험하고 해로운 것을 말할 때는 그것이 도덕적으로 바람직

하지 못하다는 것을 분명히 지적하고 상대방에게 개인적으로 화를 미치게 할 것이라는 점을 은근히 드러낸다.

6. 상대방을 칭찬할 경우에는 직접 대놓고 하지 말고 상대방과 같은 행위를 하는 다른 사람의 예를 들어 칭찬하고 경고를 할 때에도 상대의 계책과 비슷한 예를 들어 경고한다.

7. 상대방이 저지른 부도덕한 일과 비슷한 일을 한 사람이 있을 경우에는 '그럴 수도 있지 않겠느냐'고 관대하게 변명해 준다. 그리고 상대방과 똑같은 실패를 겪은 사람이 있으면 실패가 아니라고 분명히 일러준다.

8. 능력을 자부하는 상대방에게는 그 능력에 대해 이러쿵저러쿵 말하지 않는다.

9. 결단과 용기를 자랑으로 삼고 있는 상대의 결점을 지적하여 화나게 하지 않는다.

10. 자신의 계획을 두고 훌륭하다고 자랑하는 상대방에게는 그에 대한 실패 사례를 말하지 않는다.

이러한 설득요령의 핵심은 상대방의 장점을 칭찬하고 결점을 들춰내지 않으며 상대방에게 이익이 있다는 것을 알려주라는 것이다.

상대방을 기쁘게 만들거나 화나게 하는 일은 사람의 감정에 변화를 일으키는 것으로 설득의 달인이라고 할 수 있는 사람들은 한결같이 이렇게 말한다.

"사람들을 설득하려면 좋은 말로 대할 것이며 결코 미움이나 원망의 말을 해서는 안 된다."

② 목적을 위해 수단을 가리지 말라

설득 요령을 실천하여 이쪽의 생각이 상대방의 마음을 거슬리지 않고 또한 상대의 감정을 건드리지 않게 되면 비로소 변설을 구사해야 한다. 이렇게 하면 상대에게 친근감을 주어 한층 더 가까워질 수 있으며 의심을 받지 않고 자신의 주장을 충분히 말할 수 있다.

이것을 역설적으로 생각해 보면 아랫사람이 윗사람을 농락할 수 있는 가장 뛰어난 요령임과 동시에 아랫사람에게 가장 안전하고 확실한 처세술이기도 하다.

사실, 신변의 안전을 보호받으면서 자신의 존재를 인식시키고 윗사람의 인정을 받는데 있어서 선악은 그다지 문제가 되지 않는다. 목적을 위해서는 수단과 방법을 가려서는 안 된다. 즉, 이것은 선악이나 논리 이전의 문제라고 할 수 있다.

16 마음을 사로잡는 기술을 익혀라

한비가 말하는 진언이나 설득의 이론은 고대 중국 군주정치의 지혜가 망라된 것으로 인간심리 분석의 절묘함과 복잡함, 때로는 음습陰濕함까지 엿보인다.

한비는 이렇게 주장한다.

"교언영색巧言令色, 입으로는 달콤하고 그럴 듯한 말을 늘어놓으며 용모나 태도를 아름답고 상냥하게 보이는 일을 몸에 익혀라.

족공足恭, 지나치게 정중한 것을 존중하라. 그렇지 않으면 격변기의 신하로서 살아남지 못한다."

결국 굽실거리는 것은 결코 수치가 아니라고 강조하는 것이다.

① 출세의 수단

은나라 탕왕 때의 재상이던 이윤이 요리사가 되고, 진나라 목공 때의 신하 백리혜가 노예가 되었던 것은 군주의 관심을 끌기 위해서였다.

성인이라 불리던 그들도 군주에게 접근하여 출세하기 위해 기꺼이 천한 자리와 노역을 마다하지 않았던 것이다.

누구든 이 두 성인처럼 요리사나 노예가 되어 군주에 의해 등용된다면 세상을 위해 도움을 줄 수 있으므로 선비로서 부끄러워할 일은 아니다.

② 설득은 완성이 중요하다

오랜 세월이 흐르는 동안 군주의 신의가 넓어지고 은혜가 두터워지면 생각해온 계획을 추진해도 의심을 받지 않으며 군주에게 거역을 하거나 반대의견을 간해도 벌을 받는 일이 없게 된다.

그러면 나라의 큰일을 맡아 공적을 쌓을 수도 있고 사물의 시시비비를 소신껏 지적해도 신변의 위험이 따르지 않는다. 이렇게 하여 윗사람과 아랫사람이 서로 협력하게 되면 설득은 완성된다.

이윤은 은왕조의 개국공신으로 탕왕을 섬기려 했지만 그를 끌어주는 사람이 없었다. 그러자 그는 귀녀貴女가 탕왕의 별실로 들어가는 기회를 이용하여 그녀의 하인으로 변장한 뒤, 맛있는 요리를 만들어 탕왕에게 접근할 수 있었고 그를 설득하여 왕도를 실현한 것이다.

그리고 백리혜는 진秦나라 목공穆公 때의 현명한 재상으로 한 때는 길거리에서 걸식까지 했다는 설도 있다.

한비의 「난언편難言篇」에는 이윤의 이야기가 이렇게 소개되고 있다.

③ 70번의 실패

옛날 은나라 탕왕湯王은 대성인이었고 이윤은 대지자大知者였다. 하지만 이윤이 탕왕을 70번이나 설득을 하였지만 그 설득에 실패하고 말았다. 그리하여 이윤은 할 수 없이 요리사로 변장하여 칼과 도마를 들고 탕왕에게 접근을 시도하여 겨우 친해지게 되었는데, 그때서야 탕왕은 이윤이 현명하다는 것을 알고 그를 등용하였다.

아무리 현명한 사람일지라도 누군가를 설득할 때에는 대면하는 그 자체만으로 이론이 받아들여지는 것이 아니다.

17 인간은 감정의 동물이다

한비는 비록 상대방이 자신의 설득대로 움직인다 할지라도 그것은 지속적인 것이 아니라, 순간적인 것임을 잊지 않아야 한다고 강조한다. 특히 사회가 혼란스럽고 복잡한 시기에는 보복이 찾아드는 경우가 많고 일상적인 일 속에서도 공포가 뒤따르기 때문이다.

인간이 극한 상황에 처하면 상상할 수 없을 정도로 무서운 지혜가 번뜩인다. 그러므로 인간은 어디까지나 감정의 동물임을 잊어서는 안 된다.

① 마음은 변화한다

옛날 위衛나라의 영공靈公이 총애하는 미자하彌子瑕라는 미소년이 있었다. 어느 날 한밤중에 소년의 어머니가 갑자기 위독하다는 기별이 왔다.

그 당시 위나라의 법률로는 왕의 허락 없이 왕의 수레를 타는 자는 발이 잘리는 벌을 받게 되어 있었는데, 소년은 너무나 다급한지라 왕에게 허락을 받았다고 속이고 왕의 수레를 사용하였다. 그런데 이 사실을 알게 된 영공은 죄를 따지기는커녕 오히려 칭찬의 말을 아끼지 않았다.

"참으로 효성스럽구나. 어머니를 생각하는 마음이 얼마나 지극했으면 발이 잘린다는 형벌도 잊었겠는가!"

그러던 어느 날 미자하는 과수원을 산책하다가 그곳에서 복숭아를 따먹었는데 그 맛이 너무 달고 좋아서 그것을 다 먹지 않고 남겨두었다가 영공에게 바쳤다. 그러자 영공이 말했다.

"나를 생각하는 마음이 참으로 갸륵하구나. 그 맛있는 것을 다 먹지 않고 나를 주다니!"

그 후, 몇 해가 지나자 미자하는 소년의 티를 벗게 되었고 밝고

총명하던 기운이 사라졌다. 그러자 영공의 총애도 엷어졌고 사소한 일에도 화를 내었으며 지난날의 잘못까지 들춰냈다.

"이 놈은 전에 내 허락도 없이 내 수레를 탄 적이 있다. 뿐만 아니라 먹다 남은 복숭아를 나에게 권했다."

결국 미자하는 무거운 벌을 받아야 했다. 사실, 미자하의 행동에는 변함이 없다. 그런데 전에는 칭찬을 받았던 행동을 해도 이제는 벌을 받는 이유는 군주의 사랑이 미움으로 변했기 때문이다.

따라서 군주가 신하를 사랑할 때에는 신하의 지혜가 군주의 마음에 들어 더욱더 친밀해지지만, 군주에게 미움을 받고 있을 때에는 같은 지혜일지라도 군주의 마음에 들지 않고 점점 더 멀어질 뿐이다. 그러므로 군주에게 간하거나 설득을 하려는 사람은 군주의 애정을 먼저 확인해야 한다.

② 비위를 건드리지 말라

용을 잘 길들이면 탈 수도 있지만 그 목 밑에는 한 자 가량이나 되는 역린逆鱗이 있다. 만약 그것을 건드리게 되면 반드시 죽임을 당하고 만다.

마찬가지로 군주에게도 이러한 역린이 있다. 군주를 설득하려는 사람이 그 역린을 건드리지 않고 군주를 화나게 하지 않는다면 설득에 성공할 수 있다.

흔히 군주나 윗사람의 비위를 건드리는 것을 두고 '역린을 건드린다'고 한다. 한비는 역린을 건드리지 말고 다음과 같이 행하라고 주장한다.

"상대의 마음을 읽어 이익을 주고, 상대가 싫어하는 것을 말하지 않고 칭찬하며, 상대를 화나게 하지 않고 느긋하게 설득하여 끝까지 살아남아 일을 완성해야 한다.

이것이 바로 한비의 설득 이론이며 그는 이렇게 덧붙인다.

"조정의 권력이 제대로 행해지지 않으면 군주는 직언을 싫어한다."

소크라테스 이전부터 정치는 상하의 대화가 단절되는 순간 쇠퇴하고 말았다. 마찬가지로 조직 역시 관료적인 틀이 정점에 이르는 순간 쇠퇴하고 인간성을 존중하는 대화를 부활시켜야만 조직을 소생시킬 수 있다.

어떠한 조직체이든 '직언'이라는 대화체제가 통하지 않으면 상하의 흐름이 원활하게 이루어지지 않아 결국은 쇠퇴의 길을 걷게 될 뿐이다.

현명한 자에게만 직언의 자유를 주어라.

지혜가 없는 자의 말은 아무리 들어도 소용이 없다. 단 몇 사람이라도 좋으니 지혜 있는 사람을 신중하게 선별하여 그 사람의 의견에 귀를 기울여라. 인간의 지혜는 태어나면서부터 평등하지 않다. 그러므로 참으로 지혜로운 사람은 다른 무엇과도 바꿀 수 없는 귀중한 존재이다. 몇만 명이 모여 있어도 한 사람의 지혜로운 사람을 대신할 수는 없다. '중지를 모은다'는 것이 반드시 의의가 있는 일이 아니라는 점은 이로써 알 수 있는 일이다.

18 나를 지키는 권모술수

① 윗사람의 허점을 노려라

한비는 「팔간편八姦篇」에서 간신이 군주의 마음을 현혹시켜 사욕을 채우는 여덟 가지 술책과 이것을 막는 수단을 말하고 있다.

■ 군주의 마음을 현혹시키는 법

1. 군주와 같은 잠자리에 있는 사람 즉, 부인이나 애첩, 시종 등을 이용한다.
2. 측근이나 군신 등 곁에 있는 사람에게 뇌물을 주고 이용한다.
3. 군주의 혈족이나 인척에게는 향응이나 미인계를 사용하고 신하나 고관에게는 작위爵位를 보장한다는 미끼로 이들을 이용한다.
4. 군주를 호사시켜 고의로 재앙을 불러오게 하고 이를 이용한다.
5. 국가 재산을 남용하여 사사로운 은혜를 베풀고 인심을 얻어 백성을 이용한다.
6. 국내외의 달변가를 모아 군주를 현혹시키거나 위협한다.
7. 검객이나 건달패거리를 매수하여 군신이나 백성들을 위협하며 군주를 무력하게 만들어 자신의 위력을 이용한다.
8. 백성들에게 중과세하고 국가의 예산을 유용하여 다른 강대국과 교제하여 그 위력을 등에 업고 군주를 농락한다.

이것을 현대와 비교해 보면 그 날카로운 지적에 놀라지 않을 수 없다.

여기서 1, 2, 3은 학벌이나 족벌, 인맥을 이용하는 것으로 다양한 형태로 나타난다.

4는 골프나 요정 그리고 호화로운 외제차 및 사치품으로 허영심이나 쾌락을 채워주는 것이다.

5는 국유 재산을 민간에게 불하하며 생색을 내는 것이다.

6은 학자나 평론가, 언론 등을 이용하는 것이다.

7은 폭력배나 개인 조직을 동원하여 시위 및 테러를 감행하는 것이다.

8은 은행이나 관청 기타 외부세력을 이용하는 것을 말한다.

② 군주의 대처법

그렇다면 군주는 이것에 대해 어떻게 대처해야 할 것인가?

1. 은밀히 여색을 즐기기는 하지만 여성들이 자의적으로 접근해 오는 것을 일절 금하고 제멋대로 요구하는 것을 용서하지 않는다. 또한 아무리 호화로운 접대를 받아도 무리한 거래나 이권 요구는 과감히 거절한다.

2. 가까운 사람이 자신의 명예를 걸고 한 일은 반드시 책임을 지게 한다.

3. 아랫사람의 말을 진지하게 듣고, 그 말대로 결과가 나타나지 않으면 벌한다.

4. 백성들에게 이익이 되는 문제는 군주가 직접 나서서 처리를 한다.

5. 사사로운 다툼은 아무리 용맹스러워도 그 죄를 용서하지 않는다.
6. 외국의 요구는 그것이 법에 맞는 것이면 따라주고 법에 맞지 않으면 거절한다.

군주가 허점을 드러내 명목상으로만 자리를 차지하고 있다면 이미 그 실세는 군주의 것이 아니다. 또한 신하가 외세를 이용하여 자기 나라를 제압하는 상황에 이르면 이미 군주로서의 자격은 상실당한 것과 같다.

결단력이 없는 군주는 왕왕 중립의 길을 택하지만 대부분 파멸에 이른다.

서로 싸우고 있는 두 세력이 있을 경우, 어느 편에 가세할까하는 것을 결정하는 일은 매우 중요하다. 이 경우 자칫 잘못하면 의사결정을 주저하다가 마침내 중립을 취하기가 쉽다. 이것은 언뜻 보기에 현명한 것 같지만, 실은 매우 위험한 방법이다.

왜냐하면 중립을 지킨다 해도 어느 쪽인가가 승리하면 더욱더 힘이 세져서 이번에는 이쪽을 공격할 가능성이 높기 때문이다. 그러므로 기회를 보아 분명한 입장을 밝히는 것이 좋다. 승리자는 자신에게 도움이 되지 않는 자는 자기편이라고 생각지 않는다.

③ 대국의 무리한 요구를 거부하라

약한 나라에서 대국의 요구를 받아들이는 이유는 나라를 망하지 않도록 하기 위해서이다. 하지만 그러한 요구를 한 번 받아들이면 대국은 더욱더 무리한 요구를 하게 되므로 군주는 대국에 복종하라는 신하들의 말에 귀를 기울여서는 안 된다.

신하들은 자신들의 말을 군주가 수락하지 않을 것을 알게 되면 외국의 제후에 대한 아부를 멈출 것이며 외국의 제후들도 상대국의 군주가 신하들의 부당한 말을 수락하지 않음을 알게 되면 군주를 헐뜯는 상대국 신하의 말에 귀를 기울이지 않게 된다.

④ 사람은 누구나 이기적이다

신하는 위로는 군주에게 작록爵祿을 간청하고 아래로는 지위를 이용하여 재산을 늘리며 파당을 만든다.

또한 재산이 많은 사람은 관官을 매수하여 더 높은 지위에 오르고 군주의 측근과 인맥이 닿는 사람은 그에게 청원하여 더 높은 지위를 차지한다. 따라서 국가에 진정한 공로를 세운 사람은 부당한 대우를 받게 된다.

그러면 관리들은 점점 자신의 직무를 소홀히 하고 외국으로 눈을 돌려 외세에 의존하게 되며 지위를 사리사욕을 위해 이용하게 된다. 그 결과, 현자나 나라에 공이 있는 자는 자포자기 상태에 빠져버리고 모든 일에 있어서 소극적으로 움직이게 된다.

이것이 바로 망국의 바람이다.

사람이 살아가면서 어려운 일이 생겼을 경우, 의지할 곳이나 도와줄 사람이 없다면 약한 인간은 당연히 이기적일 수밖에 없다. 그러므로 윗사람은 아랫사람의 무사안일주의가 전염병처럼 번져 조직에 더 많은 해독을 끼치기 전에 그것을 예방할 방법을 찾아야 한다.

⑤ 윗사람을 살피는 혜안

송나라에서는 재상이 국정의 실권을 잡고 있었는데, 계자季子라고 하는 책사가 송나라를 방문하여 왕에게 국정에 관한 진언을 하려 하였다. 그때, 양자梁子라고 하는 사람이 그 소리를 듣고 이렇게 충고하였다.

"진언을 할 생각이라면 재상도 함께 동석하기를 청하는 것이 좋을 걸세. 그렇지 않으면 자네에게 뜻밖의 재난이 생길지도 모른다네."

이것은 비록 짧은 이야기이기는 하지만 조직 생활을 하는 사람들이 일신을 보전하는 요령의 핵심을 찌르고 있다.

만약 계자가 왕하고만 상대를 한다면 따돌림을 당한 재상에게 미움을 사게 될지도 모른다. 어느 누구든 자신이 따돌림을 당하고 있으면 불안하고 불쾌한 법이다. 그리고 그 노여움은 왕에게 향하지 않고 그보다 신분이 낮은 계자에게 향하고 말 것이다.

⑥ 인간관계를 이용한 윗사람 조종법

백규白圭가 송나라 군주의 총애를 받고 있는 근신에게 이렇게 말했다.

"주군이 더 장성하여 혼자서도 국정을 다스리게 되면 당신은 쓸모없는 존재가 되고 말 것입니다. 하지만 아직은 주군께서 효자라는 명성을 얻기 위해 애를 쓰고 계시는 중이니 이 기회에 초나라로 하여금 주군의 효성을 칭찬하도록 움직이셔야 합니다. 그러면 주군은 모후母后의 총신인 당신의 관직을 박탈하지 않고 오히려 더 존경하게 될 것입니다. 그러면 당신은 계속해서 송나라를 지배할 수 있을 것입니다."

⑦ 윗사람은 절대 방심하지 말라

한韓나라 태자 구씀가 군주가 되기 전, 그의 동생인 기슬蟣虱이 주나라에 머물고 있었는데, 주나라에서는 기슬을 한나라 군주로 세우려 하였고 한나라에서는 그것을 반대하였다.

그때 기모회가 말했다.

"먼저 한나라에 전차 100대를 보내십시오. 만약 기슬을 군주로 세울 수 있다면 호위를 위한 것이라고 핑계를 대고, 그렇지 못할 경우에는 한나라를 해치려는 역적을 인도하러 왔다고 핑계를 대면 됩니다."

이것은 윗사람에게 손해를 입지 않는 방법을 알려주면서 동시에 윗사람을 조종하는 방법이다. 이처럼 아랫사람은 언제나 윗사람의 허점을 노리고 있으므로 윗사람은 절대로 방심하면 안 된다.

천 길 제방도 개미구멍으로 무너지고 백 척 높은 집도 굴뚝의 불 때문에 타게 된다. 길이가 천 길이나 되는 제방도 한낱 개미가 뚫은 구멍으로 말미암아 무너지게 되고, 높이가 백 척이나 되는 고대광실 높은 집도 굴뚝에서 튀어나온 불티 때문에 태우는 수가 있다.

■ 윗사람이 주의해야 할 열 가지 교훈

한비는 윗사람 즉, 군주나 최고경영자 그리고 고급 관리자가 주의할 점에 대해 다음과 같이 말하고 있다.

1. 소충小忠, 사소한 성실성에 정신을 빼앗기면 대충大忠을 깨닫지 못한다.
2. 작은 이익을 따지다가 큰 이익을 잃는다.
3. 오만불손한 태도는 나중에 몸을 망치는 원인이 된다.
4. 정치를 소홀히 하고 풍류만 즐기면 몸을 망치고 절망하게 된다.
5. 무리하게 이익만 추구하면 나라를 망치고 생명까지 잃게 된다.
6. 주색에 빠져 국정을 등한시하면 망국의 재앙이 닥쳐온다.
7. 도읍을 떠나 멀리서 유흥을 즐기고 진언하는 자를 무시하면 신변이 위험해진다.
8. 잘못을 저지르고도 충신의 진언을 듣지 않고 고집을 부리면 명예를 잃고 세상의 웃음거리가 된다.
9. 무조건 외세에 의존하는 것은 나라를 좀먹는 화근이 된다.
10. 약소국이 예의를 지키지 않고 직언하는 신하를 멀리하는 것은 치세의 자살행위이다.

이것을 오늘날의 실정에 맞춰 최고경영자 혹은 상급 관리자가 주의해야 할 교훈으로 고치면 다음과 같다.

1. 부하의 건의에 주의한다. 금방 활용할 수 있는 건의에 집중하기보다는 전체적인 입장 속에서 장기적인 안목으로 활용할

수 있는 건의에 더 관심을 가져야 하는 것이다.

2. 눈앞의 이익에 사로잡히지 말고 장기적인 안목을 지닌다. 예를 들어 감원을 고려할 경우에는 그것이 주는 손해와 이익을 장기적으로, 그리고 전체적으로 고려해야 하는 것이다.

3. 여가 선용이나 취미는 적당히 하는 것이 좋다.

4. 이익 추구에만 관심을 집중하지 말고 환경이나 공해 문제 등 사회적인 이슈에 주의한다.

6. 빚을 내어 과다하게 설비를 늘이는 것은 바람직하지 못하다.

양약은 입에 쓰고 충언은 귀에 거슬린다.

양약은 입에 쓰지만 사리분별력이 있는 사람은 억지로라도 그것을 마신다. 왜냐하면 그것이 몸속에 들어가면 병이 낫는다는 것을 알기 때문이다. 충언은 귀에 거슬리지만 현명한 군주는 그것을 듣는다. 그것을 이용하면 효과가 있다는 것을 알고 있기 때문이다.

19 아랫사람을 믿으면 이용당한다

① 통솔력을 유지하는 세 가지 원칙

군주가 나라를 평안하게 다스리고 신변 위협도 받지 않으려면 지켜야 할 세 가지 원칙이 있다. 이것이 완전하게 지켜지면 군주가 원하는 대로 통치를 할 수 있지만, 불완전하면 나라가 위태로워지고 신변에도 위험이 따르게 된다.

1. 정치의 중심에 서 있는 신하의 실태나 고관의 과실, 그리고 평판이 좋은 신하의 내정을 군주에게 직언하는 사람이 있을 경우, 군주는 그 이야기를 가슴속 깊이 간직해 두어야 한다. 그것이 밖으로 누설되어 만약 직언을 하려는 신하가 먼저 군주의 측근과 상의한 후에 군주에게 의견을 진언해야 하는 상황이 되어 버린다면 그 신하는 결국 군주를 만나지도 못하게 되며 성실하고 정의로운 신하는 날이 갈수록 줄어들고 만다.

2. 군주가 신하를 포상하려 할 때, 자신이 직접 포상하지 못하고 근신이 추천해야만 포상을 결정하거나 신하를 벌하고자 할 때, 자신이 직접 벌하지 못하고 주위 사람들이 그를 비난해야만 벌하게 된다면 군주는 이미 상벌권을 상실하고 근신이 그 실권을 쥐고 있는 셈이다.

3. 군주가 직접 국정에 임하기를 꺼려하고 그 일을 신하들에게 맡기면 그로 인해 정권이나 지위를 신하에게 넘겨주는 결과가 되어 결국에는 생사여탈生死與奪의 대권마저 신하에게 빼앗기고 군주는 그저 허수아비로 전락하게 된다.

이것을 '삼수三守'라고 하는데 그것은 군주가 신하의 직언을 다른 신하에게 누설해서는 안 되며 상벌권을 장악하고 또한 정치의 실권을 쥐고 있어야 한다는 것을 의미한다.

이것은 오늘날의 조직체계에도 그대로 적용된다. 만약 최고경영자를 믿고 상사나 동료의 인물됨, 행동, 업무 처리능력 등에 대해 진언한 사실이 외부에 알려진다면, 그 사람은 두 번 다시 진언할 용기를 잃게 된다. 그리고 진지한 의견을 타인에게 누설하는 것은 곧 그 의견을 받아들이지 않겠다는 의미가 된다.

또한 조직운영의 핵심이 책임이나 권한의 이양에 있다고는 하지만, 그래도 최종적인 책임과 권한까지 이양하게 되면 자신의 존재를 약화시키고 책임을 회피한다는 비난을 듣게 된다.

② 윗사람을 위협하는 세 가지 액厄

1. 윗사람에게는 형식적인 지위만 주고 아랫사람이 핵심적인 부분을 장악하여 윗사람을 위협하는 것이다.
2. 아랫사람이 권력을 제멋대로 휘두르고 여러 가지 화복이해禍福利害를 내세워 윗사람에게 아부를 하면 윗사람은 그것을 믿고 자신의 입장과 나라 일을 생각지 않고 그 아랫사람의 간계에 속아 일을 추진한다. 하지만 그 일이 실패하면 화를 윗사람에게 돌리고 성공하면 아랫사람이 이익과 명성을 차지한다. 또한 권세를 누리는 사람 밑에서 일하는 무리는 이구동성으로 좋은 점만 말하므로 현명한 사람이 아무리 그 나쁜 점을 윗사람에게 직언해도 믿지 않게 된다.
3. 사법권을 아랫사람이 쥐고 윗사람을 위협하는 것이다.

결국 삼수가 완전하지 못하면 삼액이 생기고 삼수가 완전하면 삼액은 없어지게 되는 것이다. 그리고 삼액이 없어지면 군주는 비로소 왕이 된다.

■ 리더는 인정에 이끌리면 안 된다

조직운영의 성패는 결국 리더의 통솔력 아래 조직운영이 제대로 되느냐 그렇지 못하느냐에 달려 있다. 물론 의욕을 강조하며 상대방의 자주성과 자기책임을 존중하는 것도 좋지만, 인간은 기본적으로 악한 성정을 지니고 있으므로 제대로 관리를 해야만 아랫사람으로부터 경시당하지 않고 신뢰를 얻게 된다.

한비의 군주론은 이처럼 '최대의 동지가 최강의 적이 될 수 있다' 라는 인간불신론을 주장한다. 그 정도로 철저하게 인간을 관찰하지 않고는 리더로서의 자격이 없다는 것이다.

① 아랫사람을 너무 믿지 말라

군신간의 재앙은 사람을 믿는 것으로부터 비롯된다. 즉, 아랫사람을 믿으면 그에게 억눌리게 되는 것이다. 따라서 군신관계는 혈육에게서 느끼는 친근감이 배제되어야 한다. 신하는 군주의 위세에 눌려 마지못해 복종하고 있을 뿐이다.

군주가 자식을 너무 믿으면 신하는 그것을 이용하여 사리사욕을 채우려 한다.

이태李兌가 조나라 혜문왕惠文王의 사주를 받고 아버지인 무령왕武靈王을 굶어죽게 한 사건이 한 사례이다.

군주가 부인을 너무 믿으면 신하는 그것을 이용하여 사리사욕을 채우려 한다. 진晉나라 헌공獻公의 광대였던 시施가 헌공의 애첩 여희麗姬를 시중드는 것을 기회로 태자 신생申生을 죽이고 여희의 아들 원제를 후계자로 삼은 것이 하나의 사례이다.

이처럼 처자식조차 믿기 어려운데 어찌 남을 믿을 수 있겠는가?

어머니가 태후太后가 되어 아들의 섭정을 하게 되면 모든 것이 태후의 뜻대로 움직이게 된다. 따라서 남편이 살아있을 때와 마찬가지로 마음대로 국사를 처리할 수 있게 되는 것이다. 그렇기 때문에 독살, 교살 등 온갖 흉계가 난무하게 된다.

실제로 『도좌춘추桃左春秋』라는 책을 보면 병으로 죽은 군주는 절반도 안 된다고 한다. 그럼에도 불구하고 군주가 이러한 사실을 깨닫지 못하기 때문에 역사적으로 볼 때, 왕권을 둘러싼 집안싸움은 끊이지 않고 일어났다. 특히 군주의 죽음으로 인해 이익을 보는 자가 많아지면 그 군주의 목숨은 위험해진다.

② 속마음을 내보이지 말라

어느 시대를 막론하고 후비, 부인, 태자에게는 그들을 따르는 무리가 생기게 되며 그들은 군주가 죽기를 바란다. 왜냐하면 군주가 죽지 않으면 권세를 휘두를 수 없기 때문이다. 물론 군주가 미워서 그런 것은 아니다. 그러므로 군주는 '재앙은 사랑하는 사람으로부터 깃든다' 는 것을 알고 있어야 한다.

권력의 상층부에 있는 사람은 자신의 속마음을 그 누구에게도 내보여서는 안 된다. 이것은 이기주의적인 것이 아니라, 생존의 수단이기 때문이다.

③ 권세를 나눠주면 힘이 역전된다

자고로 법을 어기고 악한 일을 저지른 사람 중에서 고귀한 권신에게 협력하지 않은 자가 없다고 한다. 하지만 법에 의한 형벌의 적용 대상자는 늘 힘없고 비천한 사람들뿐이었다. 그리고 힘없는 백성들은 억울해도 하소연할 길이 없다.

신하들은 서로 파당을 만들어 군주의 눈을 가리고 속으로는 서로 통하면서도 겉으로는 다투는 것처럼 보이며 사심이 없는 것처럼 행동하면서도 군주의 약점만 노리고 있다.

하지만 군주는 눈이 가려져 그 실정을 제대로 알 수가 없기 때문에 이름만 군주이지 아무런 실속이 없는 허수아비나 다름없다. 군주가 어떤 권세이든 그것을 신하에게 나눠주면 상하는 서로 역전되고 만다.

나라를 다스리는 군주나 기업체를 운영하는 최고경영자는 끊임없이 아랫사람들을 점검하고 자신의 입장을 명확히 해두어야 한다. 그러기 위해 윗사람은 비정해야 한다. 인정사정을 두지 않는 것이 취사선택에 있어서 실수하지 않는 길이다.

사랑이 많은 자는 법을 세울 수 없고, 위엄이 적은 자는 아랫사람이 넘본다. 총애하는 자가 많으면 법이 행해지지 않으며, 위엄이 충분하지 않으면 아랫사람이 윗사람의 말을 듣지 않는다. 더불어 형벌이 반드시 행해지지 않으면 금령도 행해지지 않는다.

④ 사람도 아이디어도 실용성이 중요하다

우경虞慶이 집을 짓고 나서 목수에게 말했다.
"집이 너무 높군."
"이것은 새로 지은 집이기 때문입니다. 아직도 지붕의 흙은 젖어 있고 서까래는 생나무입니다. 따라서 점점 흙이 마르고 서까래도 마르면 집이 낮아질 것입니다."
"그렇지 않아. 젖은 흙은 무겁고 생나무 서까래는 휘는 법이야. 휘어진 서까래로 무거운 흙을 받치고 있으면 낮아질 것은 뻔한 일이다. 그러나 그러는 동안에 흙도 마르고 서까래도 마르겠지. 흙은 마르면 가벼워지고 서까래는 마르면 펴질 것이야. 펴진 서까래로 가벼운 흙을 받치면 집은 점점 더 높아질 수밖에 없네."

결국 목수는 시키는 대로 할 수밖에 없었다. 하지만 집은 곧 무너져 내리고 말았다.

범저가 활을 만드는 직공에게 말했다.

"활이 부러지는 것은 만드는 과정의 뒷부분 때문이지 처음 때문이 아니다. 궁사가 활을 만들 때, 활을 틀 나무에 30일 동안 끼워두었다가 발로 밟아 시위를 걸고 하루만 지나면 쏘게 되는데, 이것은 처음을 완만히 하고 뒤를 거칠게 하는 것이다.

이러한 방법으로 부러지지 않는다면 오히려 이상한 일이다. 내가 아는 방법은 틀 나무에 하루 동안 끼워두었다가 시위를 걸고는 30일이 지난 뒤에 쏘는 것이다. 이것은 처음을 거칠게 하고 뒤를 완만히 하는 일이다."

궁사는 그 말을 받아들여 범저가 하라는 대로 했다. 하지만 활은 부러지고 말았다.

범저나 우경의 말은 비록 그럴싸하게 보이지만 실정에 맞지 않는다. 하지만 리더 중에는 이러한 말을 곧이곧대로 받아들여 실패하는 사람들이 있다. 결국 조직을 위해 도움이 될 만한 구체적인 계획도 없이 온갖 미사여구를 늘어놓아 겉만 화려하게 치장하는 것을 좋아함은 현실을 모르고 이론만 번지르르하게 앞세우는 것과 같다.

⓴ 한비자의 형명법술刑名法術

인간의 본성은 선천적으로 착하여 측은惻隱, 가엾고 애처로움, 불쌍하게 여김·수오羞惡, 부끄러워하고 미워함·사양辭讓, 자기에게 이로운 것을 겸손하게 응하지 않거나 받지 아니함·시비是非, 시비를 가릴 줄 앎 등의 착한 마음이 있으나 물욕物慾에 가리어서 악한 일을 저지르게 된다고 하는 맹자의 '성선설性善說'과 이기적인 심정을 근원적인 것으로 보고, 인간의 본성은 악惡이라고 주장하는 순자의 '성악설性惡說'은 중국학술사상 해결하지 못한 최대 현안 중의 하나이다.

맹자는 공자의 '인仁'의 사상을 발전시켜서 인의예지仁義禮智의 네 가지 덕이 인간의 본성이라 하여 인의로써 백성을 교화할 것을 주장했다.

그리고 송宋나라 정주程朱학파의 선비들, 송유宋儒들이 이를 그대로 이어받아 성리학을 만들어냈다.

순자는 맹자 뒤에 태어났다. 그는 예의를 강조한 공자의 제자인 자하子夏학파에 속하여 맹자의 성선설에 대하여 '인성은 모두 악하다'고 말하면서 예제禮制를 통해 백성을 다스릴 것을 주장했다. 그리고 형명법술刑名法術을 대성한 한비자韓非子가 그의 문하생이다.

한비자는 예제의 힘은 미약해 소기의 성과를 거둘 수 없다며 법률에 의한 강력한 제재를 발동할 것을 주장하였다.

여기서 '형명학形名學'이 나오게 되었는데, '형명'이란 신상필벌의 원칙으로 권력을 행사하는 것을 말한다. 곧 임격한 법치를 주장한 법가사상을 말한다.

진시황 때의 법가法家들은 형명刑名과 법술法術을 연결시켜서 법령이나 명분, 언론 등을 폈으며 명분을 따라 상賞을 신중히 내리고 벌罰을 밝힐 것을 주장하였다.

이로써 맹자와 순자의 두 설은 학설과 실물정치 사이에서 숱한 충돌을 빚어왔고 서로가 배척하게 되었다.

한비자는 한韓나라 여러 공자 중 한 사람으로 형명과 법술 배우기를 즐겼는데, 귀착하는 것은 황제黃帝와 노자老子의 학문이었다. 한비자는 태어날 때부터 변설에는 서툴렀지만 저술을 잘했다.

이사李斯는 진나라 승상이다. 시황제에게 사상을 통일시키기 위해 서적을 태우도록 하였고, 학자 410명을 생매장하도록 건의했다 ─분서갱유焚書坑儒─ 진시황이 죽자 이사는 조고의 꾐에 빠져 그와 모의하여 진시황의 장자인 부소를 살해하고 부소의 동생 호해를 옹립하였다. 그러나 나중에 반란을 꾀하였다는 조고의 모함에 의해 처형당했다. 순경筍卿, 순자에게 사사했고, 재능면에서는 이사 자신도 한비자에게는 따를 수 없다고 생각했다.

한비자는 한韓나라의 국토가 깎이고 힘이 약해져 가는 것을 보고 자주 서간문으로 한왕韓王, 安에게 간했지만, 한왕은 한비를 등용할 수가 없었다.

이런 일로 인하여 한비자는 위정자가 나라를 다스리는 데에 관한 법제를 밝히고 권력으로 신하를 부려서 나라를 부하게 하고 군사를 강하게 하며, 인재를 구하여 현인을 등용하려고 애쓰지 않을 뿐 아니라 오히려 부박음미浮薄淫靡, 깊이나 무게가 없이 들뜨고 경박하면서 음탕하고 사치한 소인을 쓰면서도 그들을 실질적 공로가 있는 사람 — 한비자의 주장에 따르면 실속 없는 소인배는 학자나 변설가 같은 사람을 말하며, 실질적인 공로자는 농부나 병사 같은 사람을 가리킨다 — 위에 앉히는 것을 괴롭게 생각했다.

그리하여 한비는 청렴 강직한 인물이 사악한 간신 때문에 등용되지 못함을 슬퍼하고, 옛날 왕자王者의 정사에 있어 성패득실을 생각하여 『고분孤憤』, 『오두五蠹』, 『내외저內外儲』, 『세림說林』, 『세난說難』 등 여러 편 10여만 자의 문장을 엮어냈다.

그런데 한비자가 유세遊說의 곤란함을 알고 지은 『세난편』은 아주 완벽한 것이었는데도 불구하고, 그 자신은 끝내 유세의 공을 이루지 못하고 진나라에 사신으로 갔다가 죽었고, 스스로 그 화를 면할 수도 없었다.

진왕은 부국강병을 위한 친정에 온힘을 기울였다. 먼저 민심을 자기에게로 끌어들여야 하는데 그러기 위해서는 백성들을 배불리 먹여야만 했다. 그래서 함양의 동북부 평야에 거대한 용수로를 만들어 4만여 경頃의 경지를 개간하기 시작했다.

이와 같은 개척사업을 기반으로 중앙에서 관리하는 군대를 양성하는 일에 힘썼다. 군대는 진나라의 전통적인 기마전술을 익히게 했다. 그리고 군공軍功이 있는 자라면 서민에게도 작爵을 주는 신상필벌信賞必罰 정책을 시작했다. 그러면서 진왕은 인재를 발탁하는 데 정성을 기울였다.

어느 날 이사가 책을 들고 진왕 앞에 섰다.

"손에 든 것이 무엇이오?"

"책이옵니다."

"책이라고! 무슨 책이오?"

"한韓나라 재상宰相 한비韓非가 쓴 『한비자韓非子』이옵니다. 한비라는 자는 지난날 소신과 함께 순자荀子를 스승으로 모시고 동문수학했던 자로서 혹시 이 책이 대왕의 치정에 보탬이 될까하여 가져왔습니다."

"한나라 재상 한비가 쓴 책?"

"그러하옵니다."

"나도 한비라는 자의 인물됨을 들은 바 있소."

이사는 한비가 저술한 『한비자』를 진왕에게 바치고 물러났다. 그러면서 괜한 일을 저지르지 않았나 하는 께름칙한 기분이 들었다.

이사가 『한비자』를, 진왕에게 준 것은 자신의 욕망 때문이었다. 한비의 법가사상法家思想은 이사 자신과 진왕이 추구하는 통치이념이었다. 진왕이 『한비자』를 읽고 깨닫는다면 이사 자신의 개혁에 관한 제안을 적극 받아들일 것이라고 판단했던 것이다.

한비는 『한비자』에서, 과거에는 도덕이 치세에 통용되었지만 현시대는 힘〔氣力〕의 시대이기 때문에 유가儒家의 덕치德治는 시대착오적이라고 주장했다. 때문에 군신은 상호 신뢰가 아닌 이해 타산적이어야 하며, 군주는 신하를 다루는 데 자기의 깊은 생각이나 호오好惡조차도 드러내지 않는 무위허정無爲虛靜의 기술로 조종해야만 한다고 했다.

또한 정치를 중앙집권체제로 개혁하여 군주권을 강화함은 물론 신상필벌信賞必罰을 실무 본위로 해야 하며 나라에 무익한 자들을 억압할 것을 주장했다. 그리고 부국강병을 필히 이루기 위해 평화시에는 농사에 힘써 부富를 낳고 전시에는 모두 다 나서서 외적과 싸우는 경전민耕戰民 정책을 중시해야 한다고 했다.

이사는 『한비자』를 읽으며 '옳거니!' 했다. 자기가 진왕을 도와 이루고자 하는 바를 꿰뚫고 있었던 것이다. 자기가 미처 생각하지 못했던 한비의 일면이었다.

이사는 그때까지 한비를 염두에 두지 않고 지내왔었다. 그가 한韓나라의 재상이라고는 하나 자기와 견줄 만한 인물은 못 된다고 생각해온 것이다.

스승 순자 밑에서 동문수학할 때도 별로 가까이 하지 않았다. 심한 말더듬이에다가 변설에도 능하지 못했던 그런 자가 『한비자』를 저술했다는 것이 놀라웠다.

한비는 한나라의 국력이 나날이 쇠락하는 것이 안타까웠다. 그래서 한나라 왕에게 변법에 의한 개혁을 수차례 걸쳐 상소했지만 번번이 거절당했다. 어쩌면 자신이 변설에 능하지 못한데다가 말더듬이이기 때문인지도 모른다며 자기가 주장하는 법가사상을 10만 자가 넘게 집대성하여 『한비자』를 펴냈다.

그러나 한나라 왕이나 중신들은 법가사상에 귀를 기울이려고도 하지 않았다. 그 책이 진나라에 흘러들어와 이사에 의해 진왕에게 받쳐진 것이다.

이사가 『한비자』를 진왕에게 바친 지 사나흘 후였다. 진왕이 이사를 내전으로 불렀다.

『한비자』가 탁자 위에 놓여 있었고 진왕은 무언가에 쫓기듯 주변을 서성댔다.

"이사."

"네, 폐하."

"한비를 진으로 데려올 방법이 없겠소?"

진왕은 단도직입적으로 말을 꺼냈다.

"네?"

"한비자라는 인물을 얻을 수만 있다면 내 당장 죽어도 여한이 없겠소."

이사는 진왕의 의외의 말에 어떻게 대답을 해야 할지 몰랐다. 자신이 생각했던 의도와는 전혀 상반되는 엉뚱한 진왕의 태도였다.

"하오나 한비라는 자는 지금 한나라의 재상으로……."

"그게 어떻다는 것이오? 한비 그 자를 어떤 방법을 써서라도 데려오겠소."

진왕의 결심은 이미 굳어 있었다.

마침내 진왕은 한나라를 공격하기 위해 군대를 일으켰다. 오직 한비를 얻기 위한 싸움이었다.

다른 사람이라면 애당초 생각할 수도 없는 방법, 그러나 바로 그것이 진왕다운 발상이었으며 진왕이 한비를 얼마나 열망하고 있는지를 알 수 있었다.

약소국인 한나라로서는 진나라의 막강한 기마병대를 당해낼 수가 없었다.

나라가 누란累卵의 위기에 처하게 되자 한나라 왕은 한비를 진나라에 사자로 보냈다. 진나라가 왜 전쟁을 일으켰는지를 아는 한나라로서는 한비를 명목상 사자로 보낸 것이다.

진나라 함양에 도착한 한비는 곧장 진왕을 접견하게 되었다. 진왕의 한비에 대한 대접은 융숭했다. 그리고 한나라를 진격한 진나라 군대가 한나라를 멸망시킬 수 있는데도 물러나게 했다.

진왕은 거의 매일 한비를 접견했다. 한비가 말을 더듬어도 전혀 개의치 않았다. 한비의 능력을 높이 샀으며 그를 이제야 만나게 된 것을 안타깝게 생각할 정도였다. 한비를 한나라에 돌려보낼 생각은 아예 없었다.

이렇게 되자 이사는 한비가 진왕을 등에 업고 자기 자리를 차지하는 것이 아닌가하여 두렵고 불안했다. 열등감까지 들어 밤에 잠도 오지 않을 지경이었다.

그러나 그대로 물러설 이사가 아니었다. 그의 지략과 능변은 분명 한비보다 한수 위였다. 그는 진왕의 성격을 속속들이 잘 파악하고 있었다.

자기의 욕심에 따라 불같이 뜨거워지지만 그것을 채우고 나면 쉽게 식어버린다는 것을.

그래서 이사는 진왕이 한비에 대해서 약간 뜸해지기를 기다려 기회가 있을 때마다 한비를 좋지 않게 이야기했다.

"한비는 진에 필요한 인재임에는 틀림없습니다. 그러나 대왕께서 그렇게 융숭하게 대접하는데도 아직 대왕의 신하가 되겠다는 말을 하지 않습니다. 그는 원래 성정이 곧아서 한나라를 떠나지 않을 것입니다."

정말 그랬다. 한비는 한나라를 걱정하며 이따금 이사에게 한나라에 돌아갈 수 있기를 은근히 내비쳤다. 한비의 조상은 원래 한나라 왕족이었다. 그래서만은 아니었겠지만 한비는 진나라에 애정을 느끼지 못했다.

"그럴까?"

"소신의 생각으로는 한비는 결국 대왕의 은혜를 저버릴 것이며 만약 한비가 이곳을 떠나 다른 나라로 간다면 이로 인해 우리나라에 큰 화를 불러올지도 모릅니다."

진왕은 이사의 말을 들으며 일리가 있다고 생각했다. 원래 진왕은 사람을 믿지 않았다. 또한 마음이 한번 돌아서면 냉엄하기가 서릿발처럼 차갑고 무서웠다.

"그렇다면?"

"적당히 이용하다가 꼬투리를 잡아 처벌하는 것이 상책일 것입니다."

진왕은 며칠이 지나지 않아 한비를 하옥시켰다.

이사는 회심을 미소를 지었다. 그리고 변덕이 심한 진왕의 마음이 변하기 전에 그를 제거해야만 한다고 생각하며 계략을 짜냈다.

이사가 알고 있는 한비는 마음이 나약했다. 이를 이용하여 단도직입적인 방법으로 처치해야 할 것이었다.

이사는 옥리의 손에 독약이 든 잔을 들려 감옥으로 한비를 찾아갔다. 그리고 진왕의 마음이 그를 떠났음을 말하고 잔혹한 형벌을 당하기 전에 독약을 마시고 자살할 것을 종용했다.

한비는 처음 이를 거부했다. 그러나 곧 자기의 운이 다했음을 알았다. 진왕이 자기를 풀어줄 리 없었고 이사가 쳐놓은 죽음의 거미줄을 벗어날 수 없으리라는 것을 알았다.

한비는 독약이 든 잔을 받았다. 체념한 탓인지 손도 떨리지 않았다. 그리고 자기를 음흉한 눈으로 내려다보고 있는 이사에게 한마디 했다.

"흠, 순자께서 진나라로 떠나던 자네에게 하신 말씀이 생각나는군. '어느 것이든 극에 달하면 쇠하는 법이니!' 하시던 말씀이……."

한비는 잔에 든 독약을 들이켰다.

한비는 이렇게 차가운 감옥에서 자신의 사상을 펼쳐보지도 못한 채 죽고 말았다. 그때가 여불위 죽은 지 4년이 지난 시황 15년 BC 233년이었다.

진왕은 뒤늦게 한비를 떠올리며 그를 사면하려 했지만 이미 죽은 후였다.

이사는 진왕에게 감옥에서 한비가 자살했다고 꾸며 보고했다. 진왕은 한비의 죽음에 의심을 했지만 이를 조사하려고 하지도 않았다. 그렇게 하면 누군가가 걸려들 것이고, 자칫 긁어 부스럼을 만드는 꼴이 될 것이라고 판단했기 때문이었다.

진왕은 결단이 빨랐고 냉혹했다. 자기에게 한비나 다름없는 『한비자』라는 법가사상의 책이 있고 이를 실천하는데 손발처럼 움직이는 이사가 있다는 것을 생각했는지도 모른다.

진왕은 여불위의 죽음을 계기로 지난날부터 계획해온 통치개혁에 박차를 가했다. 그는 사상서인 『한비자』를 곁에 두고 자주 읽었다.

진왕의 지배이념은 제후가 지역의 땅을 영유하면서 영내의 정치에 전권을 행사하는 봉건제封建制를 폐하고 중앙정부에서 국토를 직접 관할하는 군현제郡縣制의 실천이었다.

몇 개의 현縣을 모아 군郡을 만들고 각 군과 현을 통치하는 자를 중앙정부에서 직접 파견한다면 왕의 명령은 바로 백성 하나하나에까지 미칠 것이었다. 그럼으로써 백성을 군사 또는 인부人夫로 쉽게 징용할 수 있으며 인두세人頭稅를 두어 세稅를 거둬들인다면 부강한 나라를 만드는 데 큰 어려움이 없으리라 생각했다.

이러한 모든 일에는 이사의 진언이 따랐다.

그러나 진왕의 군현제에 반대하는 부류가 많았다. 대체로 지금까지 특권을 누려온 왕족과 귀족, 제후들이었다. 그들은 덕치德治를 주장하는 유가儒家를 앞세웠다. 그럴수록 진왕의 결심도 굳어 갔다.

진왕은 그들의 주장을 와해시키면서 백성들을 한 가지 일에 모으는 극약처방을 떠올렸다. 그것은 이웃나라를 치는 전쟁이었다.

진왕은 진작부터 나라의 확장을 계획해 왔었다. 대륙 서편에 붙어 있는 작은 진나라가 아닌 중원中原을 제패하겠다는 웅지였다. 그래서 어떤 일보다도 강병强兵에 힘썼다.

한비자의 『세난편』에 '역린逆鱗'이란 말이 나온다. 역린은 거슬러 난 비늘로 임금의 노여움을 일컫는다. 용의 턱밑에 있는 이 비늘을 건드리기만 하면 사람을 죽이기 때문에 임금의 노여움을 사는 것을 '역린에 부산친다'고 했다.

"용龍이라고 하는 그 파충은 길을 잘 들이면 그 등에도 탈 수 있지만, 그 목덜미에 직경이 한 자나 되는 역린이 있어 사람이 이것에 닿으면 반드시 그 사람을 죽인다고 한다. 주군에게도 이러한 역린이 있다. 유세하는 사람으로서 주군의 역린에 닿지만 않는다면 우선은 성공에 가깝다 하겠다."

전국시대 숱한 유세가들이 다양한 이론을 들고 나와 유세로 인해 하루아침에 재상이 되는 사례가 빈번했다. 그리고 일반 책사들은 다른 사람의 의도를 헤아리는 '췌마지술揣摩之術'을 배웠다.

중국 대륙을 지배한
　　　책사策士의 인간경영

초판 ｜ 인쇄일 2018년 11월 15일
초판 ｜ 발행일 2018년 11월 20일

편저자 ｜ 정현우

펴낸이 ｜ 김동구

펴낸데 ｜ 明文堂(창립 1923. 10. 1.)

주　소 ｜ 서울특별시 종로구 윤보선길 61 (안국동)

우체국 ｜ 010579-01-000682

전　화 ｜ (영업) 733-3039, 734-4798　FAX 734-9209

등　록 ｜ 1977. 11. 19. 제 1-148

ISBN 979-11-88020-73-7　03150

ⓒ 2018 정현우

값 15,000원